The Power of Self

'영원한 나'를 찾아가는 여정

일러두기 / 이 책은 과학, 인간, 상승 마스터와 형태의 세계 및 자아와 신, 빛과 어둠, 진정한 자아와 영적인 세계, 아이앰 현존, 에고와 카르마, 상승 마스터가 필요한 이유, 일곱 광선 등의 영적인 성장에 대한 포괄적인 주제를 다루고 있습니다. 처음 상승 마스터의 가르침에 입문하는 분이 접하기 좋은 책입니다.

'영원한 나'를 찾아가는 여정
ⓒ2017~, Kim Michaels

킴 마이클즈를 통해 전해진, 한국의 미래를 위한 상승 마스터들의 메시지를 '그리스도 의식을 추구하며' 카페에서 공부하는 상승 마스터 학생들이 번역하고 디자인 및 편집을 해서 직접 이 책을 펴냈습니다. 이 책의 한국어판 저작권은, 저작권자인 킴 마이클즈와 계약을 한 '그리스도 의식을 추구하며' 카페에 있습니다.

아이앰 출판사(cafe.naver.com/iampublish)는 '그리스도 의식을 추구하며' 카페에서 상승 마스터의 가르침들을 널리 알리기 위한 목적으로 설립하였으며, 2015년 9월 4일(제 2015-000075호)에 등록되었습니다. 주소는 서울시 송파구 장지동 송파파인타운 11단지 내에 있으며, 인터넷 카페는 cafe.naver.com/christhood입니다.

번역 및 출판에 도움을 주신 분: 목현 옮김, 아이앰 편집팀 디자인 및 편집
이 책은 최대한 내용의 명확한 전달에 초점을 맞추어 번역되었음을 알려드립니다.

2017년 5월 15일 처음 발행 / 2019년 3월 31일 2번째 발행
ISBN 979-11-964499-3-3 (03200)
CIP 2019009358

이 책의 국립중앙도서관 출판시도서목록(CIP)은 서지정보유통지원시스템 홈페이지(seoji.nl.go.kr)와 국가자료공동목록시스템(seoji.nl.go.kr/kolisnet)에서 이용할 수 있습니다.

The Power of Self
'영원한 나'를 찾아가는 여정

킴 마이클즈

I AM

킴 마이클즈(Kim Michaels)

1957년 덴마크 출생. 킴 마이클즈는 50여 권의 책을 펴낸 저자이자 이 시대의 가장 탁월한 메신저 중의 한 사람입니다. 15개국에서 영적인 컨퍼런스와 워크숍을 이끌면서 많은 영적인 탐구자들의 상담자 역할을 해왔으며, 영적인 주제를 다루는 다수의 라디오 프로그램에 출연하기도 했습니다. 그는 다양한 영적 가르침을 광범위하게 연구해 왔으며, 의식을 고양하는 다양한 실천 기법들을 수행했습니다. 2002년 이래로 그는 예수를 비롯한 여러 상승 마스터들의 메신저로 봉사하고 있습니다. 그는 신비주의 여정에 관한 광범위한 가르침을 전해 주었으며, 그 가르침은 그의 웹사이트에서 무료로 제공되고 있습니다.

공식 한국어 번역 사이트 (네이버 카페)

cafe.naver.com/christhood

비영리 단체인 '그리스도 의식을 추구하며' 네이버 카페에서는 킴 마이클즈가 지난 10년 이상 웹사이트에 공개한 상승 마스터들의 메시지 및 기원문을 번역해서 제공합니다. 누구나 가입해서 자유롭게 내용을 볼 수 있으며, 상승 마스터들의 가르침을 따라 스스로 내면의 여정을 걸어갈 수 있는 환경을 만들려고 노력하고 있습니다. 카페에서는 정기적인 온라인/오프라인 모임과 상승 마스터 컨퍼런스, 자아 통달의 수행 과정을 진행하고 있습니다. (상세 내용은 책 끝부분 참조)

이 책을 읽고, 이 책이 제공해주는 도구들을 실천해감에 따라, 여러분은 많은 중대한 경험을 할 것입니다. 이 책은 정말 놀랍도록 짧은 기간 내에 자아감을 변화시킬 수 있는 실질적인 방법을 제시합니다. 두 개의 목소리, 즉 하나는 낡은 자아를 버리기를 바라는 목소리, 또 다른 하나는 낡은 자아를 고수하기를 바라는 목소리가 존재한다는 것을 인식하면서, 이 과정을 통과해 간다면, 언젠가 여러분이 뒤돌아봤을 때, 자신의 세계관이 엄청나게 바뀌었으며, 훨씬 더 자유롭고, 힘 있는 존재라고 느낀다는 사실을 알고 놀라게 될 것입니다. 따라서 현재의 자아라는 인식 필터에 의문을 제기하고, 원하는 삶을 실현하기 위해, 진정한 여러분을 자유롭게 해 주어야 합니다.

킴 마이클즈

차례

파트 1. 인간 인식 필터 외부의 참조틀 · 1

서문. 이 책을 왜 읽어야 할까요? · 3
    인간의 핵심적인 수수께끼 · 5
    삶을 변화시키는 전환 · 6
    여러분은 현재의 자아보다 훨씬 큰 존재입니다 · 7
    자아가 여러분을 제한하는 방식 · 8
    개인적인 성장의 수수께끼 · 10

1. 과학과 자아(Self)의 힘 · 13
    숨겨진 원인 찾기 · 14
    물질을 넘어선 마음 · 17
    물질 너머의 세계 · 19
    양자 측정의 수수께끼 · 21
    분리된 것은 없습니다 · 23
    불확실성이라는 수수께끼 · 24
    스스로 강화하는 세계관 · 26
    서로 연결된 전체 · 29
    순수한 에너지가 물질이 되는 방법 · 33
    빅뱅 이후의 우주 · 34
    우리의 높고 낮은 잠재력 · 36
    세상이 창조된 과정 · 37

2. 상승 마스터들은 어떻게 여러분을 도울 수 있을까요? · 41
    여러분은 어떤 스승을 바랍니까? · 42

보편적인 스승들 · 45
　　여러분은 더욱 높은 가르침을 받을 준비가 되어 있습니다 · 47
　　상승 마스터가 무엇입니까? · 49
　　왜 상승 마스터들에 대해, 한 번도 들어본 적이 없을까요? · 52
　　마스터들이 존재한다는 증거가 없는 이유 · 53
　　마스터들이 중요한 이유 · 55
　　상승 마스터들은 왜 우리를 보살펴 줄까요? · 56
　　형태의 세계가 존재하는 목적 · 58
　　상승 마스터들과 자아(Self)의 힘 · 60
　　삶을 변화시키는 두 가지 방법 · 62

3. 상승 마스터들은 실제로 존재하는가? · 65
　　객관성에 대한 신비적인 접근 방식 · 67
　　마음이라는 만화경 · 69
　　신비주의의 본질 · 72
　　신비주의 접근 방식이 왜 그렇게 중요할까요? · 73

4. 형태의 세계를 창조한 방법 · 77
　　우주의 계층 구조 · 77
　　형태의 세계 너머에 있는 것 · 79
　　우리 세상은 어떻게 창조되었을까? · 80
　　자기-의식하는 존재들의 창조 · 84
　　연속적인 구체들 · 86
　　영적인 광선 소개 · 88
　　물질계의 네 층 · 92
　　우리는 상승 마스터들의 확장입니다 · 94

파트 2. 영적인 성장을 이룰 수 있는 실질적인 접근 방식 · 97

5. 자아에 관한 근본적인 의문들 · 99
   나는 누구인가? 자아란 무엇일까요? · 100
   자아는 어디에서 왔을까요? · 101
   나와 신은 어떤 관계인가요? · 103
   나는 어디로 가고 있으며 사후에는 무슨 일이 일어나는가요? · 105
   윤회가 중요한 이유 · 107

6. 영적인 여정에 확고하게 뿌리를 내리는 방법 · 109
   초기의 시험 기간 · 111
   여정에서 두 개의 "축" · 112
   영적인 빛을 기원하는 것이 중요한 이유 · 114
   대중의식 · 116
   어둠의 세력들에 대한 이해 · 119
   기원문과 디크리 · 121
   실습 프로그램 · 126

파트 3. 자아와 그 구성 요소들 · 141

7. 반응을 통달하기 · 143
   자아 통달의 핵심 열쇠 · 146

8. 영적인 세계에 있는 자아(Self) · 151
   내재된 위험 요소 · 154
   상위자아에 대한 이해 · 157
   아이앰 현존의 두 가지 측면 · 162

9. 물질계로 내려오는 자아(Self) · 167

　잃어버릴 수 없는 자아(Self)를 창조하기 · 168

　신비 경험을 통한 앎: 신비적 직관 · 170

　자아(Self)는 자신을 어떻게 표현할까요? · 174

　자아(Self)는 왜 자신이 누구인지 망각할까요? · 176

　인식 필터를 의심하기 · 179

　인식 필터 해체하기 · 182

　우리가 어떻게 여기 지구상에서 제한된 자아를 창조할까요? · 185

10. 물질계에 창조된 자아 · 189

　의식하는 자아가 내려온 방법 · 191

　영혼이 상승할 수 없는 이유 · 194

　자아의 수용체와 네 하위체 · 198

　여러분과 영적인 자아의 연결이 단절된 이유 · 201

11. 에고의 감옥에서 탈출하기 · 207

　에고의 여러 수준 · 210

　잠재의식 · 217

　컴퓨터 프로그램 만들기 · 217

　출구 · 219

　잠재의식 프로그램을 초월하기 · 221

　에고가 과정을 복잡하게 만드는 방법 · 226

　육체의 마음 · 228

12. 자아의 다른 측면들 · 233

　원인체 · 233

　그리스도 자아 · 237

점진적인 여정 · 240

파트 4. 영적인 여정에 대한 상세한 고찰 · 245

13. 삶의 경험을 바꾸기로 선택하기 · 247
여러분이 지금 여기에 존재하는 이유 · 249

변화는 즉시 일어날 수 있습니다 · 252

몰입과 깨어나는 경험 · 253

14. 카르마에 대한 상승 마스터들의 견해 · 259
물리적인 카르마 · 262

정신적인 카르마 · 265

카르마의 수렁에서 벗어나기 · 268

카르마의 원인 · 269

자동으로 카르마를 청산할 방법은 없습니다 · 270

카르마와 일곱 광선 · 273

여러분의 신성한 계획 · 274

상승: 궁극적인 목표 · 279

15. 상승 마스터들이 필요한 이유 · 283
여정을 시작하는 방법 이해하기 · 284

이상적인 시나리오 · 287

금단의 열매와 인간의 추락에 대한 이해 · 288

교활한 논리에 대한 이해 · 293

어떻게 해서 추락하게 되었는가? · 295

교활한 마음에 대한 세밀한 관찰 · 299

여러분은 어떤 형태의 경험을 하고 싶나요? · 301

지구는 이상적인 시나리오에 도달하지 못했습니다 · 306
오늘날 영적인 여정을 걷는 의미 · 307

파트 5. 일곱 광선 소개 · 313

16. 일곱 광선 소개 · 315

광선의 특성들 · 317

광선과 차크라 · 317

첫 번째 광선 소개 · 322

두 번째 광선 소개 · 324

세 번째 광선 소개 · 326

네 번째 광선 소개 · 329

다섯 번째 광선 소개 · 332

여섯 번째 광선 소개 · 334

일곱 번째 광선 소개 · 336

파트 1
인간 인식 필터 외부의 참조틀

서문. 이 책을 왜 읽어야 할까요?

현대 사회에 사는 우리는 이전 세대들보다 생계를 유지하기 위해 보내는 시간이 줄어들게 되었으며, 시간을 절약해 줄 목적으로 개발된 온갖 종류의 기술적인 장치들도 사용하고 있습니다. 하지만 그럼에도 대부분의 사람은 충분한 시간이 없다고 느끼고 있습니다. 그렇다면, 왜 이렇게 바쁜 일정을 내어서, 이 책을 읽으려고 할까요?

자, 답은 간단합니다. 이 책을 읽고자 하는 이유는 여러분이 이 책을 읽을 준비가 되어 있기 때문입니다. 여러분은 개인적인 성장의 여정에서 다음 단계로 올라설 준비가 되어 있으며, 이 책이 그곳에 도달할 방법을 알려줄 것입니다. 여러분이 이 책을 읽을 준비가 되어 있다는 것을 내가 어떻게 알 수 있을까요? 다음의 간단한 법칙을 숙고해 보기 바랍니다:

> 학생이 준비되면 스승이 나타난다

여러분이 이 책을 읽을 준비가 되지 않았다면, 이 책을 찾아내지도 못했을 것이며, 따라서 이 글을 읽고 있지도 않을 것입니다. 여러분 외면의 마음은 이 말에 거부감을 가질 수도 있으며, 앞으로 이 책에서 읽게 될 일부 내용에 대해 반감을 품을 수도 있습니다. 하지만 존재의 더 깊은 수준에서 보면, 여러분은 우리가 삶이라고 부르는 과정에서 더 높은 단계로 오를 준비가 되었다는 것을 알고 있습니다. 이 책은 여러분의 내면에 이미 존재하는 힘, 즉 자아(Self)의 힘을 열어줄 점진적인 길을 제시할 것입니다.

여러분이 이 책을 읽을 준비가 되었다는 것을 보여주는 또 다른 요소가 있습니다. 이 책은 자립, 자기 계발, 자기 강화 그리고 영성이라는 범주에 적합합니다. 이러한 유형의 책이 수천 권이나 있다는 점을 고려하면, 여러분이 삶을 개선하기 위한 책들을 이미 한두 권은 읽어보았을 가능성이 큽니다. 48가지 법칙, 33가지 입문, 24가지 열쇠, 12가지 단계, 10가지 통찰력, 7가지 습관, 4가지 계약 혹은 원 시크릿 등의 책들을 읽어보았을 수도 있습니다.

따라서 여러분이 이러한 주제에 관해 이미 읽어보았지만, 여러분이 또 다른 책을 집어 든다는 것은 무엇을 말하고 있을까요? 그것은 여러분이 원했던 결과를 다른 책들에서는 얻지 못했다는 사실을 알려줍니다. 여러분이 원했던 결과를 얻었다면, 벌써 새로운 삶을 즐기고 있을 것이기 때문입니다. 여러분이 원하는 곳에 이미 와있다면, 굳이 그곳에 도달하는 방법에 관해 이야기해 줄 또 다른 책을 읽을 필요가 있을까요?

그렇다면, 이 책은 다른 책이 하지 못하는 무엇을 할 수 있을까요? 자, 솔직하게 말하면, 이 책은 여러분을 위해 아무것도 하지 않습니다. 어떤 책도 그렇게 할 수 없습니다. 이 책은 여러분이 내면에 이미 가지고 있는 힘을 이용해서 자신을 위해 뭔가를 할 수 있는 방법을 보여줄 것입니다. 여러분이 이 책을 만나게 된 것 그 자체가 여러분 존재의 내면 깊은 곳에서, 이러한 접근에 준비가 되어 있음을 보여줍니다. 이것이 처음에는 거의 도움이 되지 않는 것처럼 보이겠지만, 인간의 수수께끼를 살펴보고 나면, 상황이 분명해질 것입니다.

인간의 핵심적인 수수께끼

현재, 여러분은 자신의 삶이 어떠한 제약으로 인해 정해져 있다고 느낍니다. 그러한 제약에서 벗어나고 싶지만, 혼자서는 그렇게 할 힘이 없다고 느낍니다. 아무튼, 여러분이 그러한 제약에서 벗어날 힘이 있었다면, 벌써 그렇게 했을 것이며, 그와 관련된 책도 읽을 필요가 없을 것입니다. 따라서 이 책을 통해, 여러분이 이미 자신의 문제를 해결할 힘을 내면에 가지고 있다는 것을 알게 되면, 그것이 처음에는 충격처럼 느껴질 수도 있습니다. 이것이 바로 우리가 인간의 핵심적인 수수께끼라고 부르는 것입니다.

인간의 수수께끼는 다음과 같습니다: 여러분은 어떤 외부 상황으로 인해, 제약을 받고 있다고 느낍니다. 여러분은 그러한 상황을 변화시킬 힘이 없다고 느끼며, 그러한 힘이 있었다면, 벌써 그렇게 했을 것입니다. 따라서 어떻게 해야 이러한 감옥에서 벗어날 수 있으며, 수수께끼를 풀 수가 있을까요? 여러분이 자신의 삶을 바꿀 수도 없고, 어떤 외부의 구원자가 와서 여러분을 위해 삶을 바꿔주지도 않는다면, 어떻게 자신의 삶을 바꿀 수 있을까요? 물론, 이것은 많은 사람이 이러한 외부의 구원자나, 비법을 찾는 이유이기도 합니다.

하지만, 이러한 길을 걸어오면서, 소성의 성과를 거두지 못한 채, 여러분은 인간의 수수께끼를 실제로 풀 수 있는 더 깊은 진실에 마음의 문을 여는 상태에 도달하게 되었습니다. 다시 말하지만, 이러한 진실에 마음을 열지 않았다면, 여러분은 이 글을 읽고 있지도 않을 것입니다.

더 깊은 진실이라는 것이 도대체 무엇일까요? 자, 그것은 여러분의 경험이 전적으로 옳다는 것입니다. 여러분은 어떠한 상황으로 인해, 즉 변화시킬 수 있는 힘이 없는 어떤 상황으로 인해서, 실제로 제약을 받고 있다는 것입니다. 하지만, 그러한 상황을 변화시킬 힘이 없는 유일한 이유는 어떤 특정한 자아를 통해서 삶을 바라보기 때문입니다. 그러한 자아를 통해서 삶을 살펴보는 것이 삶을 바라볼 수 있는 유일한 방법은 아닙니다.

삶을 변화시키는 전환

이 책을 발견했다는 사실은 근본적으로 의식을 변화시킬 수 있는 준비가 되어 있다는 것을 말해 줍니다. 그러한 변화가 무엇을 의미할까요? 여러분이 외부의 상황들로 인해 제약을 받고 있다고 느끼며, 또한, 그렇게 믿는다면, 여러분은 틀림없이 자신의 삶, 즉 삶의 경험을 변화시킬 수 있는 유일한 방법이 외부에 있는 뭔가를 변화시키는 것으로 생각할 것입니다. 하지만 여러분이 해야 하는 다음 단계의 조치는 관심의 방향을 바꾸는 것입니다. 따라서 외부에서 일어나고 있는 일에 집중하지 말고, 자신의 자아(Self)에게 집중하는 것입니다.

인간의 수수께끼를 푸는 방법은 자아에도 하나 이상의 자아가 있다는 사실을 깨닫는 것입니다. 현재, 여러분은 특정한 자아감[1], 즉 특정한 정체성을 가지고 있습니다. 하지만 그러한 자아는 진짜가 아니며, 진정한 여러분도 아닙니다. 이러한 자아는 단지 세상을 바

---

[1] sense of self

라보는 필터에 불과합니다.

이것을 가장 간단하게 설명할 수 있는 방법은, 여러분이 색안경을 쓰고 있다면 마치 세상이 어떤 색조를 띠는 것처럼 보인다는 것입니다. 하지만, 알다시피, 색안경을 썼다고 해서, 세상이 바뀌는 것은 결코 아니며, 변한 것은 세상을 바라보는 방식일 뿐입니다. 마찬가지로, 삶을 바라보는 현재의 방식은 여러분 자아감의 산물입니다. 그렇다면 여러분이 실제로 외부 상황으로 인해 제약을 받는 세상에 살고 있을까요? 아니면, 그러한 제약이 자아라는 필터를 통해 세상을 바라보게 됨으로써 생겨난 것일까요?

여러분은 현재의 자아보다 훨씬 큰 존재입니다

현재의 자아감이 여러분이 아니라는 사실을 깨닫는 것은 비록 단순하지만, 궁극적으로 여러분을 자유롭게 해 줍니다. 여러분은 현재 자아감보다 더 큰 존재이며, 이 책이 이 말의 의미를 정확하게 설명해줄 것입니다. 여러분이 "현재의 자아감"이라는 인식 필터[2]를 통해서 바라보는 한, 현재 자신이 안고 있는 문제들을 해결할 수 없습니다. 알베르트 아인슈타인(Albert Einstein)이 말했듯이, 문제를 만들어낸 의식과 같은 의식으로는 문제를 해결할 수가 없습니다. 여러분이 꼭 알아 두어야 하는 것은 그러한 제약을 정의(定義)하고, 그러한 제약이 실재하는 것처럼 보이도록 하는, 그 자아감을 사용해서는 제약을 극복할 수 없다는 것입니다.

그렇다면 인간의 수수께끼를 극복할 수 있는 열쇠가 무엇일까요? 혼자의 힘으로는 문제를 해결할 수도 없고, 여러분을 대신하여 문제를 해결해 줄 외부의 구원자도 찾을 수 없다면, 어떻게 해야

---

[2] perception filter

황을 변화시킬 수 있을까요? 그 열쇠는 여러분이 학교나, 주일학교에서는 한 번도 들어본 적이 없는 선택권을 가지고 있다는 사실을 깨닫는 것입니다. 그러한 선택권은 자신의 자아감을 의도적이고, 의식적으로 변화시키는 것입니다.

이 책의 전반적인 목적은 자신의 자아감을 변화시킬 수 있는 지식과 실질적인 도구들을 제공하는 것입니다. 하지만 이 책은 자아가 정말로 어떤 것인지를 분명하게 보여줌으로써, 그렇게 할 것입니다. 왜냐하면, 자아(Self)에 대해 알지 못한다면, 어떻게 자아의 힘을 펼칠 수 있겠습니까?

자아가 여러분을 제한하는 방식

나(킴 마이클즈)는 오랫동안 자기 초월의 여정을 걸어왔습니다. 수많은 사람이 내가 직면했던 것과 같은 주제로 고심하고 있는 것을 지켜보았습니다. 내 관찰에 따르면, 여정에는 뚜렷이 구별되는 두 개의 단계가 있습니다. 첫 번째는 외부에 있는 무언가를 변화시키는 데 집중하는 단계입니다. 두 번째는 방향을 바꾸어, 자기의 내면에 있는 것을 변화시키는 데 집중하는 단계입니다. 다시 말하지만, 여러분이 그러한 변화를 수용할 준비가 되지 않았다면, 왜 이 책을 읽으려고 하겠습니까?

따라서 첫째로, 이 책의 기초를 형성하는 것은 자신의 자아감을 변화시켜야 함을 깨닫는 것입니다. 두 번째는 자아감을 변화시키기 위해서 자신의 외부에서 참조할 기준점이 있어야 함을 깨닫는 것입니다. 이것이 왜 그렇게 중요할까요?

벌거벗은 임금님이라는 동화책을 읽어본 적이 있나요? 짧게 설명하자면, 임금님은 가장 멋진 옷을 만들어 줄 재봉사들을 고용하게 됩니다. 하지만 재봉사들은 실제로는 옷을 만들고 있지 않았습니다. 이들은 단지 옷을 만들고 있다는 것을 임금님과 신하들이 믿게 했을 뿐입니다. 임금님과 신하들은 재봉사가 만들어놓은 "인식 필터" 안에 있었기 때문에, 임금님이 아무것도 입지 않았음을 볼 수가 없습니다. 심지어 임금님이 백성들 앞을 행차할 때조차, 어린 아이가 후세에 길이 남을 말인, "임금님은 아무것도 입지 않았어요!"라고 소리칠 때까지, 그들은 환영을 믿고 있었습니다.

단순한 사실은 현재의 자아감이 인식 필터를 형성함으로써, 여러분이 바라보는 모든 것이 채색된다는 것입니다. 현재 자아의 멘탈박스[3] 외부에서 어떠한 자극을 받지 못한다면, 즉 외부에서 "내가 세상을 바라보는 방식이 정확한가? 아니면 현재 내가 볼 수 있는 것보다, 더 큰 것이 삶에 존재하는가?" 하는 의문을 던질 수 있게 하는 뭔가를 받지 못한다면, 어떻게 환영에서 벗어날 수가 있겠습니까?

그러면, 여기에서 근본적인 진실을 알 수 있나요? 색안경을 쓰고 있는 동안에는, 여러분이 바라보는 모든 것이 안경의 색상에 따라 채색됩니다. 이 말은 색안경을 통해 보는 한 어떤 것도 여러분의 인식에 대해 의문을 제기할 수 없다는 의미입니다. 따라서 여러분이 자아감을 변화시키기 위해서, 해야 하는 첫 번째 조치는 자아감이라는 필터를 통해 보는 것을 의심하게 할 수 있는 어떠한 참조 기준점이 반드시 있어야 한다는 것입니다.

이 책이 하게 될 역할은 여러분이 성장하면서 삶을 바라보도록 길들여진 방식에 이의를 제기하는 과정을 익히도록 하는 것입니다. 현재의 자아감을 변화시킬 수 있는 유일한 방법은 여러분이 현재의 자아감을 통해 받는 삶에 대한 인식에 의문을 제기하는 것입니다.

---

[3] mental box; 세상에 대한 특정한 관점, 특정한 지각을 주는 틀

이것이 이 서문에서 여러분이 이해해야 하는 최종 요점입니다.

개인적인 성장의 수수께끼

자기 초월은 끊임없는 도전에 직면하게 합니다. 앞에서 이야기한 것처럼, 여러분의 내면 어딘가에는 더 큰 뭔가에 대한 갈망, 심지어 더욱더 좋은 방식으로 삶에 다가갈 수 있다는 느낌이 있습니다. 이러한 내면의 갈망을 충족시킬 수 있는 열쇠는 여러분의 자아감을 변화시키는 것입니다. 하지만 이 책을 읽는다고 해서, 단순히 현재의 자아감이 저절로 떨어져 나가거나, 죽지는 않습니다.

지금까지 나는 더욱 높은 단계로 다가서는 문제에 대해, 즉 외부에 존재하는 것을 변화시키는 데 더 이상 집중하지 말고, 자신의 자아감을 변화시키는 데 집중해야 한다는 것에 관해 이야기했습니다. 하지만, 여러분의 현재 자아는 이러한 변화에 저항하게 될 것입니다. 현재의 자아는 다른 것에 계속 초점을 맞추게 되기를 바랄 것입니다. 왜냐하면, 현재의 자아도 어떠한 생존 본능이 있기 때문입니다.

결론적으로, 우리가 더욱 높은 단계로 다가가려고 할 때, 즉 의식적으로 자아감을 변화시키려고 할 때, 처음에는 반대 방향에서 끌어당기는 것처럼 느껴지게 됩니다. 마치 줄다리기에서 밧줄을 두 팀이 양쪽에서 끌어당기는 것처럼 느껴질 수가 있습니다. 이러한 상황은 다소 혼란스러운 국면으로 이어지게 됩니다. 왜냐하면, 기존의 자아가 인식하는 것에 대해 의문을 가지게 됨으로써, 예전에는 오류가 없는 진실이라고 생각했던 것들을 이제는 더 이상 믿을 수 없기 때문입니다. 여러분은 무엇이 진짜이고, 자신이 누구인지를 확신할 수 없게 되며, 내면에서 이것은 위험한 짓이고, 중대한 재앙을 피하기 위해서는 예전의 자아감으로 돌아가지 않으면 안 된다고 외치는 소리를 듣게 될 것입니다.

　이 책은 이러한 단계를 통과하고 낡은 자아를 진정으로 초월해서, 진정한 자아를 찾도록 점진적이고도, 부드러운 여정을 제시합니다. 다시 말하지만, 책이 여러분을 대신해서 그렇게 해 줄 수는 없습니다. 여러분에게 도움이 되는 것은 여러분이 현재 인식하고 있는 것을 의심하고, 여러분이 소중하게 여기는 일부 믿음 및 견해를 반박하는 최초의 단계를 꼭 통과해야 한다고 깨닫는 것입니다. 자신이 보이는 반응을 계속해서 주시하겠다고 결정하면, 이 과정을 훨씬 더 쉽게 통과할 것입니다.

　이 책을 읽어가면서, 책에 등장하는 개념들에 대해 여러분이 보이는 반응을 관찰하기 바랍니다. 특정한 개념에 대해, 비정상적으로 강한 반응을 보인다는 것을 발견하게 될 때, 이제 여러분은 그동안 개인적인 발전을 가로막고 있던 검증되지 않은 믿음 중 하나가 드러났음을 알게 됩니다. 현재의 자아는 삶에 대한 어떠한 인식을 여러분에게 제공해주고 있으며, 현재의 자아는 이것이 인식이 아니라, 현실이라고 믿고 있습니다. 따라서 여러분이 해야 할 일은 그것이 어떠한 인식에 불과함을 깨닫는 것입니다. 그러한 인식이 여러분을 제한하고 있다는 것을 알 때까지, 그러한 인식을 계속해서 의심하는 것입니다. 이와 같은 특정한 믿음으로 인해, 자아(Self)의 힘이 여러분을 통해 흐르지 못하고 있다는 것을 알게 되면, 여러분은 곧바로 그러한 자아를 버리고, 더 높은 자아감으로 나아가게 될 것입니다.

　다행스럽게도, 이 책을 읽고, 이 책이 제공해주는 도구들을 실천해감에 따라, 여러분은 많은 숭대한 경험을 할 것입니다. 이 책은 정말 놀랍도록 짧은 기간 내에 자아감을 변화시킬 수 있는 실질적인 방법을 제시합니다. 두 개의 목소리, 즉 하나는 낡은 자아를 버리기를 바라는 목소리, 또 다른 하나는 낡은 자아를 고수하기를 바라는 목소리가 존재한다는 것을 인식하면서, 이 과정을 통과해 간다면, 언젠가 여러분은 뒤돌아보고서, 자신의 세계관이 엄청나게 바뀌었으며, 훨씬 더 자유롭고, 힘 있는 존재라고 느낀다는 사실을 알고 놀라게 될 것입니다. 따라서 현재의 자아라는 인식 필터에 의문을 제기하고, 원하는 삶을 실현하기 위해, 진정한 여러분을 자유롭게 해 주어야 합니다.

1
과학과 자아(Self)의 힘

분명히 여러분은 현재 자아(Self)의 힘을 표현할 수 없습니다. 그렇지 않았다면 이 책을 읽는 것보다는 새로운 삶을 즐기려고 할 것이기 때문입니다. 결론적으로, 여러분의 힘은 차단되어 있으며, 그러한 힘을 차단하는 것은 외부의 제약이 아니라, 삶을 바라보는 여러분의 인식입니다. 그러한 인식으로 인해, 어떠한 제약이 실제로 있는 것처럼 보이지만, 그러한 인식은 현재의 자아감이 만들어낸 산물에 지나지 않습니다.

따라서 자아(Self)의 힘을 펼치기 위한 열쇠는 현재의 자아감을 통해서 받아들이고 있는 삶에 대한 인식에 의문을 품고, 자신의 자아감을 변화시키는 것입니다. 현재 여러분의 멘탈 박스를 의심하기 위해서는 그 틀의 외부에 있는 어떤 판단의 기준점[4]이 있어야 합니다. 다시 말해, 현재 여러분의 인식 필터가 제공해주는 세계관을 의심하기 위해서는 대안이 될 수 있는 세계관이 필요합니다. 따라서

---

[4] point of reference

문제는 현재의 멘탈 박스 밖으로, 얼마나 멀리까지 갈 수 있는가 하는 것입니다.

단순한 사실은 우리 대부분이 자아(Self)의 힘을 거의 모두 차단하고 자신의 힘을 빼앗아가는 세계관을 받아들였다는 것입니다. 자아의 힘을 완전히 펼치려면 우리의 세계관과 자아감을 아주 극적인 방식으로 변화시켜야 합니다. 우리 중 누구도 이러한 자아감을 일시에 변화시킬 수는 없습니다. 따라서 점진적인 길을 따를 수밖에 없습니다.

이 책은 여러분이 인간적인 멘탈 박스에서 완전하게 벗어나게 해주는 참조틀[5]을 제공할 것입니다. 하지만 부드럽게 출발할 수 있게 하려고, 나는 기본적인 주제라고 할 수 있는 자기-계발(self-help)에 관해 이야기하고자 합니다. 자기-계발의 배경이 되는 기본적인 개념은 마음가짐 혹은 마음 상태를 변화시키면, 삶을 변화시킬 수 있다는 것입니다. 하지만 우리 모두는 이러한 주장이 불가능한 것처럼 보이게 하는 세계관이 주입된 채, 성장해 왔습니다. 결국, 우리의 감각과 일반적인 경험, 심지어 신념 체계들이 말하는 바에 따르면, 마음이 물질을 지배할 힘이 없다고 합니다.

따라서 이 장(章)에서는 과학이 지금까지 발견한 것 중에서, 마음과 물질이 외견상 단절된 것처럼 보이는 것에 대해 의문을 제기하는 데 도움이 될 수 있는 몇 가지 사항을 살펴보겠습니다.

숨겨진 원인 찾기

간단한 사례를 살펴보도록 합시다. 여러분이 테이블에 앉아 있으

---

[5] frame of reference; 어떤 사물이나 현상을 지각하고 판단할 때 적용하는 비교나 평가의 기초가 되는 기준

며, 테이블 위에 공이 하나 놓여 있다고 합시다. 어떻게 하면 그 공을 A 지점에서 B 지점으로 옮길 수 있을까요? 여러분이 마음의 힘을 사용해서 그 공을 직접 움직이게 할 수 있나요? 아니면, 마음이 손을 움직이게 해서 손이라는 물질이 공이라는 물질을 움직이게 하는 간접적인 힘을 사용해야만 할까요?

이것에 대해 생각해 보면, 문제를 바라보는 방법은 공이 마음과 분리되어 있다고 생각하는지, 아니면 이 둘이 서로 연결되어 있다고 생각하는지에 대한 질문에 어떻게 답을 하느냐에 달려 있다는 것을 알 수 있습니다. 공과 마음이 서로 연결되어 있지 않고 분리되어 있다고 믿는다면, 분명히 마음이 공을 직접 움직일 수 있는 방법은 없을 것입니다. 마음은 하나의 질료로 만들어졌으며, 공이 마음과는 근본적으로 다른 질료로 만들어졌다면, 마음이라는 질료는 물질이라는 질료를 단순히 변화시킬 수 없습니다.

하지만 현대 과학은 이 점에 대해서 무엇이라고 할까요? 과학은 중세 시대에 시작되었으며, 그 당시에는 대부분 사람이 지구가 우주의 중심이라고 믿었다는 것을 여러분도 들었을 것입니다. 과학자들은 천체의 움직임을 실제로 관찰함으로써, 지구가 태양을 중심으로 돌고 있다는 사실을 발견하게 되었습니다. 따라서 과학이 밝혀낸 일부 다른 관찰을 살펴보고, 이러한 결과가 마음과 물질에 대해서 무엇이라고 말하는지 살펴보도록 합시다.

지구가 우주의 중심이라는 개념은 감각적인 인식에서 보면, 상당히 합리적임을 깨닫는 것에서부터 시작할 수 있습니다. 아무튼, 눈에 보이기에는, 마치 태양이 하늘을 가로질러 움직이고 있는 것처럼 보입니다. 왜냐하면, 지구가 축을 중심으로 회전하고 있는 것을 우리 감각으로는 알 수가 없기 때문입니다. 감각은 왜 이것을 인식할 수 없을까요? 그 이유는 우리가 지구와 함께 움직이고 있으므로, 지구의 외부에 있는 참조틀을 가질 수가 없기 때문입니다. 따라서 과학을 통해 배워야 하는 첫 번째 교훈은 우리 감각을 신뢰할 수 없다는 것입니다. 이 말은 육체의 감각이라는 인식 필터 외부에서 뭔가를 얻고자 해야 한다는 의미입니다.

또한, 과학에 따르면, 우리는 여러 개의 층 혹은 단계로 구성된 세상에서 살아가고 있다고 합니다. 우리의 감각을 통해 볼 수 있는 세상은 단지 세상의 바깥 표피층(表皮層)일 뿐이며, 과학자들은 이것을 거시적[6] 수준이라고 부르고 있습니다. 하지만 과학은 거시적 수준을 뛰어넘는 뭔가가 있다는 사실을 분명하게 증명해 왔습니다. 우리가 인간의 몸, 산(山) 혹은 토스터 기계라고 알고 있는 것은 모두 분자라고 불리는 더욱 작은 구성 요소로 이루어져 있습니다. 그리고 분자는 이보다 더 작은 블록들, 즉 원자로 구성되어 있으며, 원자는 다시 소립자[7]라고 불리는 더 작은 블록들로 구성되어 있습니다.

과학을 통해 얻은 다음번의 통찰력은 원인과 결과라는 개념입니다. 어떤 경우에는, 거시적인 차원의 인과(因果) 관계가 분명한 예도 있습니다. 손으로 공을 밀면, 그것은 분명히 공이 움직이는 원인이 됩니다. 하지만 많은 경우에, 보이는 현상들 뒤에 숨어 있는 원인은 더 깊고, 더 높은 차원에서 세상을 바라보아야만 비로소 이해될 수 있습니다. 우리는 지구에서 많은 다른 사물을 볼 수가 있지만, 더 깊은 차원에서 보면 그러한 모든 것이 원자로 구성되어 있다는 것을 알 수 있습니다. 따라서 모든 사물이 취하고 있는 형태와 그것들이 작동하는 방식은 어느 정도 원자 수준의 원인에 따른

---

[6] macroscopic; 눈으로 보이는
[7] elementary particles; (물리학) 소립자

결과라고 할 수가 있습니다. 그리고 곧 알게 되겠지만, 원자의 세계보다 더 깊은 수준이 있습니다.

과학에 따라 증명된 또 다른 중요한 이해는 우리 감각으로는 놀라울 정도로 다양하게 표현된 것처럼 보이는 것들도 실제로는 단지 겉모습에 불과하다는 것입니다. 거시적 수준을 벗어나면, 다시 말해 더 깊이 내려갈수록 혹은 더 높이 올라갈수록, 다양성은 점점 줄어든다는 것을 알 수가 있습니다. 이 지구에도 서로 다른 사물이 수도 없이 많지만, 그것들은 단지 108개의 원자로 구성되어 있습니다. 그리고 원자들은 또한, 3가지 형태의 소립자들이 서로 다른 방식으로 결합함으로써 만들어졌습니다.

물질을 넘어선 마음

지금까지 설명한 모든 요소는 일종의 상식이며, 어린 시절에 배운 것들에서 추론할 수 있는 내용입니다. 이러한 요소들은 단지 감각에 기초하고 있는 거시적인 세계관이라는 인식 필터를 뛰어넘어, 그 너머를 바라볼 필요가 있다는 것을 말해 줍니다. 하지만 과학의 도움을 받아, 우리는 그러한 멘탈 박스를 뛰어넘어, 실제로 더 멀리까지 나아갈 수가 있습니다.

알베르트 아인슈타인이 1905년에 상대성 이론을 발표했을 때, 감각에 기초한 세계관은 세상이 깜짝 놀랄 정도로, 첫 번째 도전을 받게 되었습니다. 내가 학교에 다닐 때, 물질과 에너지라는 두 가지 요소로 세상이 만들어졌다고 배웠습니다. 물론, 상대성 이론에 대해 듣기는 했지만, 내가 배운 것은 세상이 두 개의 요소로 만들어졌다는 이원성 세계관에 여전히 그 기반을 두고 있었습니다. 예를 들이, 아인슈타인의 공식, 즉 $E=mc^2$에 의하면, 원자의 분열을 통해 물질이 에너지로 바뀔 수 있다는 말을 듣기는 했습니다. 여러분도 유사하게 배웠을 것으로 생각합니다.

  내가 성장하고 난 이후에야 비로소 아인슈타인의 공식이 정말로 무엇을 의미하는지 알게 되었습니다. 물질을 에너지로 바꾸는 것이 가능한 이유를 자문해 보면, 여러분도 알 수가 있을 것입니다. 원자를 분열시키면, 거대한 양의 에너지가 방출되는 이유가 무엇일까요? 답은 간단합니다. 원자를 분열시킨다는 것은 원자 속에 존재하지 않던 에너지를 만들어내는 것이 아니라, 원자 속에 이미 있던 에너지를 자유롭게 해 줄 뿐입니다. 좋습니다. 그렇다면 원자 속에는 왜 에너지가 있을까요? 그 이유는 아인슈타인의 이론에 따르면, 모든 것이 정말 에너지로부터 만들어졌기 때문입니다.

  1905년 이후, 우리는 감각에 기초한 세계관이 실재와 맞지 않는다는 것을 알게 되었습니다. 우리 감각으로 단단한 물체로 감지하더라도 실제로는 전혀 단단하지 않다는 것입니다. 물질은 에너지로 만들어졌으며, 에너지는 어떠한 형태의 진동, 즉 끊임없이 진동하는 파동입니다. 우리가 단단하고 변하지 않는 물질이라고 여겼던 것이 사실은 에너지 파동이고, 이러한 에너지의 파동이 고정된 매트릭스에 갇혀 있을 뿐입니다. 하지만 원자력 발전소가 증명하듯이, 단단한 물질은 유동적인 에너지로 다시 바뀔 수가 있습니다.

  더 중요한 사실은 에너지는 무한히 변할 수 있다는 것입니다. 모든 에너지 파동은 그 에너지의 진동 특성을 변화시킴으로써, 다른 에너지 파동으로 바뀔 수 있습니다. 이 말은 아인슈타인이 실제로 마음과 물질 사이의 장벽을 허물어뜨렸다는 의미입니다. 물질은 에너지 파동으로 만들어지며, 생각 또한, 마찬가지입니다. 상대성 이론에 기초하여, 인간의 마음은 아주 강력한 에너지 파동을 만들어 낼 수가 있습니다. 따라서 현재 "단단한" 물질을 형성하고 있는 에너지 파동에 얼마든지 영향을 미칠 수가 있습니다.

> 단단하고, 변할 수 없을 것 같은 물체도
> 사실은 에너지 파동으로서, 이러한 에너지 파동이
> 고정된 매트릭스에 갇혀 있을 뿐입니다.

바꾸어 말하면, 자기 계발, 즉 마음의 힘을 이용함으로써, 여러분이 처해 있는 물질 환경을 변화시킬 과학적인 가능성이 1905년 이후부터 존재했습니다. 분명한 것은 실제로는 그러한 가능성이 그보다 훨씬 이전부터 존재하고 있었다는 것입니다. 하지만 과학으로 인해, 우리는 일반적인 멘탈 박스를 뛰어넘어, 심지어 더 멀리까지 나아갈 수 있게 되었습니다.

물질 너머의 세계

아인슈타인의 상대성 이론이 발표된 후, 물리학자들은 매우 흥분했으며, 아인슈타인이 발견한 것들을 토대로, 원자의 내부 세계를 연구하기로 결정했습니다. 이후 수십 년 동안, 이들은 양자역학[8]이라 불리는 과학의 새로운 분야를 개척했으며, 실제로 몇 가지 놀랄 만한 사실을 발견했습니다.

첫 번째로 살펴볼 내용은 소위 "파동-입자" 이중성[9]입니다. 감각의 관점에서 보면, 모든 것은 파동이든지, 아니면 입자가 되어야 합니다. 하지만 물리학자들은 "아원자 실체"[10]가 때로는 입자의 형태를, 때로는 파동의 형태를 띠게 된다는 사실을 증명했습니다. 이것은 거시적인 인식 필터를 뛰어넘어, 그 너머를 바라보는 것이 얼마

---

[8] quantum mechanics; (물리학) 양자역학
[9] wave-particle duality; (물리학) 파동 입자 이중성(波動粒子二重性)
[10] subatomic entity; (물리학) 아원자(亞原子); (양자(proton), 전자(electron) 등의 원자 구성 요소)

나 중요한지를 분명하게 보여주는 지표였습니다.

모순처럼 보이는 것을 간단하게 설명하자면, 아원자 실체는 파동 혹은 입자보다도 더 근원적인 질료입니다. 하지만 물리학자들이 파동-입자라는 인식 필터를 억지로 아원자의 세계에 적용하려고 시도했기 때문에, 때로는 파동의 속성을, 때로는 입자의 속성을 얻게 되었습니다. 이것은 마치 벌거벗은 임금님의 보이지 않는 새 옷과도 같습니다. 물리학자들은 자신의 인식 필터로 인해 눈이 멀어서, 아원자 입자를 있는 그대로 볼 수 없었습니다.

이것은 물리학자들이 아원자 세계를 연구할 때, 실제로는 이들이 물질계와 물질계를 벗어난 더 큰 세계 사이의 경계 선상에 있다는 것을 암시할 수 있습니다. 이 더 거대한 세계를 구성하는 질료는 우리가 형태라고 알고 있는 상태로 존재하지 않습니다. 그러한 질료는 아직 우리가 입자나 파동으로 이해하고 있는 것으로 굳어지지 않은 상태입니다. 이러한 질료가 입자 혹은 파동의 형태를 띨 가능성이 있지만, 이 질료가 띠게 될 특정한 형태는 인간의 어떤 행위에 의해 분명히 영향을 받을 수 있습니다. 우리가 입자를 예상하면, "양자 질료"는 입자의 형태를 띠게 되고, 파동을 예상하면, 파동의 형태를 띠게 될 것입니다.

우리가 이제 도달한 결론은, 우리가 사는 세계가 단단하고, 변하지 않는 입자들로 구성된 세계가 아니라는 것입니다. 우리가 사는 세계는 지금까지 우리가 믿어 왔던 것보다, 훨씬 더 유동적이고, 가변적입니다. 이 세상은 양자 질료로 만들어진 것처럼 보이며, 이러한 양자 질료는 고정된 형태가 아니지만, 어떤 형태든 띨 가능성이 있습니다. 우리 마음은 양자 질료가 어떠한 형태를 띠도록 영향을 미칠 수 있는 것처럼 보입니다.

양자 측정의 수수께끼

물리학자들이 아원자의 세계를 살펴보기 시작했을 때, 이들은 거시적인 세계에서 하던 대로, 독립된 개체를 관찰할 수 있으리라 기대했었습니다. 하지만 이들은 곧바로 양자 세계에는 분리된 개체가 없으므로, 객관적으로 관찰할 수 없다는 사실을 깨닫게 되었습니다. 물리학자들이 입자 가속기를 사용하여, 아원자의 입자를 연구하게 되었을 때, 이들이 얻은 결과는 입자가 과학자들의 마음에서 독립되어 있지 않다는 것이었습니다. 그 대신에, 결과는 세 가지 요소인 입자 가속기, 아원자 입자 그리고 과학자들의 마음이 결합한 것으로 나타났습니다. 아원자의 세계에는 객관적 관찰자라는 것이 없습니다. 아원자의 세계에는 모든 것이 서로 연결되어 있습니다. 따라서 과학자의 마음이 필연적으로 그리고 근본적으로 실험의 결과에 영향을 미칠 수밖에 없습니다.

여기에다, 물리학자들은 거시적인 세계에서는 아주 잘 작동하는 자연의 법칙들이 아원자의 세계에서는 더 이상 작동하지 않는다는 사실도 밝혀냈습니다. 자연의 법칙들이 양자 세계에서는 단순히 작동하지 않았습니다. 로켓이 화성을 향해 날아가는 경로는 아주 정확하게 계산할 수 있지만, 핵 주위를 돌고 있는 전자의 움직임은 예측할 수가 없습니다. 이것을 어떻게 설명해야 할까요?

나는 과학자도 아니고, 물질주의자도 아니므로, 비교적 간단하게 살펴보도록 하겠습니다. 이것을 설명하기 위해, 아인슈타인의 공식 $E=mc^2$로 돌아가도록 하겠습니다. 이 공식은 물질은 단지 또 다른 형태의 에너지에 불과하다는 사실을 말해 주고 있습니다. 물질은 어떠한 매트릭스에 갇힌 에너지입니다. 따라서 이제 그것은 비-국소적인[11] 파동처럼 행동하지 않고, 국소적인[12] 입자처럼 행동합니다.

에너지가 이러한 임계점을 넘어서면, 에너지는 입자의 형태를 띠게 됩니다. 이러한 입자가 서로 결합하여, 물질을 만들어내게 되면, 우리 감각과 과학 도구로 감지할 수 있게 됩니다. 이것이 바로 거시적인 세계이며, 이 세계는 실제로 우리가 자연의 법칙으로 부르는 법칙의 지배를 받습니다. 거시적인 세계에는 인간의 마음에 의해 창조되지 않은 것들이 있습니다. 따라서 이러한 것들이나 자연의 법칙들에 인간의 마음이 직접 영향을 미칠 수 없습니다.

그러면, 이것이 양자 물리학과 무슨 연관이 있을까요? 과학자들은 우리가 여러 개의 층으로 이루어진 세계에 살고 있다는 것을 밝혀냈습니다. 양자 물리학이 출현하기 전까지, 과학자들은 전 세계가 단 하나의 층, 하나의 우주, 다시 말해 거시적인 세계만 존재한다고 인식했습니다. 양자 세계는 거시적인 세계의 또 다른 일부가 아닙니다. 다시 말해, 양자 세계는 더욱더 근원적인 층입니다. 이러한 이유로, 양자 세계에서는 자연의 법칙들이 작동하지 않습니다. 양자 세계에는 독립된 입자라는 것도 존재하지 않습니다. 양자 세계가 우리의 마음과 아원자 입자를 서로 연결해주고 있기 때문입니다. 고전 물리학자들의 말에 따르면, 이 세상은 마치 거대한 기계와도 같으며, 모든 것을 예측할 수 있다고 합니다. 이것은 양자 수준에서 보면, 사실이 아닙니다. 진보 물리학자들은 세상이 거대한 기계가 아니라, 오히려 거대한 마음을 닮았다고 합니다. 이것은 지금까지 양자 물리학이 증명한 것들을 정말로 인정한다면, 과학이 더 이상 마음을 무시할 수 없다는 의미입니다. 마지막으로 개척해야 할 분

---

[11] non-local

[12] localized; 국소적인; 국부적인; 물리계에 한정되어 있다는 의미로 사용

야는 우주가 아닙니다. 왜냐하면, 궁극적으로 개척해야 할 분야는 의식이기 때문입니다. 물론, 자기 계발서 및 영적인 스승들이 한결같이 말하고 있는 것이 바로 이 의식입니다.

분리된 것은 없습니다

양자 물리학자들이 수십 년 전에 비국소성을 처음으로 증명했는데, 우리의 세계관은 왜 여기에 맞게 바뀌지 않았을까요? 내 말은 과학자들이 실제로 말하는 것들을 숙고해 보라는 뜻입니다. 우주는 150억 년 전에 일어난 빅뱅에서부터 시작되었다고 합니다. 빅뱅이 일어나고 난 후, 처음 1/1000초 동안은, 오늘날 우리가 알고 있는 자연의 법칙들이 존재하지 않았다고 합니다. 처음으로 나타났던 것 중 일부는 우리가 아원자 입자라고 부르는 것들이었습니다. 이러한 입자들은 한동안 주변에 존재하고 있었습니다. 그런 다음, 150억 년이 지난 후에, 인간이 나타나게 되었으며, 우리가 정교한 의식을 가진 최초의 존재였다고 합니다. 이 말은 진화론적인 면에서 보면, 아원자 입자의 출현과 우리의 의식 사이에 상당히 큰 간격, 즉 150억 년이라는 세월이 소요되었다는 의미입니다.

양자 물리학자들은 현재 우리 의식이
아원자 입자들과 상호 작용할 수 있다는 것을 증명했습니다.

양자 물리학자들은 우리 의식이 아원자의 입자들과 상호 작용할 수 있다는 것을 의심의 여지 없이 증명했습니다. 이 말은 역사가 아주 짧은 우리의 의식이 우리보다 150억 년이나 오래된 "실체들"과 상호 작용할 수 있다는 의미입니다. 이것을 어떻게 설명해야 할까요? 자, 간단하게 설명할 방법은 이 세상이 물질이나 에너지로

만들어지지 않았다는 것입니다. 이 세상을 형성하고 있는 근원적인 실체는 의식입니다.

아원자의 입자들이 창조될 때 어떠한 형태의 의식이 있었고, 바로 그것이 생긴지 얼마 되지 않은 우리 마음이 이러한 "입자들"과 상호 작용할 수 있는 이유입니다. 그러면, 우리는 실제로 분리된 입자들과 상호 작용하고 있을까요, 아니면 그러한 입자들을 창조하고, 유지하고 있는 마음과 상호 작용하고 있을까요?

그렇다고 과거로 돌아가서, 남성적인 신이 7일 만에 우주를 창조했던 그리스도교 전체를 받아들여야 한다고 말하는 것이 아닙니다. 하지만 양자 물리학의 발견들을 가장 단순하게 설명하는 방법은 우리보다 더 큰마음을 가진 존재에 의해서, 빅뱅이 계획되고 시행되었다는 것입니다. 그때와 지금 사이에 점진적인 진화의 과정이 있었지만, 물질주의가 주장하는 것처럼, 무작위적이고, 무의식적인 과정은 아니었습니다. 그것은 부분적으로는 하나 이상의 보다 큰마음들에 의해, 거시적인 수준에서 부분적으로는 자연의 법칙과 제3의 요소에 의해 유도된 어떠한 과정이었습니다. 이 신비적인 요소가 무엇일까요? 자, 우리 마음이 아원자의 입자들과 상호 작용할 수 있고, 그러한 입자를 만들 수 있다면, 우리가 거시적인 세계를 만들어낼 가능성에 대해, 이것이 무엇을 말하고 있을까요? 우선, 우리가 여기에 존재하는 이유에 대해, 이것이 시사하는 바가 무엇일까요?

불확실성이라는 수수께끼

고전 물리학에 따르면, 전체 우주가 시계를 닮은 거대한 기계와 같다고 합니다. 모든 것은 레버와 기어로 서로 연결되어 있으며, 이 모든 것이 절대로 변하지 않는 법칙들에 따라 작동한다고 합니다. 그래서 우주가 어떻게 작동할지 예측할 수 있다고 합니다. 우주가 시작된 지점과 자연의 법칙들을 충분히 안다면, 세상이 끝날 때까지 일어나게 될 모든 사건을 확실하게 계산할 수 있다고 합니다.

물리학자들이 양자 세계를 연구하기 시작했을 때, 이들은 당구대 위를 지나가는 당구공처럼, 변하지 않는 법칙들에 따라 움직이는 입자들을 분명하게 찾아낼 수 있으리라 기대했습니다. 이것은 입자에 대해 충분히 안다면, 입자의 움직임을 확실히 예측할 수 있다는 의미입니다. 하지만, 이들이 마주하게 된 것은 전통적인 멘탈 박스로는 생각해 낼 수도 없는 또 다른 수수께끼였습니다.

양자 세계에서는, 전자(電子)와 같은 입자의 움직임을 예측하기가 근본적으로 불가능합니다. 그 이유는 전자에 대해 충분히 알지 못하기 때문이 아니라, 양자 세계에는 근본적으로 불확실성이 있기 때문입니다. 불변의 법칙들에 따라 움직이는 것이 아니라, 근본적으로 양자 세계는 예측할 수 없습니다. 측정하기 전까지는 전자의 위치를 확정할 수 없습니다. 측정할 수 있다 하더라도, 독립된 전자를 측정하는 것이 아닙니다. 측정이라는 행위를 통해, 여러분이 실제로 하는 일은 그 위치에 전자를 만드는 것입니다. 관찰하기 이전에는 그곳에 측정하는 전자가 없었습니다.

어떠한 형태의 의식이 양자 세계에 존재하고 있습니다.
이것은 우리 마음이 우리가 관찰하는 입자들을
공동창조(co-create)할 수 있는 이유를 설명해줍니다.

내가 앞서 이야기한 내용을 기반으로, 우리는 다시 한번 단순한 설명을 제시할 수 있습니다. 과학이 밝혀낸 바에 따르면, 양자 세계에는 어떠한 형태의 의식이 반드시 존재해야 함을 보여주었습니다. 이것이 바로 우리 마음이 양자 실체와 상호 작용할 수 있으며, 우

리가 관찰하는 입자들을 공동창조[13]할 수 있는 이유를 설명하는 유일한 방법입니다. 적어도 자기-의식하는 존재들[14]에게 있어서, 의식의 주요한 특성이 무엇일까요? 그것은 의식이 기계적인 법칙들을 따르지 않는다는 것입니다. 의식은 창조적으로 될 잠재력이 있으며, 따라서 이전에는 마음이 한 번도 해본 적 없는 뭔가를 할 수 있습니다. 하지만 이러한 창조력의 기반이 무엇일까요? 그것은 자유의지입니다. 이전에는 결코 해본 적이 없는 뭔가를 상상해내고, 그런 다음 그것을 해보겠다고 선택하는 능력입니다. 좋습니다. 이제 기반이 마련되었으니, 자아(Self)의 힘을 펼치는 데 도움이 되는 세계관에 관해 설명하도록 하겠습니다.

스스로 강화하는 세계관

현대 사회에서 성장해 온 우리 중 일부는 중세 시대의 종교 개념과 실질적인 과학 관찰들과 물질주의에서 비롯된 개념들과 우리의 감각으로 관찰한 것들이 이상하게 혼합된 세계관을 지닌 채, 성장해 왔습니다. 결과적으로, 다음과 같은 세계관이 생깁니다.

- 우리는 물질로 이루어진 세상에 살고 있습니다.
- 물질은 단단합니다. 이 말은 물질이 영속성과 실체가 있다는 의미입니다.
- 물질은 바꾸기 어렵습니다.
- 거시적인 세계에 있는 모든 것은 물질로 구성되어 있으며, 이러한 것들은 별개의 단위들로 존재합니다. 우리는 별개의 단위로

---

[13] co-create; 우리 마음과 더 높은 수준의 자기-의식하는 존재들과 협력해서 창조할 수 있다는 의미로 사용됨
[14] self-aware beings; 완전한 자유의지가 있으며, 자신이 누구인지 정의할 수 있고 마음속으로 상상하는 것을 창조할 수 있는 존재. AI는 자기-의식하는 존재가 아님.

존재하는 행성에 살고 있습니다. 행성은 태양의 영향을 받지만, 행성은 빈 공간으로 둘러싸여 있으므로, 별도로 분리되어 있습니다. 우리의 육체도 마찬가지로 분리된 단위입니다.

• 물질은 마음과 분리되어 있습니다.
• 우리 마음은 물질을 직접 변화시킬 수 있는 능력이 없습니다. 오직 육체와 물질에 기초한 기술을 통해서만, 우리가 물질을 변화시킬 수 있습니다.
• 물질의 세계는 우리 마음을 지배할 힘이 있으며, 우리의 창조적인 능력에 많은 제약을 가합니다.

이러한 요소들은 모두가 힘을 약하게 하는 것들입니다. 왜냐하면, 이러한 것들은 본질적으로 외부의 물질계가 우리에게 보내는 것이 무엇이든, 그것을 수동적으로 받아야 하는 존재로 우리를 묘사하고 있기 때문입니다. 하지만 양자 물리학이 밝혀낸 것들을 근거로, 우리는 이 모든 요소를 반박할 수가 있습니다. 기본적으로 반박할 수 있는 것은 이러한 요소들이 전부 다 맞기는 하지만, 이러한 것들은 단지 거시적인 세계에만 적용된다는 것입니다. 그리고 그 세계는 더 큰 세계의 가장 바깥쪽에 있는, 외피층(外皮層)에 불과합니다.

다시 한번, 아인슈타인의 공식 $E=mc^2$에 대해 살펴보도록 하겠습니다. 앞에서 설명했듯이, 이 공식에 따르면, 물질이란 유동성이 거의 없는 매트릭스에 갇힌 에너지에 불과합니다. 하지만 좀 더 자극적으로 말하자면, 이 공식의 진정한 의미는 물질이 존재하지 않고, 물질은 우리 상상의 산물일 뿐이라는 것입니다. 그렇다고, 우리 감각으로 인지하는 세상이 실재하지 않고, 존재하지 않는다는 말이 아닙니다. 또한, 우리 인간이 마음으로 우주를 창조했고, 마음으로 우주를 바꿀 수 있다고 말하는 것도 아닙니다. 내가 말하려는 것은 물질이 우리가 현재 인식하고 있는 것처럼 존재하지 않으며, 양자 물리학이 이러한 사실을 증명했다는 것입니다. 위에 열거한 요소들을 하나하나 살펴보도록 하겠습니다.

- 우리는 물질로 이루어진 세상에 살고 있습니다. 실제로, 우리는 에너지로 구성된 세상에 살고 있습니다. 단지, 이 에너지가 어떠한 형태를 띠고 있을 뿐이며, 이 형태를 우리는 "물질"이라고 부릅니다.

- 물질은 단단합니다. 이 말은 물질이 영속성과 실체가 있다는 의미입니다. 사실, 물질은 전혀 단단하지 않습니다. 물질은 에너지로 만들어졌으며, 에너지는 어떠한 형태의 진동일 뿐입니다.

- 물질은 바꾸기 어렵습니다. 실제로, 에너지 파동의 특성은 매우 바꾸기 쉽습니다. 우리가 물질이라고 부르는 것은 단지 어떠한 매트릭스에 갇힌 에너지 파동에 불과합니다. 그러므로 물질은 여전히 파동이며, 따라서 바꾸기 쉽습니다.

- 거시적인 세계에 있는 모든 것은 물질로 구성되어 있으며, 이러한 것들은 별개의 단위들로 존재합니다. 사실, 분리된 별개의 "물체들"이란 없습니다. 거시적인 관점에서 볼 때만, 모든 것이 분리된 것처럼 보입니다. 더욱더 깊은 양자 관점에서 보면, 모든 것은 연결되어 있습니다. 왜냐하면, 국소성이란 환영에 불과하기 때문입니다.

- 물질은 마음과 분리되어 있습니다. 사실, 양자 수준에서는 물질과 마음이 직접 연결되어 있습니다. 거시적인 세계의 모든 것은 양자 질료로 이루어져 있습니다. 이 말은 우리의 마음이 심지어 거시적인 세계에도 영향을 미칠 가능성이 있다는 의미입니다.

- 우리 마음은 물질을 직접 변화시킬 수 있는 능력이 없습니다. 사실, 우리 마음은 실제로 양자를 변화시킬 수가 있고, 모든 것이 양자 질료로 구성되어 있다는 점을 고려하면, 우리 마음은 물질을 변화시킬 수 있는 능력이 있습니다. 우리가 물질을 형성하는 양자

질료를 변화시킬 수 있다면, 물질도 변화시킬 수 있습니다. 현재는 이러한 능력을 사용하지 못하고 있지만, 우리의 잠재력을 키워감에 따라, 이러한 능력을 사용할 가능성은 여전히 있습니다.

・물질의 세계는 우리의 마음을 지배할 힘이 있습니다. 사실, 우리가 양자 실체가 무엇인지 모르는 무지 때문에 힘을 주고 있을 뿐이지, 물질계가 우리 마음을 지배할 힘을 가질 수는 없습니다. 거시적인 멘탈 박스라는 필터를 통해 삶을 바라본다면, 물질은 우리 마음을 지배할 힘을 가지게 됩니다. 하지만 우리는 그러한 멘탈 박스에서 벗어나 세상을 있는 그대로 볼 수 있는 잠재력이 있습니다.

서로 연결된 전체

이러한 사실을 염두에 두고, 우리가 누구이고, 왜 여기에 존재하며, 우리의 진정한 잠재력이 무엇인지를 밝혀줄 새로운 세계관에 관해 설명하겠습니다. 먼저, 우리가 분리되어, 고립된 세상에 살고 있지 않다는 사실을 인정하는 것에서부터 시작하도록 하겠습니다. 우리는 전체가 하나로 서로 연결된 세상에 살고 있습니다. 이것을 가장 쉽게 설명하는 방법은 거시적인 세계가 물질로 만들어지지 않았다는 것입니다. 다시 말해, 세상은 에너지로 만들어져 있습니다. 에너지는 어떠한 형태의 진동이며, 진동에도 많은 수준이 있습니다. 예를 들어, 학교에서 배웠듯이, 우리 눈은 단지 어떤 형태의 빛만을 감지할 수 있습니다.

우리 눈은 그림 1에서 보듯이, 적외선, 자외선과 같은 빛은 감지할 수 없습니다.

그림 1 - 전자기 빛의 스펙트럼

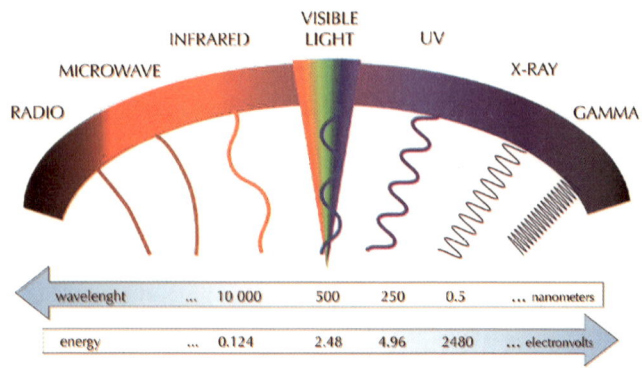

보라색 가시광선과 보이지 않는 자외선 사이의 차이가 무엇일까요? 자외선은 가시광선보다 약간 더 높은 진동수를 가지고 있습니다. 그 외에는 어떠한 차이도 없습니다. 이 말은 보라색 가시광선과 자외선을 분리하는 장벽이란 없다는 의미입니다. 사실, 상대성 이론에 따르면, 자외선의 진동수를 낮추면, 보라색 가시광선으로 바뀝니다. 이러한 원리를 아인슈타인의 공식에 적용하면, 이 물질 우주가 어떻게 창조되었는지도 정확하게 설명할 수 있다고 합니다.

학교에서 배웠듯이, 등호(=)를 가진 수학 공식의 양쪽을 같은 값으로 나눌 수 있습니다. 따라서 아인슈타인의 공식은 다음과 같이 표현됩니다:

$$\frac{E}{c^2} = \frac{mc^2}{c^2}$$

오른쪽의 공식에 c^2이 위와 아래에 두 개가 있습니다. 이것을 상쇄하면, 다음과 같은 공식을 얻을 수 있습니다:

$$\frac{E}{c^2} = m$$

이 새로운 공식이 말하는 것이 무엇일까요? 이것은 물질계가 물질이 아니라, 순수한 형태의 에너지로 만들어졌다는 사실을 말해줍니다. 이 에너지, 즉 E는 우리가 햇빛이나 전기처럼, 일반적으로 에너지라 부르는 것을 훨씬 넘어서는 수준에서 진동하는 에너지일 뿐입니다. 이 에너지는 여전히 파동으로 이루어져 있지만, 이 파동은 물질계에 존재하는 그 어떤 것보다도 훨씬 더 높은 수준에서 진동하고 있습니다. 따라서 물질계를 창조하기 위해서는, 이 양자 에너지가 어떤 범위의 진동수 아래로 낮아져야 합니다. 아인슈타인은 이 감소 계수를 빛의 속도 제곱(c^2)이라고 말했습니다.

알다시피, 빛의 속도는 매우 큰 수치이며, 그것을 제곱하면, 천문학적인 숫자가 나옵니다. 이것은 원래의 에너지, 즉 E가 물질 에너지로 바뀌기 위해서 엄청나게 거대한 요소에 의해 감소하였다는 의미입니다. 일단 이러한 감소가 일어나면, 물질 에너지는 이제 틀에 갇힐 수 있게 되고, 따라서 단단하고 국소화된 입자처럼 보이게 됩니다. 그런 다음, 이 입자들은 원자, 분자, 행성, 에스프레소 기계, 은하, 인간의 육체와 같은, 국소화된 구조들을 만드는데 사용될 수 있습니다.

다음 그림은 우리가 사는 세상이 진동의 연속체 일부임을 보여줍니다.

그림 2 - 진동의 연속체[15]

양자 세계
순수한 에너지의 형태

에너지 파동이
입자와 파동
양쪽으로 나타날 수 있음

매트릭스 안에 갇힌
물질 에너지
단단하고 국소화된 입자들

    이론적으로는, 점점 더 높은 진동들을 향해 무한하게 올라갈 수 있습니다. 적어도 우리는 물질 스펙트럼보다 천문학적으로 높은 진동 형태가 있다고 말할 수 있습니다. 우리의 감각과 많은 과학 기구를 사용해도, 물질 영역을 벗어나 있는 것들을 쉽게 감지할 수 없는 이유를 이러한 사실이 잘 설명해주고 있습니다. 우리는 물질의 영역 내에 있으므로, 우리가 관찰할 수 없는 관찰의 지평선[16]이 있습니다. 하지만 이제 양자 물리학자들은 물질 스펙트럼을 넘어서 보기 시작한 것 같습니다. 그리고 우리 마음이 개발되면, 아마 물질

---

[15] A continuum of vibrations
[16] observation horizon; 인간의 시각이나 생각으로 알 수 있는 한계

의 영역 너머를 볼 수 있는 능력을 갖추게 될 것입니다.

순수한 에너지가 물질이 되는 방법

일반적으로 빅뱅은 거대한 폭발로 묘사됩니다. 이 빅뱅으로 현재의 우주가 만들어지는데 필요한 모든 에너지와 물질이 무작위적이고, 무질서하게 밖으로 쏟아져 나왔다고 합니다. 하지만 우리가 앞에서 살펴본 것들을 토대로 살펴보면, 빅뱅은 실제로 엄청난 양의 양자 질료가 물질 스펙트럼 수준으로 동시에 진동이 감소함으로써 발생하게 되었다고 말할 수 있습니다. 이처럼, 에너지 진동이 감소함으로써, 빅뱅이 일어나게 되었으며, 이로 인해 우주가 지금도 팽창하고 있습니다.

앞에서 보았듯이, 먼저 양자 질료가 빛, 전기, 자기(磁力) 등과 같이, 우리가 에너지라고 부르는 형태를 띨 때까지, 진동이 감소했습니다. 그 이후, 이러한 물질 에너지 파동들이 매트릭스에 갇히게 되었으며, 마침내 아원자라는 입자의 형태를 띠게 되었습니다. 그다음, 이러한 입자들은 원자, 분자로 조직화하여, 보이는 "사물"을 만드는 데 사용되었습니다. 양자 질료가 구조물로 조직화할 수 있게 한 것이 정확하게 무엇이며, 무엇이 그러한 구조물이라는 정확한 형태를 가질 수 있게 했을까요? 왜 조직화된 우주가 존재하고 있으며, 왜 우주가 지금과 같은 형태를 하고 있을까요?

문제를 더욱더 명확하게 설명하기 위해, 거대한 폭발로 묘사된 빅뱅에 대해 숙고해 보겠습니다. 여러분도 아마 TV를 통해 건물이 산산조각이 나는 장면을 보았을 것입니다. 이러한 장면을 느린 장면으로 보면, 폭발이 아주 무작위적이고, 무질시하게 보일 수 있습니다. 처음에는 조직화된 구조물이었던 것이 폭발로 인해 산산조각이 나게 됨으로써, 결국에는 조직화되지 않은 파편들만 남게 됩니다. 하지만 필름을 거꾸로 돌려보면, 파편 조각들이 마술처럼 조직화하여, 완전한 건물로 되돌아가는 것을 볼 수 있습니다.

> 원래의 에너지가 진동이 감소해서 물질 에너지로 바뀌게 되며,
> 매트릭스에 갇히게 됨으로써, 이제는 단단하고,
> 국소화된 입자들로 나타나게 됩니다.

물론, 이처럼 필름을 거꾸로 되돌리는 일이 현실 세계와 모순된다는 것을 잘 알고 있습니다. 낡은 아파트를 산산조각내서, 그 조각들이 자발적으로 여러 채의 빌라로 다시 조직화하게 할 수는 없습니다. 이런 식으로는 절대로 되지 않습니다. 폭발은 언제나 무질서를 만들어낼 뿐이며, 절대로 조직화된 구조물을 만들어낼 수가 없습니다. 하지만 일부 사람은 빅뱅이라는 폭발이 무작위적이며, 무의식적인 과정을 통해 저절로 우리가 우주라고 부르는 믿을 수 없을 정도로 복잡하지만, 질서정연한 형태의 구조물을 만들어냈다고 주장합니다. 누가 질서정연하게 했을까요?

빅뱅 이후의 우주

답은 더 큰 세계에 있는 자기-의식하는 존재가 비단 우리 인간만이 아니라는 것입니다. 물질 스펙트럼 너머에도, 자기-의식하는 존재들이 있습니다. 이러한 존재들은 창조력이 있으므로, 양자 질료의 진동을 감소시켜 더 낮은 스펙트럼으로 만들 수가 있습니다. 바로 이러한 존재가 양자 질료의 진동을 낮춰서 물질 스펙트럼으로 만들었습니다. 이로 인해 빅뱅이 시작되었습니다.

하지만 빅뱅 이후에도, 이러한 창조적인 존재들은 우주가 무작위로 전개되도록 내버려 두지 않았습니다. 이들은 자신의 창조력을

이용해서 우주가 펼쳐지도록 유도했습니다. 다시 말해 이 존재들은 에너지가 어떠한 형태를 띠게 함으로써, 아주 복잡한 구조물들이 만들어질 수 있도록 했습니다. 그렇다고 이 창조적인 존재들이 사소한 것까지 일일이 다 챙겼다는 의미는 아닙니다. 충분한 에너지가 물질 스펙트럼으로 유입되고 난 후, 이들은 특정한 법칙들을 만들어서, 물질계가 일정한 형태로 전개될 수 있게 유도했습니다. 하지만 이러한 법칙들만으로는 우주가 전개되는 과정을 충분히 설명할 수가 없습니다. 창조적인 존재들이 직접 개입함으로써, 점진적인 과정이 새로운 단계로 도약할 수 있게 했던 중요한 시기들이 있었습니다.

이러한 시기들 가운데 하나는, 점진적인 진화의 과정을 통해, 복잡한 두뇌와 신경계를 갖춘 육체가 만들어지던 시기였습니다. 이 중요한 시기에, 창조적인 존재들은 자신의 마음 확장을 내려보내서, 이 육체 속에 거주하게 했습니다. 우리가 바로 이러한 확장들입니다. 이 말은 기본적으로 우리에게 "양자 부모"[17]와 같은 창조력이 있다는 의미입니다. 다만, 우리는 아직 이러한 능력들을 충분히 개발하지 못했을 뿐입니다.

이 말은 우리가 더 높은 세계에 사는 존재들과 함께하는, 공동창조자[18]로서 봉사하기 위해 창조되었다는 의미입니다. 이러한 상승한 존재들은 물질계를 외부에서 창조했지만, 우리는 물질계를 내부에서 공동창조하게 되어 있습니다. 또한, 우리는 그 공동창조를 창조적인 존재들이 구축한 기반 위에 쌓아가게 되어 있습니다.

---

[17] quantum parents; 양자역학 질료의 측면에서 부모라고 할 수 있는 존재들
[18] co-creators; 공동창조할 수 있는 존재들

우리의 높고 낮은 잠재력

서문에서, 나는 현재 우리가 특정한 멘탈 박스에 갇혀 있다고 말했습니다. 이러한 멘탈 박스는 실제로 세상이 어떻게 돌아가는지를 제대로 볼 수 없게 하는 필터와 같은 역할을 하고 있습니다. 이러한 멘탈 박스와 그 속에 우리가 왜 갇히게 되었는지는 나중에 자세히 살펴보겠지만, 지금은 이러한 멘탈 박스로 인해, 우리가 자신을 분리된 존재로 인식하고 있다는 점만 말하겠습니다. 우리는 자신들의 영적인 근원과 - 그러한 근원이 있다면 - 분리되어 있습니다. 또한, 우리는 서로와도 분리되어 있습니다. 모든 인간 사이의 갈등을 이것이 잘 설명해주고 있습니다. 우리는 또한, 물질 우주와도 분리되어 있으며, 지구에 여러 가지 환경적인 문제가 있는 이유도 이것이 또한, 잘 설명해주고 있습니다.

하지만 멘탈 박스의 진짜 문제는 이것으로 인해, 우리가 더 큰 가능성을 보지 못한다는 점입니다. 결과적으로, 우리는 아주 낮은 수준에서 활동하고 있으며, 이 수준에서 거시적인 세계에 갇힌 채, 구속받고 있다고 생각합니다. 여기에 핵심적인 깨달음이 있습니다. 현재 의식 상태에서 보면, 우리는 실제로 거시적인 단계에서 작동하는 자연의 법칙에 따른 영향을 받고 있습니다. 하지만 우리에게는 자유의지가 있습니다. 이 말은 실제로 "자신이라고 생각하는 존재"가 우리라는 의미입니다. 현재 우리는 자신이 제한된 존재라고 생각하고 있으며, 따라서 그것이 우리가 됩니다.

하지만 더 높은 진실은 우리 마음이 거시적인 수준을 넘어설 수 있는 능력이 있다는 것입니다. 우리 마음은 실제로 양자 세계에 닿을 수 있습니다. 우리는 이 수준에서 거시적인 세계를 만들어낸 바로 그 질료와 상호 작용할 수가 있습니다. 우리의 창조력을 이용하여, 양자 수준에서 변화를 만들어내는 방법을 익히게 될 때, 우리는 거시적인 수준에서 변화를 만들어내는 힘을 활성화할 수 있습니다. 물리학자들은 양자 법칙들이 자연의 법칙들보다 우선한다는 것을 깨닫게 되었습니다. 예를 들어, 테니스공을 충분히 오랫동안 벽에 부딪히게 하면, 양자 터널 효과[19]로 인해, 테니스공이 벽을 통과할 가능성이 있습니다. 물리학자들은 이러한 양자 현상을 지금까지 극히 이례적인 것으로 여기고 있습니다. 하지만 우리의 높은 잠재력이 거시적인 자연의 법칙들을 무력화할 수 있는 현상을 의도적으로 만들어낼 수 있다면, 과연 어떨까요?

세상이 창조된 과정

그렇다면, 세상은 어떻게 창조되었을까요? 세상은 내가 지금까지 양자 질료라고 불렀던, 기본적인 질료로 창조되었습니다. 이 질료는 에너지의 형태로, 매우 높은 진동 에너지입니다. 진동이 최고조에 이르면, 에너지는 형태를 띨 수가 없지만, 진동을 감소시키면, 점토와 같이 되어, 뚜렷한 형태를 띨 수가 있습니다. 따라서 물질계는 많은 양의 양자 질료가 우리가 에너지라고 부르는 수준으로 진동이 감소해서 창조되었습니다. 그 이후, 이러한 에너지 가운데 일부는 우리가 아원자 입자라고 부르는 것을 형성했으며, 이러한 입자들은 더욱 복잡한 구조들, 즉 원자에서부터 은하에 이르기까지 복잡한 형태들을 구성하게 되었습니다.

따라서 세상을 만들어낸 기본 질료는 형태가 없지만, 어떤 형태든지 될 수는 있습니다. 하지만 이 질료는 스스로 형태를 취할 수 없습니다. 형태를 가지기 위해서는, 자기-의식하는 존재가 양자 질

---

[19] quantum tunneling effect; 양자역학에서 원자핵을 구성하는 핵자가 그것을 묶어 놓은 핵력의 에너지 준위보다 낮은 에너지 상태에서도 확률적으로 원자 밖으로 튀어 나가는 현상

료에 반드시 어떠한 작용을 가해야만 합니다. 왜 창조적인 존재가 필요할까요? 왜냐하면, 자기-의식하는 존재만이 자유의지와 상상력이 있기 때문입니다. 상상력을 통해, 아직 존재하지 않는 것을 마음속으로 그릴 수 있습니다. 또한, 자유의지를 가짐으로써, 양자 질료 위에 정신적인 이미지를 투사할 수 있습니다.

물질 스펙트럼을 넘어선 진동 수준에 존재하는 창조적인 존재들이 많습니다. 이들은 양자 질료의 진동을 감소시킬 수 있는 능력이 있습니다. 이 말은 이들이 더 많은 에너지를 물질 스펙트럼으로 보낼 수 있다는 의미입니다. 또한, 이들은 정신적인 이미지를 만들고 이러한 이미지를 물질 에너지 위에 겹쳐놓을 수 있는 능력도 있습니다. 이렇게 함으로써 우리가 거시적인 세계에서 볼 수 있는 형태가 만들어집니다. 이러한 존재들이 거시적인 세계를 창조했으며, 이들은 아직도 이 세계에 대한 이러한 이미지를 간직하고 있으며, 이 세계가 전개되도록 유도하고 있습니다.

하지만 거시적인 세계의 복잡성이 어느 수준에 이르자, 창조적인 존재들은 자신의 확장을 이 세계로 내려보냈습니다. 우리가 바로 이러한 확장들입니다. 기본적으로 우리에게 "양자 부모"와 같은 창조력이 주어졌습니다. 현재 우리 대부분은 이러한 창조력을 충분히 계발하지 못하고 있습니다. 심지어 이러한 사실을 알지도 못합니다. 그럼에도, 우리는 자신이 누구인지 완전히 깨닫고, 우리의 마음과 능력에 통달해서, 거시적인 세계를 공동창조할 수 있는 최고의 잠재력이 있습니다.

이 말은 우리가 삶에서 두 가지의 선택권이 있다는 의미입니다. 하나는 현 단계에서 하던 대로 계속 활동할 수가 있습니다. 이 말은 우리가 자연의 법칙들을 비롯하여 모든 물질적인 제약의 지배를 받게 된다는 의미입니다. 이 단계에서, 삶을 변화시킬 수 있는 유일한 방법은 육체를 사용하거나, 아니면 물질계를 변화시킬 수 있는 기술을 개발하는 방법뿐입니다.

또 하나의 선택권은 근본적으로 의식을 변화시키는 것입니다. 따라서 우리가 진정한 자신을 깨닫고 진정한 창조력을 펼치는 것입니다. 이렇게 함으로써 우리는 마음을 이용하여, 양자 질료를 물질계로 가져올 수가 있게 됩니다. 이 말은 우리가 육체와 기술을 뛰어넘는 창조력을 가지게 된다는 의미입니다. 또한, 그것은 우리가 양자 수준에서 직접 변화를 만들도록 마음에 힘을 부여합니다. 이것은 현재 우리가 바꿀 수 없다고 생각하는 거시적인 수준에서 변화를 만들 수 있게 한다는 의미입니다.

2
상승 마스터들은
어떻게 여러분을 도울 수 있을까요?

우리는 앞장에서 인간이 어떻게 해서 멘탈 박스 내부에서 볼 수 있는 것들을 받아들이게 되었는지, 그로부터 우리의 비전과 이해를 어떻게 점차 넓혀가게 되었는지에 대한 좋은 예로서, 과학을 살펴보면서 시작했습니다. 하지만, 양자 물리학이 지금까지 이룬 것은 물질우주라는 틀 너머에 반드시 무언가가 존재해야만 함을 밝혀냈다는 것입니다. 이 무언가는 우리보다 더 정교한 형태의 의식을 가지고 있어야만 합니다. 이 지점은, 과학이 우리를 데려다줄 수 있는 한계입니다. 또한, 우리가 틀 내부에서 살펴볼 수 있는 것도 바로 여기까지입니다.

따라서 우리가 이것을 받아들이고 이제 논리적인 질문을 해보기로 합시다: 물질우주 외부에 어떤 존재가 있다면, 이 존재들이 우주를 창조했고, 자신들과 함께 세상을 공동창조하기 위해 우리를 이곳으로 보냈다면, 이들이 우리를 그냥 내버려 둘까요? 그리고 이들이 우리를 그냥 내버려 두지 않았다면, 단순히 우리가 틀 내부에서는 절대로 볼 수 없는 것에 대해, 우리에게 뭔가를 알려 주는 가르침들을 주지 않았을까요? 그러한 가르침들을 통해, 자아(Self)의 힘을 펼치고, 궁극적으로 우리가 인간의 멘탈 박스와 물질우주를 초월해서 영원히 상승할 수 있도록 돕지 않을까요? 다시 말해, 개인적인 성장의 여정에서, 여러분이 인간 멘탈 박스 내부에 있는 스승을 원하는지, 아니면 멘탈 박스 외부에 있는 스승을 원하는지, 어떤 형태의 스승을 바라는지 숙고해야 하는 시점이 찾아올 것입니다.

여러분은 어떤 스승을 바랍니까?

앞에서 보았듯이, 현재 여러분은 특정한 자아감을 통해 삶을 바라보고 있습니다. 이러한 자아는 진정한 여러분 주위에 멘탈 박스를 형성하며, 그 멘탈 박스는 자기 자신을 포함하여 여러분이 보는 모든 것을 채색한다고 말할 수도 있습니다. 따라서 삶의 경험을 변화시킬 수 있는 열쇠는 멘탈 박스를 넘어, 마치 실재처럼 보이는 제한을 초월한 무언가를 보는 것입니다. 하지만 여러분은 단순히 이미 멘탈 박스 내부에 있는 개념, 믿음, 경험, 인식을 이용해서는 절대로 거기에서 벗어날 수가 없습니다.

왜 그럴까요? 왜냐하면, 멘탈 박스 내부에서 보는 모든 것은 단지 그것이 현실이라는 것을 확인시켜 줄 뿐이기 때문입니다. 마법을 깨뜨릴 수 있는 유일한 방법은 멘탈 박스를 반박할 수 있는 무언가를, 즉 멘탈 박스를 넘어서 있는 어떤 참조틀을 구하는 것입니다. 그러면 어디서 그것을 구할 수 있을까요? 자, 답은 간단합니다. 여러분에게는 개인적인 멘탈 박스 내부에는 있지 않은 스승이 필요합니다. 이것을 예를 들어 설명하겠습니다.

어렸을 때 여러분은 아마도 이런 작은 퍼즐을 풀어 봤을 것입니다. 중간에 있는 보물을 찾으려면 미로에서 길을 찾아 선을 그어야

만 합니다. 여기 간단한 예가 있습니다:

그림 3 - 미로

아마 여러분도 키가 큰 울타리로 만들어진 복잡한 패턴의 진짜 미궁이나, 미로를 방문한 적이 있을 것입니다. 일단 여러분이 그러한 미로의 내부에 있으면, 아주 제한된 관점을 가지게 됩니다. 볼 수 있는 것이라고는 좁은 통로를 구성하는 녹색의 벽뿐입니다. 통로를 따라 내려가면, 벽과 마주치지만, 한쪽 면은 개방되어 있습니다. 돌아가면, 또 다른 통로와 이어지고, 이것은 또 다른 통로에서 끝나게 됩니다. 가끔 둘 혹은 그 이상의 통로가 만나는 장소에 오게 됩니다. 그중에서 하나를 선택하지만, 이것도 단지 막다른 곳으로 이어집니다. 이제 다시 출발했던 곳으로 가기 위해서는, 왔던 길을 되돌아가야 합니다. 그런 다음, 이 통로가 자신을 어딘가로 인도해 주기를 바라면서, 또 다른 통로를 선택합니다.

이것이 바로 우리 모두가 삶에서 첫발을 내디디는 것에 대한 적절한 비유가 아닌가요? 삶에 대해, 우리는 아주 제한된 관점을 가지고 있으며, 우리가 볼 수 있는 것이라고는 우리가 직접 접하는 환경뿐입니다. 우리는 어떻게 이러한 혼란스러운 상황에 부닥치게 되었는지, 그것이 어디로 인도하는지 명확하게 알지도 못합니다. 그리고 정말로 문제가 되는 것은 미로 내에 있는 동안에는 지도가 없으므로, 우리가 어디에 있고 어떻게 해야 출구로 갈 수 있는지를 알 수가 없다는 것입니다.

이제 여러분이 여기저기 주변을 헤매다가 어떤 사람을 만나게 되고 그 사람이 미로에서 신선한 물이 솟아나는 샘이 있는 멋진 장소를 찾아냈다고 말해 주는 상상을 해보세요. 그 사람은 방향을 알려 줍니다. 그러면 여러분은 얼마간의 시행착오를 거친 후에, 마침내 그 장소를 찾아내게 됩니다. 탁 트인 공간에 있으니 기분도 좋고 물맛도 좋지만, 잠시 후, 자신이 미로에 아직도 갇혀 있으며, 출구가 어디인지, 심지어 출구가 있는지조차 알지 못한다는 사실을 깨닫습니다.

여러분이 만났던 사람은 여러분이 찾아내지 못했던 것을 찾아낸 사람을 상징합니다. 따라서 그 사람은 실제로 여러분에게 적절한 조언을 해 줄 수 있습니다. 하지만 이 사람도 여전히 여러분과 마찬가지로 미로에 갇혀 있습니다. 따라서 이제 여러분이 충분히 무작정 헤매고 다녔음을 깨닫게 되었다고 상상해 보세요. 그러면, 뭔가 다른 상황을 바랄 것입니다. 여러분은 수수께끼를 풀고, 미로에서 나가는 방법을 찾아낸 누군가에게 조언을 듣고자 할 것입니다. 다시 말해, 여러분은 지도를 찾아서 출구로 가는 계획을 세우는 데 도움을 줄 수 있는 누군가에게 안내를 받고자 할 것입니다.

그러고 나서, 빈터에 있는 벤치를 발견하고는, 벤치에 등을 대고 앉습니다. 그런데 무심히 위를 올려다보니, 미로 바깥에 있는 높은 탑이 시야에 들어옵니다. 탑 꼭대기에는 둥근 전망대가 있으며, 그 주변에는 미로에 갇힌 사람들에게 방향을 알려주는 사람들이 있습니다. 이 사람들은 위에서 미로를 볼 수 있으므로, 여러분에게 출구로 가는 방법을 정확하게 알려줄 수가 있습니다. 그러면 여러분은 벤치 위로 올라서서, 타워에 있는 사람 중 어느 한 사람의 시선을 끌기 위해 팔을 흔들기 시작합니다. 이들 중 한 사람이 곧바로 여러분을 알아보고, 무엇을 원하는지 묻습니다. 그 사람에게 밖으로 나가고 싶다고 말하면, 그는 여러분에게 이렇게 말을 합니다. "걷기 시작하세요!"

높은 곳의 안내자 지시를 따라가는 동안, 그가 독특한 방식으로 가르친다는 사실을 깨닫습니다. 그는 여러분을 대신하여 선택하지는 않겠지만, 여러분에게 충분한 힌트를 주고, 여러분이 스스로 해결할 수 있게 합니다. 사실, 잠시 후, 여러분은 그가 여러분을 출구로 데려다주지만, 그는 가장 빠른 길로 인도하지 않는다는 사실을 깨닫게 됩니다. 그 이유는 미로에서 벗어나기 전에, 여러분의 안내자는 여러분이 특정한 경험을 할 필요가 있다는 것을 알고 있기 때문입니다. 그리고 그는 여러분이 다음 단계를 밟을 수 있도록, 가야 할 정확한 장소로 능숙하게 안내해 줍니다.

보편적인 스승들

이 책은 여러분이 영적인 스승들 혹은 상승 마스터들[20] 그리고

---

[20] ascended masters; 일반적으로 인간으로서 지구상에 육화하여, 종종 많은 육화 후에 상승의 과정에 대한 자격을 갖추게 되었던 존재를 가리킵니다. 또한, 이 단어는 (네 층의 물질계를 초월한) 영적인 세계에 있는 모든 존재를 가리키는 것으로 더 광

자신의 상위자아[21]와의 관계를 개인적으로 발전시킬 수 있는 체계적인 여정에 관해 설명해줄 것입니다. 가상의 미로에서 설명했듯이, 탑의 전망대에 있는 높은 위치의 안내자는 이러한 스승들을 상징합니다. 이 스승들도 우리처럼 육화했던 적이 있으므로, 우리가 겪고 있는 상황을 잘 알고 있습니다. 하지만 이들은 이미 인간의 수수께끼를 해결했으며, 미로에서 벗어날 수 있는 길을 찾아냈기 때문에, 미로 내에서는 얻을 수 없는 관점을 우리에게 전해 줄 수 있습니다.

우리 모두는 이러한 스승 중 한 명씩 배정을 받았습니다. 그들은 우리가 그들의 말을 들을 수 있고, 그들의 지시를 따르고자 하는 범위 안에서, 개인적인 여정을 걸어가도록 안내해 주고 있습니다. 이 책의 목적은 여러분이 자신의 영적인 스승을 의식적으로 인식함으로써, 스승의 지시를 더 신중하고, 자각하는 방식으로 따를 수 있게 하려는 것입니다. 그렇게 함으로써 여러분의 발전도 자연스럽게 빨라질 것입니다.

여러분이 이 책에서 제시하는 가르침들과 도구들을 실천하면, 적대적인 세상의 환경 속에서 헤매는 느낌이 곧 멈출 것입니다. 그 대신에, 정말로 삶에서 이르고자 하는 곳에 도달하기 위해, 여러분이 개인적으로 따라야 하는 길을 정확하게 따르고 있으며, 언제나 따라왔음을 느끼게 될 것입니다. 여기에는 이전보다 출구에 더 가까이 다가가는 동안 미로 내부에서 들러야 하는 장소들을 찾아가는 것도 포함이 됩니다. 출구는 실제로는 훨씬 더 폭넓은 실재의 수준

범위하게 사용될 수 있으며, 여기에는 물리적 세계에 육화하지 않은 존재도 포함됩니다.

[21] higher self; 낮은 에너지 영역인 물질계에서 길 안내를 하는 존재. 그리스도 자아(Christ Self)라고도 하며, 분리와 이원성에 갇힌 존재들을 돕기 위해 상승 마스터 혹은 아이앰 현존이 보내 주는 중개자로 대부분의 사람은 직관으로 알고 있거나, 내면에서 고요하고 작은 목소리로 인도를 받습니다.

으로 가는 입구입니다.

여러분은 더욱 높은 가르침을 받을 준비가 되어 있습니다

이미 언급했듯이, 영적인 스승들의 기본 신조(信條)는 다음과 같습니다: "학생이 준비되면, 스승이 나타난다." 여러분이 이 책을 찾아냈다는 것은 여러분 존재의 어느 수준에서, 상승한 스승들이 제공하는 가르침들과 도구들을 받아들일 준비가 되어 있다는 의미입니다. 하지만 미로에 대한 비유를 생각해 보기 바랍니다. 사실, 우리 각자는 삶에서 자신이 가야 하는 길을 발견하기 위해, 거쳐야만 하는 개인적인 미로가 있기 마련입니다. 그러한 미로는 각자의 마음속에 있습니다.

---

*자아에 대한 인식을 높이는 열쇠는
자기 자신을 관찰하는 습관을 기르는 것입니다.*

여러분의 개인적인 미로는 물질우주를 여행하는 동안 겪었던 신념들과 경험들로 구성됩니다. 여러분 존재의 더 깊은 수준에서는 이 책을 읽을 준비가 확실히 되어 있지만, 이 책을 최대한 활용하기 위해서는 극복해야만 하는 어떤 장애물이 있을 가능성이 있습니다. 즉, 이 책에서 가르치는 내용을 받아들이지 못하게 방해하는 특정한 신념이나, 선입견을 여러분이 가지고 있을 수도 있습니다. 아니면, 이러한 것들로 인해, 앞으로 받게 될 도구들을 적용하지 못하도록 방해받을 수도 있습니다.

이 문제를 다루는 방법은 다음과 같은 단순한 진실을 깨닫는 것입니다. 자아의 힘을 펼치는 중요한 열쇠는 자아(Self)에 대해서 더 잘 아는 것입니다. 자아에 대한 인식을 높이는 열쇠는 자기 자신을 관찰하는 습관을 키우는 것입니다. 이것을 다른 방법으로 설명해 보겠습니다. 자아의 힘을 펼치는 것은 여러분 개인적인 미로의 중앙에 있는 보물창고를 찾아내는 문제와 같습니다. 하지만 미로는 대단히 복잡합니다. 왜냐하면, 중앙에 직접 연결된 통로는 없기 때문입니다. 다음 페이지에 나오는 그림3에서, 미로를 더 자세히 살펴 보도록 합시다.

미로의 벽은 제한된 신념들과 선입견들로 만들어져 있습니다. 이 벽은 실제 미로를 구성하는 울타리 식물과도 같습니다.

그림 3 - 미로

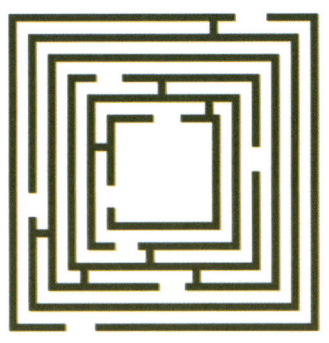

따라서 이것은 열린 통로를 찾는 문제가 아닙니다. 왜냐하면, 열린 통로란 없기 때문입니다. 모든 통로는 여러분이 선호하는 견해들로 막혀 있습니다.

어떻게 해야 수수께끼를 풀 수 있을까요? 어떻게 해야 자아(Self)의 중심에 도달할까요? 자, 막다른 길에 도달하면, 다른 방식으로 접근해야 합니다. 막다른 길은 여러분이 실제로 한 번도 살펴본 적이 없는 견해와 믿음으로 인해 막혀 있습니다. 왜냐하면, 그러한 견해와 믿음을 언제나 당연하다고 받아들였기 때문입니다. 따라서 여러분이 해야 할 일은 뒤로 물러나서, 비판적인 관점에서 보는 것입니다. 여러분이 믿고 있는 것을 왜 믿고 있는지 의심해야 하며, 그것이 여러분의 발전을 어떻게 제한하고 있는지 봐야만 합니다. 그런 다음, 검증되지 않은 신념 뒤에 가려진 통로를 찾아내기 위해서, 그러한 신념을 그대로 통과하겠다고 결정해야 합니다.

개인적인 성장에서 막다른 길은
여러분이 실제로 한 번도 살펴본 적이 없는
어떤 견해와 신념을 가리킵니다.
왜냐하면, 그러한 견해와 신념을
언제나 당연하다고 받아들였기 때문입니다.

여러분이 미로 속에 있다고 상상해 보세요. 오랫동안 헤매고 난 후에, 비로소 중앙으로 연결된 통로가 없음을 알게 됩니다. 하지만, 비판적인 관점으로 바라보면, 울타리를 형성하는 나무들 사이로 좁은 통로가 나 있다는 것을 알게 됩니다. 따라서 벽 주위를 돌아다니는 대신, 근본적으로 다른 방식으로 접근해야 합니다. 즉, 벽을 가로질러 가야 합니다. 그렇게 할 때만, 개인적인 보물창고로 나아갈 수 있습니다.

상승 마스터가 무엇입니까?

앞에서 보았듯이, 물질계는 영적인 세계와 같은 질료로 만들어졌지만, 단지 에너지 진동이 영적인 세계에 비해 낮다는 것뿐입니다. 이것은 영적인 세계가 어떠한 장벽에 의해 우리가 사는 세계와 분리되지 않았다는 의미입니다. 물질계는 영적인 세계라는 더 큰 에너지장 안에 존재합니다. 따라서 영적인 세계는 바로 우리 주변에 있습니다. 단지 진동수가 더 높아 우리가 볼 수 없을 뿐입니다. 나중에 알게 되겠지만, 직관적인 능력을 통해서, 우리는 영적인 세계를 감지할 수 있습니다.

그림 4 - 영적인 세계는 우리 주위에 있습니다

앞에서 보았듯이, 우리 의식은 양자 질료와 상호 작용할 수 있습니다. 그 이유는 양자 수준에도 의식의 형태가 있기 때문입니다. 그 의식은 자기-의식하는 많은 존재로 구성되어 있으며, 이 존재들이 물질계를 창조했습니다. 이 존재들은 창조적인 존재들, 양자 존재들, 혹은 상승한 스승들, 영적인 스승들로 불릴 수 있습니다. 하지만 나는 그들을 상승 마스터들이라고 부르기를 선호합니다. "상승 마스터"라는 용어에는 중요한 의미가 있습니다. 상승한 존재들도 한때는 현재 우리가 사는 것처럼, 밀도가 높은 세계에서 살았으며, 이후에 그곳에서 상승했습니다. 상승 마스터들은 자신의 마음에 통달함으로써, 자신의 창조적인 잠재력을 펼치며 자신이 처한 환경을 지배할 수 있게 됨으로써, 상승 자격을 얻었습니다. 상승해서 상승 마스터가 되는 자격을 얻으려면 마음의 통달을 이루어야 합니다. 상승 마스터들 모두가 지구에서 상승하지는 않았지만, 그들 역시도 우리가 직면한 상황과 유사한 상황에서 상승했다는 사실에 주목하기 바랍니다.

모든 상승 마스터가 따랐던 과정은 우리가 현재 참여하고 있는 과정과 정확히 같은 과정입니다. 우리 모두가 상승 마스터가 되는 중입니다. 이 말은 상승 마스터들도 직접적인 경험을 통해, 우리가 지금 겪고 있는 것을 안다는 의미입니다. 그들도 우리와 같이 제한된 의식 상태에서 시작했습니다. 이후 그들은 우리가 가진 실제적인 잠재력인 완전한 통달을 달성할 때까지 더 큰 통달을 이루기 위해서 계속 올라갔습니다. 이것은 우리에게는 상승 마스터들이 완벽한 스승이라는 의미입니다. 상승 마스터들은 손에 더러운 것을 묻히지 않고, 핑크색 구름 위에 앉아 있는 일부 신과 같은 거만한 인물들이 아닙니다. 이들은 거시적인 수준에 갇히는 것이 어떠한지 정확하게 알고 있을 뿐만 아니라, 물질을 지배하는 마음의 통달을 향해 체계적으로 올라가는 방법에 대해서도 또한, 잘 알고 있습니다.

상승 마스터들은 우리와 달리 육체가 없으므로, 육체라는 제한된 감각을 통해 세상을 인식하지는 않습니다. 이것은 그들이 우리가 보는 것보다 훨씬 더 많은 것을 본다는 의미입니다. 다시 말해, 그들은 이 세상과 이 세상이 어떻게 돌아가는지에 대해 우리보다 훨씬 더 완벽하게 봅니다. 이것이 바로 더 높은 이해를 추구하는 우리에게, 그들이 도움이 될 수 있는 또 다른 이유입니다.

왜 상승 마스터들에 대해, 한 번도 들어본 적이 없을까요?

왜 여러분은 상승한 스승들이 있다는 말을 듣지 못했을까요? 자, 부분적으로는 상승 마스터라는 용어가 사용된지 불과 100년밖에 되지 않기 때문입니다. 하지만, 실제로 인류의 영적인 스승들이 전 역사에 걸쳐서 인류에게 미쳤던 영향에 대해 들었을 것입니다.

영적인 스승들은 단 하나의 목표만 있습니다. 즉, 그들은 우리 의식 상태를 높이려고 도와줍니다. 영적인 스승들은 궁극적인 종교나 신념 체계를 발전시킴으로써 이러한 목적을 달성하려고 하지 않습니다. 이 점을 다시 한번 더 강조하고자 합니다. 그 대신에, 이들은 다양한 수준에 있는 사람과 함께 일하면서, 그들이 다음 단계로 올라서도록 돕고자 합니다. 상승 마스터들은 현재의 세계관에 기반을 두고 있는 사람들과 함께 일합니다. 그런 다음 이러한 사람들이 받아들일 수 있으면서도, 현재의 세계관을 초월하는 데 도움을 줄 수 있는 개념들을 소개함으로써, 사람들을 도우려고 합니다. 따라서 마스터들은 대개 신분을 숨기고서, 육화 중인 사람들에게 영감을 불어넣는 방식으로 일을 하므로, 사람들은 훌륭한 아이디어들이 어디에서 왔는지 전혀 모릅니다.

보편적인 스승들은 언제나 열린 마음을 가진 사람들에게 도움을 주었습니다. 전(全) 시대에 걸쳐, 그 시대의 문명에서 그리고 주어진 의식 수준에 있는 사람들이 더 높이 오르는 데 도움을 줄 수 있는 새로운 개념들을 소개하기 위해, 상승 마스터들은 서로 다른 많은 개인과 함께 협력했습니다. 상승 마스터들은 전 세계 주요한 모든 종교와 비교적 덜 알려진 많은 종교에 영감을 불어 넣었습니다. 상승 마스터들은 많은 철학 사상에도 영감을 불어넣었습니다. 그들은 문학, 음악, 희곡, 기타 문화 현상에도 영감을 불어넣었습니다. 이들은 과학과 다양한 형태의 기술에도 영감을 주었습니다. 왜냐하면, 이렇게 함으로써, 우리가 이마에 땀을 흘리며 일하지 않고도, 개인적인 성장을 추구할 기회를 더 많이 가질 수 있기 때문입니다.

하지만 마스터들은 열린 마음을 가진 사람들에게 더욱 논리 정연한 보편적 개념들을 전해 주고자 하며, 이 책을 통해 그러한 개념이 전달될 것입니다. 그러면, 삶에 대한 근본적인 의문들에 대해 그러한 개념이 도움이 되는지 아닌지를 여러분 스스로 평가할 수 있습니다.

마스터들이 존재한다는 증거가 없는 이유

인간의 전 역사에 걸쳐, 상승 마스터들이 우리와 함께 해왔다면, 왜 그들이 존재한다는 사실이 일반적으로 받아들여지지 않을까요? 가장 기본적인 이유는 지구 행성이 "자유의지 법칙"[22]의 지배를 받기 때문입니다. 이것은 마스터들의 존재를 합리적으로 부인할 수 있어야 한다는 의미입니다. 그래서 마스터들은 자신이 존재한다는 분명한 증거를 제시할 수가 없습니다.

상승 마스터들의 가르침에 따르면, 이 우주에는 우리와 같은 자기-의식하는 존재들이 거주하는 행성이 수없이 많다고 합니다. 거주자들에게 행성은 일종의 학교와도 같습니다. 따라서 거주자들이 자신의 창조력을 얼마나 계발했는가에 따라, 그 행성을 평가할 수 있습니다. 여러분이 보기에 지구의 집단의식은 유치원 수준에 있습니까? 아니면 대학 수준으로 올라가 있습니까?

지구 행성의 발전 수준은 현재 상당히 낮은 단계에 머물러 있습니다. 이것은 지구에 거주하는 대부분 사람의 의식 수준이 특정한 수준 아래에 있다는 의미입니다. 이러한 수준에 있는 사람들은 자

---

[22] Law of Free Will; 물질 영역이 어떻게 작동하는지에 대해 안내하는 기본 법칙

신들을 분리된 세상에 사는 분리된 존재로 느끼고 싶어 하는 욕구가 있습니다. 우리가 그러한 경험을 할 수 있는 유일한 방법은 지구상의 물질 밀도가 너무 높아서 그 물질이 더욱 미세한 질료로 만들어졌다는 사실을 숨기는 것입니다. 즉, 우리의 육체적인 감각으로는 물질이 단단해 보이며 독자적으로 존재하는 것처럼 보입니다. 따라서 물질이 영적인 에너지로 만들어지지 않은 것처럼 보입니다. 이러한 이유로 물질계가 신과 분리되어 있다거나, 아니면 자체적으로 존재한다고 믿을 수 있습니다.

현재 지구는 전환기에 있으며, 이 시기에 우리는 집단의식에서 더욱 높은 단계로 올라가고 있습니다. 하지만 이 시점에서, 자유의지의 법칙에 따라 사람들은 반드시 신이나 상승 마스터들의 존재를 부인할 수도 있어야 합니다. 또한, 사람들은 반드시 분리된 세상에 사는 분리된 존재라는 환영도 유지할 수 있어야 합니다. 따라서 신이나 상승 마스터들의 존재에 대해, 반박할 수 없는 명백한 증거는 당분간 없을 것입니다. 다음 장에서 이야기하겠지만, 이것은 상승 마스터들의 존재 여부는 오직 개인 수준에서만 증명할 수 있다는 의미입니다.

또한, 이것은 이 책의 가르침들이 나오게 된 배경을 잘 설명해주고 있습니다. 상승 마스터들을 부인할 수 있어야 하므로, 마스터들은 가르침들을 하늘에서 떨어뜨릴 수 없습니다. 이러한 이유로 마스터들은 자신들과 직접 접촉할 수 있을 정도로 의식을 높인 사람들을 통해서 자신들의 가르침을 전합니다. 따라서 이러한 사람들은 마스터들로부터 여러 가지 개념을, 심지어 구두 메시지도 받을 수 있습니다. 이렇게 함으로써, 사람들은 자신의 현재 신념 체계에 따라, 마스터들과 마스터들의 가르침을 분류함으로써, 쉽게 이러한 가르침이 가치가 없다고 여길 수도 있어야 합니다.

여러분이 상승 마스터들에 관해 이야기를 듣지 못한 또 다른 이유가 있습니다. 학생이 준비되면, 상승한 스승이 나타납니다. 즉, 마스터들의 가르침을 받을 준비가 될 때까지는, 상승 마스터들의 존재를 진정으로 인정할 수가 없습니다. 이 말은 여러분이 이 책을 읽고 있기 때문에, 여러분은 확실히 상승 마스터와 그들의 가르침을 자세히 살펴볼 수 있는 마음의 준비가 되어 있다는 의미입니다.

마스터들이 중요한 이유

상승 마스터들의 존재에 마음의 문을 여는 것이 왜 그렇게 중요할까요? 가장 직접적인 이유는 단순히 물질적인 수단이나 특정한 의식 수준에서는 얻지 못하는 답이 있기 때문입니다. 현재 의식 수준을 넘어서는 답을 원하면, 먼저 여러분의 의식 수준을 넘어서는 출처에서 그 답을 구해야만 합니다. 그래야, 여러분의 의식을 자아(Self)의 내부에서 그 개념들을 직접 확인할 수 있는 수준으로 점차 높일 수 있게 됩니다.

현대 문명이 크게 간과한 사실이 있습니다. 즉, 인간 마음이 폐쇄계[23]가 될 수 있다는 것을 한번 숙고해 보세요. 교회가 "우주의 중심이 지구"라는 교리를 만들어냈던 중세 시대를 한번 살펴보세요. 그뿐만 아니라, 교리를 의심하거나, 교리를 넘어선 것들을 살펴보려고 하면, 교회는 여러분이 영원히 지옥에서 불타게 된다고 말했습니다. 여러분이 교회의 주장을 받아들이는 한, 중세 시대의 세계관을 의심할 방법은 전혀 없습니다.

우리 모두는 인간의 마음을 억눌렀던 교회의 속박에서 벗어나게 한 것이 과학이라고 믿으며 성장했지만, 그것이 모두 사실일까요?

---

[23] closed loops; 계속 순환하며 닫혀 있는 상태를 의미함

상승 마스터들은 어떻게 여러분을 도울 수 있을까요? 55

스스로 영성에 깊이 심취했다고 여겼던 최초의 과학자 중 일부가 상승 마스터들과 마음을 조율할 수 있었다는 것이 더 깊은 진실이라면 어떨까요? 그러한 조율을 통해, 이 초기의 탐험가들은 인류를 진화의 다음 단계로 데려다줄 수 있는 영감과 통찰력을 얻을 수 있었습니다.

상승 마스터들의 말에 따르면, 인간 지식의 성장은 지식을 수평적으로 모으는 마음의 능력을 통해서만 일어나지는 않는다고 합니다. 그러한 성장은 또한, 지식을 수직적으로 모을 수 있는 자아(Self)의 능력을 통해서, 상위 근원에 조율함으로써 일어났습니다. 그 상위 근원이 상승 마스터들입니다.

내가 말했듯이, 많은 상승 마스터도 지구에 육화한 적이 있으므로, 우리가 현재 멘탈 박스의 필터를 통해 세상을 바라보는 동안, 우리가 직면하는 도전들이 어떤 것인지 이들도 아주 잘 이해하고 있습니다. 정확히 이러한 이유로 상승 마스터들은 사랑의 발로에서, 우리가 제한된 인식을 초월하도록 도와줍니다. 이로써 우리가 자아(Self)에 대해 알 수 있을 뿐만 아니라, 자아(Self)에 내재한 힘도 펼칠 수 있게 됩니다. 그들은 왜 이렇게 할까요? 자, 더 자세히 살펴보겠습니다.

상승 마스터들은 왜 우리를 보살펴 줄까요?

상승 마스터들이 물질계의 여러 제약을 넘어선 상위 영역에 존재한다면, 왜 이들이 우리를 보살펴 주려고 할까요? 영적인 세계가 이 세상보다 훨씬 더 좋다면, 왜 이들은 단순히 즐겁게 지내면서, 우리 세계는 우리가 알아서 살아가도록 내버려 두지 않을까요? 이들이 우리에게서 무엇을 필요로 할까요? 이들에게 무슨 의도가 있는 것일까요?

마스터들의 가르침에 따르면, 우리 대부분이 세상을 바라보는 의식은 분리 의식이라고 합니다. 우리가 보이는 겉모습에 관심을 집중하고 있으므로, 사물을 분리하는 차이점에 집중하게 됩니다. 결과적으로, 우리는 자신을 신과 영적인 세계에서 분리되어 있다고 인식하고, 다른 사람들과도 분리되어 있을 뿐만 아니라, 우리 환경, 즉 우리가 사는 행성과도 분리되어 있다고 인식합니다. 우리는 환영의 베일, 즉 분리의 환영으로 인해, 눈이 멀어 있습니다.

---

*우리 대부분은 보이는 겉모습에
관심을 집중하고 있으므로,
분리 의식을 통해 세상을 보고 있습니다.*

우리 관점과 대조적으로, 상승 마스터들은 분리의 베일로 인해 눈이 멀어 있지 않습니다. 상승 마스터들은 상대성 이론과 양자 물리학에 기초하여 우리가 당연히 세상을 보아야 하는 방식으로, 이 세상을 분명하게 보고 있습니다. 마스터들은 어떠한 구별이 세상에 있지만, 침투할 수 없는 장벽이란 없다는 것을 알고 있습니다.

모든 것은 하나의 기본적인 질료에서 만들어졌으며, 단지 형태만 달리하고 있을 뿐입니다. 마스터들은 영적인 세계와 물질계 양쪽에 존재하는 모든 것이 기본적인 질료, 즉 마터 빛[24] 혹은 어머니 빛[25]으로 불리는 기본적인 질료로 만들어졌다고 합니다. 이러한 기본적인 질료 자체는 형태가 없으므로, 어떠한 물질적인 기구로도 감지할 수 없습니다. 하지만, 이 질료는 어떤 형태로든 될 가능성이 있

---

[24] Ma-ter light; 형상을 가진 만물이 창조되어 나오는, 우주의 바탕 에너지.
[25] Mother light; Ma-ter light와 같은 의미로 사용됨

습니다. 어머니 빛이 어떻게 형태를 띠게 되는지는 나중에 살펴보겠습니다.

상승 마스터들은 분리가 특정한 의식 상태라는 필터를 통해서 세상을 볼 때만, 그럴듯하게 보이는 환영이라고 합니다. 이러한 이원성 의식으로 인해, 모든 것이 같은 질료로 만들어졌고, 같은 근원에서 나온다는 근본적인 사실이 필터를 통해 걸러지게 됩니다.

상승 마스터들은 자신들이 우리와 분리되어 있다고 여기지 않습니다. 마스터들은 자신들을 더 높은 상위 존재의 확장이라고 봅니다. 그들은 이러한 "존재의 사슬"[26]이 창조주에게까지 이어져 있다는 것을 압니다. 마스터들은 또한, 우리가 존재의 사슬에서 가장 최근의 확장들이므로, 우리를 그들의 형제자매로 여기고 있습니다. 그들은 우리가 단지 이원성 베일, 또는 에너지 베일[27]에 갇혀 있을 뿐이라고 여깁니다. 마스터들은 지구상에서 볼 수 있는 모든 갈등과 고통의 원인이 분리의 환영임을 명확하게 보고 있습니다. 따라서 우리가 베일을 꿰뚫어 보고, 진정한 자신을 알 수 있게 하려고, 우리 의식을 높이도록 도구들을 제공해주는 것 이외에는 다른 의도나 목적이 전혀 없습니다.

형태의 세계가 존재하는 목적

마스터들의 가르침에 따르면, 형태의 세계가 존재하는 목적은 자기-의식하는 존재들이 아주 국소화된 자기-의식에서 출발하여, 점차 자기-의식을 확장할 수 있는 환경 역할을 하는 것이라고 합니다. 마스터들은 신이 우리와 근본적으로 다른 존재가 아니라고 가

---

[26] chain of being; 의식의 피라미드에서 창조주에게로 이르는 계층 구조
[27] Energy veil; 글자를 줄이면 evil(악)으로 표기됨

르칩니다. 창조주는 궁극적인 수준의 자기-의식하는 존재이지만, 우리가 창조주의 존재로부터 창조되었기 때문에, 우리는 창조주와 같은 수준으로 자기-의식을 확장할 수 있는 잠재력이 있습니다.

상승 마스터들은 우리를 자신들과 분리되어 있거나, 자신들보다 낮은 존재로 여기지 않습니다. 그들은 우리가 아직 자신들과 같은 수준의 자기-의식에 도달하지 못한 존재로 여기고 있으며, 우리를 인도하거나, 가르치는 스승의 역할을 자발적으로 맡고 있습니다. 그들의 전반적인 목표는 우리가 자기-의식을 높이도록 돕는 것이며, 특히 우리가 의식을 높여 분리의 환영에서 완전히 자유롭게 되도록 돕는 것입니다.

우리가 이러한 환영에서 벗어날 때, 비로소 모든 생명이 하나임을 보게 됩니다. 이것은 우리가 "테라[28] 학교"에서 마지막의 시험을 통과할 때, 더 높은 에너지의 세계로 영원히 나아갈 수 있다는 의미입니다. 이것을 마스터들은 상승 과정이라고 말합니다. 하지만 그리스도교에서도 예수가 상승했다고 말하지만, 그리스도교에서 믿는 것과 상승 마스터의 가르침들 사이에는 몇 가지 중요한 차이점이 있습니다. 그리스도교의 가르침에 따르면, 예수만이 상승한 유일한 존재이며, 예수의 어머니는 단지 하늘로 갔을 것이라고 "추정할" 뿐입니다. 또한, 그리스도교는 이러한 과정을 예수의 몸이 하늘로 들리는(상승하는) 육체적인 과정으로 묘사하고 있습니다.

상승 마스터들의 가르침에 의하면, 우리 모두는 상승할 잠재력이 있다고 합니다. 하지만 상승은 물리적인 과정이 아닙니다. 상승은 의식을 높여서 우리가 육체를 놓아버리고 육체가 필요 없는, 더욱 높은 수준의 자기-의식으로 나아가는 과정입니다. 그 대신에, 우리

---

[28] Terra; 라틴어로 땅이나 지구를 의미함

는 영적인 몸을 입게 됩니다. 이 말은 영적인 세계를 구성하는 더욱 높은 에너지 진동으로 만들어진 몸을 가지게 된다는 의미입니다. 상승 마스터들도 우리가 현재 직면하는 것과 같은 도전에 직면했었기 때문에, 그들은 우리가 이러한 도전을 극복하고 자아 통달을 이루는 방법에 대해서도 정확하게 알고 있습니다.

상승 마스터들과 자아(Self)의 힘

이 시점까지 살펴본 것은 영적인 에너지가 물질 주파수 스펙트럼까지 감소함으로써 전체 물질우주가 만들어졌다는 것입니다. 이 에너지 흐름이 말 그대로 우주를 창조하고 유지하는 원동력입니다. 따라서 많은 자기 계발서나 영적인 가르침들에 따르면, 마음을 변화시킴으로써, 우리가 처해 있는 물질 환경을 바꿀 수 있다고 합니다. 이러한 주장 뒤에 숨어 있는 더 깊은 진실은 무엇일까요?

거시적인 수준의 모든 것이 에너지로 만들어졌다는 사실에 대해 숙고해 보세요. 여러분은 육체의 질병과 같은 물질적인 환경을 어떻게 바꿀 수가 있나요? 자, 변화를 만드는 가장 좋은 방법은 에너지의 수준에서, 즉, 결과의 수준이 아니라, 원인의 수준에서 작업하는 것입니다. 몸이 아픈 이유가 무엇일까요? 그것은 여러분 육체의 세포가 낮은 주파수 에너지를 너무 많이 받아서, 세포들이 정상적인 기능을 수행할 수 없기 때문입니다. 그러면 몸을 치유할 수 있는 적절한 방법은 무엇일까요? 세포들이 이러한 에너지 부담에서 벗어날 수 있게 해 준다면, 세포들은 다시 자연스럽게 작동할 것입니다.

과학자들은 두 개의 에너지 파동이 만나면, 간섭 패턴을 만든다는 사실을 밝혀냈습니다. 고주파는 저주파의 파동을 끌어올릴 수가 있습니다. 예수가 아픈 사람을 치유함으로써, 겉보기에 기적 같은 일들을 수행했다는 점을 숙고해 보세요. 이것들은 기적이 아니라, 예수가 완전한 마음의 창조력을 이용하는 방법을 배웠기 때문에 가능하지 않았을까요? 우리 모두가 가지고 있는 잠재력을 보여주기 위해, 예수가 이렇게 하지 않았을까요?

다시 말하지만, 물질우주의 모든 것은 특정한 진동 수준으로 낮아진 에너지 파동으로 창조되었습니다. 그렇다면, 어떻게 해야 이러한 물질적인 상황들을 변형할 수 있을까요? 그 상황을 만든 에너지 파동의 진동을 끌어올림으로써 가능합니다. 이것은 하늘에서 뚝 떨어진 이론이 아닙니다. 이것은 단지 자기 계발과 관련이 있는 믿을 수 있는 과학입니다.

앞에서 보았듯이, 양자 물리학은 물질계를 넘어선 세계가 있으며, 우리 마음이 이러한 세계와 상호 작용할 수 있다는 것을 증명했습니다. 더 깊은 진실은 우리가 물질계를 창조한 지적인 존재들과 함께 일하는 공동창조자가 되도록 설계되었다는 것입니다. 그렇다면, 우리가 어떻게 공동창조할까요? 자, 한 가지 측면은 우리의 마음이 열린 문이 될 수 있는 능력을 갖추도록 설계되었고, 이 열린 문을 통해, 높은 영적인 에너지가 물질 스펙트럼으로 들어온 다음 낮추어진다는 것입니다. 그러나, 지금 현재 우리 마음은 닫혀 있습니다. 왜냐하면, 창조적인 에너지가 자연스럽게 흐르지 못하게 뭔가가 방해하고 있기 때문입니다. 자아의 힘을 펼치게 하는 열쇠는 이러한 창조적인 흐름을 회복하는 것입니다.

우리는 열린 문이 되어,
높은 영적인 에너지를 물질 스펙트럼으로
낮춤으로써, 공동창조합니다.

상승 마스터들은 어떻게 여러분을 도울 수 있을까요?

하지만, 창조적인 흐름이 어디에서 오는지 주목하세요. 상승 마스터들의 가르침에 따르면, 창조적인 흐름은 창조주로부터 시작된다고 합니다. 매우 높은 창조주의 에너지는 영적인 세계의 많은 단계를 거치면서, 진동수가 단계적으로 감소합니다. 누가 창조적인 에너지를 단계적으로 낮추고 있을까요? 그것은 상승 마스터들이며, 이들은 창조주로부터 우리가 있는 수준까지, 존재의 사슬을 형성하고 있습니다. 자아의 힘을 펼칠 때, 비로소 우리는 존재의 사슬에서 가장 최근에 만들어진 고리에서 제대로 된 역할을 수행할 수 있습니다. 또한, 마스터들이 생명의 강[29]이라고 부르는 창조적인 흐름 속에서 자신이 있어야 할 자리를 찾을 수 있습니다.

하지만 이 자리를 찾아낼 때, 우리는 창조의 에너지를 어디에서 얻게 되는 걸까요? 우리는 바로 위에 있는 존재의 사슬에서 그 에너지를 얻습니다. 그 사슬은 지구와 가장 밀접하게 일하고 있는 상승 마스터들입니다. 따라서 자아(Self)의 힘을 펼치는 열쇠는 우리 바로 위에 있는 마스터들과 함께 일하는 방법을 배우는 것이므로, 이 장의 결론은 상승 마스터들에 대해 알아야 한다는 것입니다. 마스터들로부터 직접 빛을 받을 수 없다면, 우리는 자아(Self)의 창조력을 완전하게 펼칠 수 없습니다.

삶을 변화시키는 두 가지 방법

우리가 물질적인 상황을 변화시키는 데는 두 가지의 기본적인 선택권이 있습니다. 첫 번째 선택권은 이미 물질 스펙트럼에 있는 에

---

[29] River of Life: 엄청나게 광대한 우주에는 지구의 70억 인구와는 비할 수도 없는 많은 존재가 있으며, 이 존재들이 점점 더 높은 수준으로 상승하기 위해서 그들의 의식을 높여가고 있습니다. 그리고 바로 이들에 의해 상향의 에너지 흐름, 상향나선인 생명의 강이 형성되었습니다.

너지를 이용할 수 있다는 것입니다. 이것은 실제로 많은 자기 계발서를 비롯하여 심지어 일부 종교 및 영적인 철학이 가르치는 것입니다. 하지만 이 접근 방식에는 3가지 문제가 있습니다.

- 물질 스펙트럼에 존재하는 에너지의 양은 유한합니다. 따라서 시작에서부터 우리의 창조력에 제약이 있게 됩니다.
- 이 에너지는 이미 특정한 수준으로 감소되어 있습니다. 이 말은 창조력이 제한되어 있다는 의미입니다. 물질 에너지로 인해 생긴 문제는 또 다른 형태의 물질 에너지를 사용한다고 해도 해결될 수 없습니다. 우리에게 필요한 것은 물질적인 상황을 정말로 변화시키는 보다 높은 형태의 에너지입니다.
- 지구에는 70억 명의 사람들이 살고 있으며, 이들은 한정된 양의 물질 에너지 중에서 자기 몫을 챙기기 위해 싸우고 있습니다. 따라서 물질 에너지를 사용해서 자신의 삶을 변화시키고자 한다면, 누군가로부터 에너지를 빼앗아야 합니다. 이 말은 인류의 전 역사에 통해서 볼 수 있듯이, 다른 사람들과 언제나 싸워야 한다는 의미입니다.

두 번째 선택권은 우리 마음이 더욱 높은 세계에서 창조적인 에너지를 받을 수 있도록 설계되었다는 사실을 깨닫는 것입니다. 이러한 능력을 이용할 때, 우리의 창조력은 물질 에너지를 통해 이룰 수 있는 수준을 훨씬 뛰어넘을 수 있습니다. 이 에너지를 받는 방법은 더욱 높은 세계에 사는 존재들, 즉 상승 마스터들과 함께 일하는 것입니다. 하지만 이것이 어떻게 작동하는지 살펴보기 전에, 마스터들이 정말로 존재한다는 사실을 아는 방법부터 살펴보겠습니다. 이렇게 함으로써, 여러분이 개인적인 수준에서 마스터들과 함께 일할 방법을 배우는데, 중요한 뭔가를 알게 될 것입니다.

3
상승 마스터들은 실제로 존재하는가?

상승 마스터들이 실제로 존재한다는 것을 어떻게 알 수가 있을까요? 역사를 살펴보면, 실재하느냐 아니면 실재하지 않느냐에 대한 의문을 해결하는 데에는 일반적으로 두 가지 방법이 있습니다. 하나는 주류 종교가 받아들이는 접근 방식으로, 사람들이 의심해서는 안 되는, 절대적인 권위가 있다는 주장입니다. 다른 하나는 물질주의 과학이 채택한 방식으로, 과학적인 기구로 연구하거나, 측정될 수 있는 것만이 어떠한 실체를 가진다는 주장입니다.

상승 마스터들의 존재를 증명하는데, 이러한 두 가지 방법 모두를 적용할 수 없습니다. 마스터들은 이 세상의 전통이나 조직에 근거한 권위를 전혀 요구하지 않습니다. 사실, 마스터들은 세속적인 권위나 조직으로 인해 제한되기를 거부합니다. 또한, 적어도 현재까지는, 마스터들의 존재를 과학적인 방법으로는 증명할 수가 없습니다. 그러면, 이것이 여러분에게 무엇을 말하고 있을까요? 이 두 가지 방법 외에 어떤 다른 방법이 있을까요? 사실 여러분은 자아(Self)의 내부에서 지식을 얻을 수 있는 능력이 있습니다.

이것은 전통적으로 신비적인 혹은 직관적인 접근 방식으로 부르던 것입니다. 역사적으로 보면, 신비주의 접근 방식[30]이 종교의 권위와 과학에서 말하는 물질주의적인 증명에 대한 대안이 될 수가 있습니다. 대부분의 주류 종교에는 신비적인 분파가 있으며, 사실, 그 종교의 창시자들은 언제나 신비주의자들이었습니다.

신비주의에 대해 많이 들어본 적이 없는 이유를 궁금하게 여길 수도 있습니다. 그 이유는 두 가지입니다. 첫째, 주류 종교 및 물질주의 과학은 신비주의를 인정하지 않기 때문입니다. 둘째, 신비주의자들은 사람들이 신비주의 접근 방식에 준비되기 전에 반드시 어느 정도의 정신적 성숙에 도달해야 한다는 것을 알고 있기 때문에, 실제로 자신을 드러내지 않습니다.

> 진정으로 객관성을 유지하는 열쇠는
> 마음의 본질을 이해하는 것입니다.

신비주의 접근 방식이란 도대체 무엇일까요? 신비주의 접근 방식에 따르면, 물질주의적인 증명을 포함해서, 이 세상의 모든 권위를 넘어서, 실재를 알 수 있는 근본적인 방법이 있다고 합니다. 그 방법은 직관적이고, 신비적인 경험을 하는 내면의 길입니다. 여러분은 종교적인 혹은 정치적인 권위자의 말을 믿어서는 안 되며, 또한, 과학적인 권위자의 말도 믿어서는 안 됩니다. 오직 직접적인 내면의 경험을 통해서 직접 확인한 것만을 받아들여야 합니다.

분명히, 이 세상의 권위자들은 이러한 내면의 경험을 완전히 주

---

[30] mystical approach; 외부의 가르침이 아니라 내면으로 들어가는 직관적인 길을 의미함

관적인 경험이라고 말할 것입니다. 왜냐하면, 그들은 신비 경험의 본질을 이해하지 못하기 때문입니다 (이 말은 그들이 강력한 신비 경험을 한 적이 없다는 의미입니다). 확실히 많은 사람의 믿음이 주관적일 가능성이 크지만, 그렇다고 이것이 전부가 아닙니다. 과학 그 자체가 이것에 대해 아주 좋은 증거를 제공해주고 있습니다. 양자 물리학의 발달로 인해, 물질주의자들의 입장, 즉 마음을 차단하면 객관성을 확보할 수 있다는 말이 틀렸다는 것이 밝혀졌습니다. 그 대신에, 양자 물리학은 진정한 객관성을 유지하는 열쇠가 마음의 본질을 이해하는 것임을 증명했습니다. 정확히 말해, 수천 년에 걸쳐, 신비주의자들이 추구해오고 있는 것이 바로 이러한 마음의 본질입니다.

객관성에 대한 신비적인 접근 방식

일반적으로, 상승 마스터들과 신비주의자들은 객관성이라는 문제에 대해 무슨 말을 하고 싶어 할까요? 수천 년 동안, 신비주의자들은 인간의 마음이 분명하게 서로 다른 두 가지 의식 상태에 있을 수 있는 능력이 있다고 말했습니다. 한 가지 의식 상태에서는, 우리가 보는 모든 것이 필터에 의해 채색되는데, 이는 세상에 대한 우리의 경험이 전적으로 주관적이라는 의미입니다. 하지만 또 다른 의식 상태에서는, 우리가 명확하게 중립적인 비전을 가지게 됨으로써 사물을 있는 그대로 본다고 합니다. 이 말은 우리가 진실로 세상을 객관적으로 본다는 의미입니다.

물론, 제3의 단계도 존재합니다. 이 상태에서는 객관적인 마음 상태를 어렴풋이 보기 시작했지만, 주관적인 마음 상태에 따라 우리의 관점이 크게 혹은 적게 물들게 됩니다. 이것은 두 사람이 진정한 신비 경험을 하고 나서, 그러한 경험을 서로 다른 의미로 해석할 수 있다는 의미입니다. 예를 들어, 크리스천과 무슬림 양쪽 모두가 신비 경험을 하고 나서, 각자가 믿는 종교의 정당성을 확인하는 것으로 해석할 수 있다는 의미입니다.

상승 마스터들의 설명에 의하면, 여정[31]이란 더 높은 의식 상태를 엿보고서 시작하는 과정이라고 합니다. 그런 다음, 점차 모든 주관적인 요소를 제거하고 마음을 정화함으로써, 마침내 순수한 비전을 얻는 과정입니다. 이러한 높은 의식 상태는 깨달음, 본연의 인식[32], 혹은 그리스도 의식[33]과 같은 다양한 이름으로 불릴 수 있습니다. 상승 마스터들의 가르침은 우리가 더 높은 의식 상태를 향해 나아가는 이러한 여정을 완성하도록 돕기 위해 고안되었습니다.

> 신비 경험을 할 때까지,
> 여러분은 마스터들의 존재를
> 진정으로 인정하지 않을 것입니다.

오늘날에는 책과 웹사이트를 통해, 누구나 마스터들의 가르침을 자유롭게 활용할 수가 있습니다. 따라서 직관적인 경험을 하지 않고도, 마스터들의 가르침을 찾아낼 수 있습니다. 마스터들의 가르침은 실제로 많은 의문에 답을 해 줄 수 있으므로, 사람들은 지적인 추론에 근거하여 가르침의 가치를 인정할 수도 있습니다. 하지만

---

[31] path; 상승 마스터는 지상에서 삶의 궁극적인 목표가 그리스도 의식을 실현하는 일이라고 가르치며, 그럼으로써 우리는 영구적으로 영적인 영역으로 올라가 상승 마스터가 될 수 있습니다. 마스터들은 지구상의 사람들에게 가능한 144단계의 의식 수준이 존재한다고 말합니다. 우리는 144단계에 도달한 후에야 상승할 수 있습니다.
[32] naked awareness; 어떤 가치 판단이나, 겉모습에 따른 판단을 하지 않는 상태
[33] Christ consciousness; 그리스도란 분리의 환영을 극복하고 그리스도 의식을 성취한 존재를 의미합니다. 그리스도 의식의 성취에는 여러 수준이 있습니다.

마스터들이 실제로 존재하는지 아닌지의 문제를 정말로 해결하기 위해서는, 내면의 경험을 해야만 합니다. 이러한 경험을 한다고 해서, 우리가 일반적으로 증명했다고 부를 만한 것을 얻지는 못합니다. 단지 그러한 경험을 통해, "내면의 지식"이 있다는 미묘한 느낌을 얻게 됩니다. 그럼으로써 뭔가가 분명히 실재한다고 인식하게 됩니다.

말은 이렇게 했지만, 우리는 개인적인 경험에 대해 매우 실질적인 우려를 인식해야 합니다. 우리는 많은 영적인 구도자를 포함하여, 많은 사람이 거의 실현 가능성이 없는 것을 실제로 믿는다는 사실을 알 수가 있습니다. 예를 들면, 매년 예루살렘을 방문하고, 예수의 발자취를 따르는 사람 중에는 자신이 재림한 그리스도이며, 세상의 구원이 자신의 손에 달려 있다고 확신하는 사람들도 있습니다. 신비 경험을 이해하게 되면, 이러한 사람들에게는 아주 특별한 방식으로 다가가야만 함을 깨닫게 됩니다.

마음이라는 만화경[34]

상승 마스터들은 직관에 대해 심오한 가르침을 전해 주었습니다. 마스터들은 인간의 마음을 만화경에 비유하고 있습니다. 알다시피, 만화경은 내부가 여러 칸막이로 나누어진 통을 말합니다. 그 사이에는 채색된 유리 조각들이 들어 있습니다. 통을 회전시키면, 유리 조각들이 다시 배열되면서, 다양한 색상의 패턴이 만들어집니다.

유리 조각들은 우리의 의식과 잠재의식에 있는 많은 아이디어와 믿음에 비유됩니다. 우리가 삶에서 특정한 상황을 만날 때, 마음의

---

[34] Kaleidoscope; 화려하고 다양한 무늬를 볼 수 있는 기구. 컴퓨터로도 연속된 무늬와 같은 만화경의 효과를 볼 수 있습니다.

만화경은 회전하면서, 특정한 색상의 패턴을 만들어내게 됩니다. 그 후 그러한 상황을 의식적으로 경험하게 됩니다. 여기에는 심오한 의미가 담겨 있습니다. 그것은 우리가 경험하는 삶, 즉 삶의 경험은 마음속에 있는 아이디어들과 그러한 아이디어들이 특정한 상황에 따라 어떻게 배열되느냐에 달려 있다는 것입니다.

마스터들의 가르침에 따르면, 대부분의 사람은 삶을 인식하지도 못한 채 살아가고 있다고 합니다. 주어진 상황이 특정한 패턴의 반응을 촉발합니다. 사람들의 선택은 마음이라는 만화경에 들어 있는 유리 조각들의 색상에 의해 완전히 채색됩니다. 사람들은 왜 그렇게 반응하는지 인식하지도 못한 채, 반응하게 됩니다. 그들은 대개 특정한 상황에서는 그렇게 반응하는 것이 유일한 반응 방법이라고 생각합니다. 이러한 사람들은 자신의 반응을 통제할 수가 없습니다. 왜냐하면, 자신의 의식과 잠재의식에 들어 있는 내용이 무엇인지 살펴본 적이 없기 때문입니다. 이러한 사람들은 자신의 눈 속에 들어 있는 들보를 보려고 한 적이 없습니다.

이와는 반대로, 마스터들은 자아 통달에 이르는 여정을 제시해 주고 있는데, 이 여정을 따라감으로써 물질계에서 우리가 만나는 여러 상황에 대한 반응을 점차 통제할 수가 있게 됩니다. 잠재의식에 있는 낡은 패턴에 의해 결정되는 반응이 아니라, 자유롭고 객관적으로 반응을 선택할 방법을 배울 수 있습니다. 하지만 이 여정을 가기 위해서는 근본적으로 한 가지 사항을 깨닫는 것에서부터 시작해야 합니다.

> 그것으로 마스터들은 자아 통달의 여정을 제시합니다.
> 이를 통해서 우리가 마주하는 상황에 대한
> 자신의 반응을 점차 통제할 수 있습니다.

만화경을 들여다보면, 복잡한 패턴의 색상에 관심을 집중하기가 쉽습니다. 실제로 대부분의 사람이 그렇게 하고 있습니다. 우리 마음을 살펴보면, 대개 마음을 채우고 있는 생각에 관심을 집중합니다. 대부분의 사람은 자신의 마음을 채우고 있는 내용을 넘어선 것은 단순히 알지를 못합니다. 하지만 이제 다음 질문을 스스로 해보세요. "어떻게 만화경에서 여러 가지 색상의 패턴을 볼 수 있을까?" 답은 빛이 만화경의 반대편 끝에서 들어오기 때문입니다. 이 빛은 다양한 색상의 패턴과는 반대로 만화경에 의해 만들어지는 것이 아닙니다. 이 단순한 깨달음을 마음으로 확장할 때 매우 심오한 결과가 나옵니다.

신비주의가 항상 말하는 바에 따르면, 우리가 의식적이라는 사실이, 즉 우리가 자기-의식한다는 사실이, 영적인 에너지와 의식의 흐름이 반드시 존재하며, 이러한 흐름은 더 높은 근원에서 우리의 마음속으로 들어오고 있음을 증명해 준다고 합니다. 앞에서 살펴본 것처럼, 이러한 개념은 양자 물리학과도 완벽하게 일치합니다. 우리 마음이 아원자의 입자들과 상호 교류할 수 있다는 점을 고려하면, 우리 마음이 더 높은 영적인 에너지가 흐를 수 있는 매개체, 즉 성배(聖杯)[35]의 역할을 할 수 있다는 것이 분명합니다.

대부분의 사람은 의식 그 자체가 아니라, 의식에 들어 있는 내용물에 관심을 집중하고 있으므로, 이러한 에너지가 있음을 인식하지 못합니다. 이들은 패턴을 만드는 빛은 고려하지 않고, 단지 만화경 속에 나타난 채색된 패턴만 봅니다. 여러분이 자연스럽게 패턴 뒤에 있는 빛에 집중할 때, 신비 경험을 하게 됩니다. 이때 여러분은

---

[35] Chalices; 물리적인 잔을 의미하는 것이 아니라, 더 높은 의식과 에너지를 수용할 수 있는 차크라 또는 존재를 의미함

더욱 순수한 형태의 인식을 경험하게 됩니다.

하지만 여기에 중요한 점이 있습니다. 모든 사람은 신비 경험을 할 수가 있으며, 많은 사람이 실제로 그러한 경험을 했습니다. 그러나 빛에 대한 순수한 비전을 가지는 것과 마음속에 있는 채색된 패턴이 더 높은 근원에서 오는 빛에 의해 만들어진다는 사실을 안다는 것은 같지 않습니다.

일상적인 생각들이라는 여러 채색된 패턴 너머에 어떤 형태의 인식이 반드시 있어야 함을 깨닫는 것이 매우 중요하지만, 그것은 단지 점진적인 과정의 첫걸음에 불과합니다. 왜냐하면, 여러분의 현재 믿음과 아이디어를 통해서 빛을 보고 있는 한, 그 빛은 여전히 여러분의 마음속에 있는 내용물에 의해 채색되기 때문입니다. 이것은 여전히 실재를 있는 그대로 보지 못한다는 의미입니다.

신비주의의 본질

신비주의 여정은 물질계에서 생겨나는 모든 제한된 개념, 믿음, 패러다임과 가정(假定)으로부터 마음을 점차 정화하는 과정입니다. 즉, 우리는 채색된 유리 조각들을 점차 버리고, 언젠가는 전혀 채색되지 않은 빛이 마음속으로 들어오는 것을 보게 될 것입니다. 이것을 바로 우리가 순수한 신비 경험, 순수의식의 경험이라고 부를 수 있습니다. 하지만 어떠한 제한된 믿음이 여전히 마음속에 남아 있을 수도 있으며, 참된 신비주의자라면 마음이 모든 제한된 아이디어로부터 자유롭게 될 때까지, 정화 과정을 계속할 것입니다.

이것이 왜 중요할까요? 상승 마스터들은 우리가 신비 경험을 하기 전까지는, 마스터들이 존재한다는 사실을 진정으로 인정하지 못한다고 말합니다. 그전에, 우리는 순수하게 지적인 방식으로 그들이 전해 주는 가르침의 가치를 이해하고 지적으로 마스터들을 인정할 수는 있습니다. 하지만 내면의 경험을 직접 할 때만, 진실로 마스터들이 실제로 존재한다는 것을 알 수 있습니다. 그렇게 되면 비로소 우리와 세상을 위해서, 마스터들의 가르침이 하는 일에 감사하게 됩니다.

가장 중요한 것은 처음 신비 경험을 할 때, 우리 마음에는 여전히 많은 유리 조각이 있을 수 있습니다. 따라서 경험 그 자체가 우리 믿음에 의해 채색될 수 있습니다. 이것은 신비 경험이 특정한 신념의 타당성을 절대적으로 확신하는 것으로 해석될 수 있다는 위험성이 있습니다.

진정한 신비주의자들은 신비 경험이 실제로 타당하다고 인정합니다. 하지만 그러한 타당성이 특정한 신념의 정당성을 증명해 주지는 않습니다. 신비 경험의 타당성은 지구에서 볼 수 있는 모든 믿음을 넘어서는 의식 상태가 있음을 증명해 줍니다. 신비 경험의 타당성은 만화경의 좁은 통 외부에 빛의 근원이 있음을 증명해 줍니다. 그래서, 신비주의자들은 그 빛을 어떠한 필터도 거치지 않고 경험하는 것을 우선 과제로 삼게 됩니다.

신비주의 접근 방식이 왜 그렇게 중요할까요?

상승 마스터들은 시대의 진정한 신비주의자들입니다. 상승하기 전에, 마스터들도 점점 더 순수한 신비 경험을 할 때까지, 자신들의 신념에 계속 의문을 품었습니다. 그들은 이러한 초월적인 경험을 세속적인 신념 체계가 옳다는 증명으로 이용하지 않았습니다. 그들은 이러한 경험을 외적인 형태를 넘어서 보고, 순수하고 채색되지 않은 영적인 빛을 경험하기 위해, 끊임없이 노력해야 한다는 증명으로 삼았습니다. 그들은 빛을 자신의 근원과 연결된 생명줄로 여겼습니다. 따라서 그들은 이 생명줄을 계속 따라갔으며, 마침내 상승이라는 과정을 거쳐 자신의 근원과 실제로 통합되었습니다.

마스터들은 단 하나의 기본적인 메시지, 즉 "한 사람이 한 일은, 모든 사람이 할 수 있다."라는 메시지만 가지고 있습니다. 이들은 우리가 모든 인간의 한계를 초월할 수 있음을 증명했습니다. 따라서 그들은 우리도 그들과 똑같이 할 수 있다는 것을 알기를 바랍니다. 하지만 그렇게 하려면, 우리는 실재를 필터 없이, 거리감이나 분리감도 없이 있는 그대로 경험할 수 있는 순수의식 상태에 도달할 때까지 제한된 신념을 초월하기 위해서, 오랜 세월에 걸쳐 유효성이 입증된 과정을 따라야 합니다.

이것이 왜 중요할까요? 진실은 영적인 빛이 이 세상 속으로 흐르고 싶어 하기 때문입니다. 상승 마스터들은 지구를 진정으로 변형하는 열쇠가 더 많은 빛이 이 세상 속으로 흐르게 하는 것임을 알고 있습니다. 왜냐하면, 사람들은 더 명확하게 보게 되면, 자연스럽게 더 좋은 선택을 하기 때문입니다. 마스터들은 언제나 이 세상 속으로 빛을 쏟아부을 준비가 되어 있습니다. 그런데, 왜 마스터들은 어둠이 전혀 남아 있지 않을 때까지, 이 세상을 빛으로 흘러넘치게 하지 않을까요?

답은 자유의지의 법칙 때문입니다. 이 말은 지구에 거주하는 사람들은 자유의지의 법칙에 따라, 자신이 원하는 경험을 하도록 허용되어야 한다는 의미입니다. 지금 현재는, 지구에 사는 대부분의 사람이 신과 분리된 경험을 하겠다고 선택했습니다. 이 세상이 영적인 빛으로 채워져 있지 않아야만, 이러한 경험을 할 수가 있습니다. 그러면, 어떻게 해야 더 많은 빛이 물질 주파수 스펙트럼으로 들어오게 할 수 있을까요? 빛은 여러분이나 나처럼, 육화한 사람들의 마음을 통해서만 물질계로 유입될 수 있습니다. 대부분의 사람이 어둠 속에서 살고자 하더라도, 우리는 마음을 통해 빛을 가져오겠다고 선택할 권리가 있습니다.

> 자아의 힘을 펼칠 수 있는 진정한 열쇠는
> 빛을 강제로 가져오게 하는
> 마법의 주문을 찾는 것이 아닙니다.

그 열쇠는 여러분의 마음에서 빛의 흐름을 방해하는 요소를 제거하는 것입니다. 그러면 우리 마음이 영적인 빛을 가져오는 열린 문이 되기 위해서 무엇이 필요할까요? 빛은 상승 마스터들에게서 옵니다. 상승 마스터들은 존재의 사슬에서, 우리 위에 있는 의식 수준을 말합니다. 따라서 우리가 마스터들로부터 빛을 받을 수 있는 유일한 방법은 마스터들과 마음을 맞추는 것입니다. 궁극적으로, 이것은 우리가 바로 위의 단계에 있는 실재와 하나됨을 추구하는 신비적인 여정을 따라야 한다는 의미입니다. 우리 모두는 상승 마스터와 마음을 맞추는 능력이 있습니다. 심지어 궁극적으로는 그 마스터와 하나됨의 감각을 달성할 수 있습니다. 이 방법이 지금 상승해 있는 존재들이 우리보다 앞서 걸어갔던 여정입니다. 그리고 우리도 같은 과정을 충분히 통과할 수 있습니다.

하지만 하나됨으로 이어지는 조율 과정은 반드시 마음속에서 이루어져야 합니다. 이것이 왜 중요한지 이해하나요? 자신의 삶을 변화시킬 힘을 얻기 위해, 어떤 종류의 비밀스러운 주문이 필요하다는 자기 계발서 혹은 영성 서적이 많습니다. 하지만 더 깊은 진실은 자아의 진정한 힘은 여러분의 마음을 통해 흐르는 영적인 빛이라는 것입니다. 이것은 진짜로 자연스러운 과정입니다. 빛은 흐르고 싶어 합니다. 따라서 필연적으로 빛은 영적인 세계와 물질계를 "분리하는" 베일의 열린 틈을 통해서 흘러갈 것입니다.

따라서 자아의 힘을 펼치는 진정한 열쇠는 억지로 빛을 가져오는 어떠한 종류의 마법 주문을 찾는 것이 아닙니다. 그 열쇠는 여러분의 마음에서 빛의 흐름을 방해하는 요소를 제거하는 것입니다. 마음이 정화되면, 빛은 자발적으로 자연스럽게 흐를 것입니다. 하지만 여러분의 모든 개인적인 장애물은 자신의 내면에 있습니다. 이러한 이유로 그러한 장애물은 오직 마음속에서만 해결될 수 있습니다. 이러한 장애물은 오직 의식적인 선택을 통해서만 해결될 수 있습니다. 그러면 여러분은 어떤 신념이 자신을 제한하는지 이유를 알게 되고, 이후 신비적인 비전에서 오는 더 높은 실재를 받아들이겠다고 결정하게 됩니다.

상승 마스터들은 세심한 주의가 필요한 일을 마주하고 있습니다. 그들은 우리에게 외적인 가르침들을 전해 줄 수는 있지만, 외적인 가르침 그 자체는 여러분을 변화시킬 수 없습니다. 외적인 가르침이 신비적이고, 직관적인 경험을 하기 위한 촉매로 사용될 때에야 외적인 가르침이 진정한 가치를 가질 수 있습니다. 그런 경험을 하게 되면, 의식이 바뀌게 됩니다. 이것은 마음을 정화하는 문제로 이어지게 됩니다. 여기에 대해서는 다음 장에서 살펴보겠습니다. 그러나 먼저, 우리는 상승 마스터들이 제공해주는 우주적인 세계관에 대해 살펴보겠습니다. 그렇게 함으로써 너무 몰입하기 전에, 큰 그림을 이해하는 데 많은 도움이 될 것입니다.

4
형태의 세계를 창조한 방법

이번 장에서, 우리는 상승 마스터들의 기본 우주론, 즉 우주가 어떻게 그리고 왜 창조되었으며, 우주의 기본 법칙들이 어떻게 작동하는지에 대해 살펴보겠습니다. 일부 독자들에게는 이것이 이론적이고 추상적으로 보일 수도 있다는 것을 알고 있지만, 이를 통해 자아의 진정한 본질을 이해하고, 상위 영역의 힘이 유입되는, 열린 문이 될 자아의 잠재력을 설명하는 데 도움이 될 토대를 마련할 것입니다. 또한, 이를 통해 다음 장에서 설명할 실질적인 여정을 더 잘 이해하는 데 도움이 될 것입니다.

우주의 계층 구조

과학은 우주가 계층 구조로 되어 있다는 것을 밝혀냈습니다. 거시적인 세계에 있는 모든 것은 분자로 만들어져 있습니다. 따라서 물질은 분자의 기능을 유도하는 법칙들이 정한 틀 내에서만 창조될 수가 있습니다. 하지만 분자는 원자들로 구성되어 있으므로, 분자는 원자의 기능을 유도하는 법칙들의 지배를 받습니다. 이런 식으로 더 깊은 수준으로 들어갑니다. 상승 마스터들은 과학이 밝혀낸 계층 구조에 대해 동의하지만, 그들은 이 계층 구조를 더욱더 확장하면, 궁극적으로는 계층 구조 피라미드의 꼭대기에 있는 창조주에게로 이어진다고 합니다.

하지만 상승 마스터들이 설명하는 창조주는 우리가 아는 전통적인 신의 이미지와는 크게 다릅니다. 특히, 유일신 종교에서 말하는 남성적인 신의 이미지와는 다릅니다. 즉 큰 흰 보좌에 앉아서 사람들을 심판하고 지옥에서 영원히 고통받도록 일부 사람을 지옥으로 보내는 이미지와는 다릅니다.

상승 마스터들은 우리가 사는 세상과 이 세상을 넘어선 세계를 구별하고 있습니다. 상승 마스터들은 우리가 사는 세상이 "형태의 세계"라고 합니다. 형태의 세계에 있는 모든 것은 형태가 있으며, 형태를 통해 다른 것들과 구별됩니다. 이러한 이유로, 우리는 제한된 자기-의식에서 시작하여, 더 높은 자기-의식으로 성장할 수가 있습니다. 형태의 세계는 심지어 우리가 신과 분리되어 있을 뿐만 아니라, 물질계 및 서로와도 분리되어 있다고 믿을 수 있게 해 줍니다.

하지만 이 분리조차도 우리가 자기-의식을 성장시키는 원천이 될 수 있습니다. 그 이유는 우리가 제한적인 상태에 있으며, 우리가 그러한 상태보다 더 큰 존재이지만, 의식적인 선택을 통해 더 높은 상태로 오를 수 있다는 것을 의식적으로 인식함으로써, 자기-의식이 성장할 수 있기 때문입니다. 따라서 우리가 현재 아무리 제한된 상태에 있다 하더라도, 그것 역시도 여전히 우리가 성장할 수 있는 토대가 될 수 있습니다.

형태의 세계 너머에 있는 것

상승 마스터들이 안고 있는 근본적인 문제 중 하나는 우리 인간이 형태의 세계 중 특히 물질우주에 기초하여 삶을 바라보는데 익숙할 뿐만 아니라, 말로 의사소통하는 방식에 아주 익숙하다는 것입니다. 분명히 말해, 말은 분리된 형태의 세계에 기반을 두고 개발된 것입니다. 그래서 말은 다른 것과 명확하게 분리된 형태를 설명하는데 가장 적합한 도구입니다. 우리의 감각은 대비(對比; 차이)를 통해 작동하도록 설계되어 있습니다. 따라서 말은 분명하게 정의된 혹은 선형적인 차이를 설명하는데 가장 적합합니다.

하지만 형태의 세계를 넘어선 실체의 일부를 말로 설명하기란 쉽지 않습니다. 결론적으로, 상승 마스터들은 형태의 세계를 넘어선 실체에 대해서는 거의 이야기하지 않지만, 그것을 다만 이렇게 부릅니다. "전체성"[36]. 그러면 선형적인 마음은 곧바로 이 세상이 어디에서 왔고, 언제 창조되었으며, 누가 왜 이 세상을 창조했는지에 대해 질문하고 싶어 합니다. 하지만 이러한 의문은 오직 차별화된 세계에서만 의미가 있습니다. 왜냐하면, 오직 그런 차별화된 세계에서만 선형적인 시간이라는 개념이 창조될 수 있기 때문입니다. 전체성은 항상 존재했으며, 따라서 시작도 없고, 끝도 없습니다. 전체성은 비-선형적인 세계이며, 따라서 선형적인 세상에 사는 존재가 이해하기는 거의 불가능합니다.

---

[36] Allness; 신의 전체성 속에는 서로 다른 형태들은 전혀 존재하지 않습니다

그림 5 - 비-선형적인 허공

 전체성 안에서는 분리된 형태란 존재할 수 없다는 것을 이해하는 것이 중요합니다. 따라서 전체성 안에서는 지금 우리가 하는, 제한된 인식에서 출발하여 더 폭넓은 의식으로 성장하기가 불가능합니다. 따라서 우리가 사는 형태의 세계를 창조한 존재는 우리가 사는 세상이 스스로 성장하고, 우리도 성장하는 방식으로 창조하기로 선택했습니다. 이렇게 하려고, 창조주는 먼저 전체성과는 약간 다른 특성을 가진 구체(球體)를 창조해야만 했습니다.

우리 세상은 어떻게 창조되었을까?

 각각 특정한 형태의 세계는 창조주와 같은 높은 의식 수준에 있는 개별적인 존재에 의해 창조됩니다. 창조주는 전체성에서 자신을 분리함으로써 형태의 세계를 창조하는 과정을 시작했습니다. 우리는 선형적인 말과 개념을 사용해야 하므로, 창조주는 자신의 주위에 둥근 경계를 정한다고 말할 수도 있습니다. 창조주는 전체성 내부에 존재하는 구체를 창조하지만, 그 구체의 진동수는 전체성의 수준과 같지 않습니다. 이렇게 함으로써, 구체가 전체에서 분리됩니다.

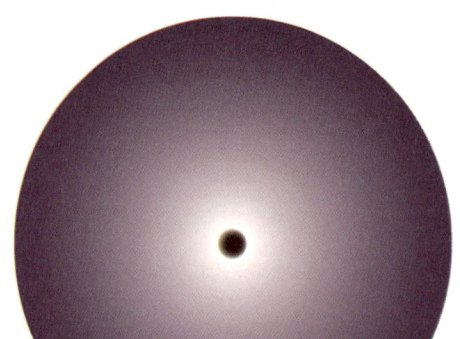

그림 6 - 특이점[37]

다음 단계로, 창조주는 이 경계 내부의 공간에서 물러납니다. 창조주는 특이점 안으로 물러나며, 따라서 구체의 나머지 부분은 허공[38]이 됩니다. 다시 말하지만, 선형적인 말로 표현하자면, 전체성은 아주 높은 형태의 에너지로 채워져 있으므로 분리된 상태를 만들어 내거나, 전체성에서 뭔가가 분리되어 있다는 느낌을 만들기란 불가능합니다. 따라서 분리된 형태들로 이루어진 것처럼 보이는 세계를

---

[37] singularity; (물리학) 일반상대성이론에서 부피가 없고 밀도가 무한대인 지점을 말함. 시간과 공간이 존재하지 않는 지점. 이 책에서는 물리계와 상위계 사이의 무한 8자 형상에서 가운데 부분인 연결점(nexus)을 의미함.
[38] void; 공기가 없는 진공과는 다른 의미로 사용됨. 이 책에서는 물질이나 에너지가 전혀 없는 상태를 의미함.

창조하기 위해서, 창조주는 먼저 에너지와 형태가 없는 허공부터 창조해야 합니다. 허공은 이것을 말합니다.

다음 단계로, 창조주는 형태의 세계를 구축하는데 사용할 기본적인 에너지를 창조합니다. 마스터들은 이 에너지를 마터 빛 혹은 어머니의 빛으로 부릅니다. 이 에너지를 여성적인 이름으로 부르는 이유는 분리된 형태의 세계를 창조하기 위해서, 창조주는 반드시 서로 다른 두 개의 분리된 힘 혹은 요소를 정의해야 하기 때문입니다.

무엇이든 창조되기 위해서는, 반드시 밖으로 나가는 힘, 확장하는 힘이 있어야 합니다. 이 힘이 바로 창조주가 허공의 중심에 있는 특이점으로부터 뭔가를 투사하는데 사용하는 힘입니다. 하지만 이 확장하는 힘이 수축하는 힘과 균형을 이루지 못한다면, 어떤 형태도 창조되거나 유지될 수 없습니다.

이것을 이해하기 위해서, 빅뱅이라는 개념을 살펴봅시다. 과학자들의 말에 따르면, 물질우주의 창조는 모든 에너지가 특이점 속에 응축되었을 때 시작되었으며, 그 후 이 에너지들이 거대한 폭발과 함께 방출되었다고 합니다. 하지만 앞서 설명했듯이, 폭발은 밖으로 나가는 힘이기에, 조직화된 구조물을 형성하지 못하는 확장하는 힘입니다. 따라서 빅뱅 모델은 오직 확장하는 힘과 균형을 맞추는 수축하는 힘이 있어야만 의미가 있습니다. 이렇게 확장하는 힘이 균형을 유지해야지만, 특정한 형태가 창조될 수 있고 시간이 지나도 유지될 수가 있습니다.

그림 7 - 허공 속의 첫 번째 구체

마스터들에 따르면, 창조주는 자신의 존재에 대한 확장을 정의했다고 합니다. 즉 창조주가 형태의 세계를 위한 건축용 재료로써 사용되는 기본적인 우주 에너지를 정의했다고 합니다. 이로 인해, 최초의 극성, 즉 확장하는 요소로 남성을 상징하는 창조주와 수축하는 요소로 여성을 상징하는 마터 빛 사이에 극성이 창조되었습니다. 이것은 동양의 도교에서 말하는 음양(陰陽)의 개념처럼, 일부 종교에서 볼 수 있는 개념과 다소 유사합니다.

  이것을 또 다른 방법으로 설명하자면, 밖으로 나가는 힘은 의식(意識)을 상징합니다. 따라서 자기-의식하는 존재는 창조하고자 하는 형태의 정신적인 이미지를 만들어낼 수가 있습니다. 그런 다음, 이 정신적인 이미지를 마터 빛 위에 겹치거나 투사할 수 있고 그러면 마터 빛은 자기-의식하는 존재가 상상했던 형태의 매트릭스를 취하게 됩니다. 따라서 창조의 능동적인 요소는 의식이며, 이 의식이 수동적 요소인 에너지에 특정한 형태를 취하게 한다고 말할 수

형태의 세계를 창조한 방법 83

있습니다.

창조주는 마터 빛을 정의하고 난 후, 특이점으로부터 마터 빛을 밖으로 투사했으며, 마터 빛이 허공 속에 첫 번째 구체를 창조했습니다. 허공은 비어 있었지만, 첫 번째 구체에는 특정한 범위에서 진동하는 에너지가 담겨 있었습니다.

자기-의식하는 존재들의 창조

이 첫 번째 구체가 창조된 후, 창조주는 그 구체 속에 존재할 어떤 구조를 정의했습니다. 그렇게 하려고, 창조주는 마음속으로 어떠한 이미지를 형성하고, 그것을 마터 빛 위에 투사하거나 겹쳤습니다. 개략적으로 설명하자면, 마터 빛을 영화의 화면에 비유할 수 있습니다. 화면 자체에는 이미지가 없지만, 그 위에 투사되는 어떤 이미지든 반영할 수 있습니다.

다음 단계로, 창조주는 자기-의식하는 많은 존재를 창조했습니다. 그리고 이들을 첫 번째 구체 속으로 보내거나 투사했습니다. 이러한 존재들은 창조주 자신의 존재에서 창조되었습니다. 이러한 이유로 이들이 자기-의식을 하는 것입니다. 하지만 이들의 자기-의식은 모든 곳에 존재하는[39] 창조주의 의식은 아니었습니다. 그것은 국소화된(한정된) 자기-의식이었습니다. 이러한 첫 번째 존재들은 자신을 개별적인 존재로 보았습니다. 이들에게는 개별적인 존재를 유지하면서도 창조주의 수준에 도달할 때까지, 국소화된 자기-의식에서 출발하여, 점차 자기-의식을 확장할 기회가 주어졌습니다. 형태의 세계를 창조한 창조주의 목적은 더욱 많은 창조주를 만드는 것입니다. 그렇게 함으로써, 창조주 자신도 성장하기 때문입니다.

---

[39] omnipresent; 편재(遍在)하는; 어디에나 존재하는

국소화된 자아감으로 시작한 첫 번째 존재들은 창조주가 이들을 위해 마련한 환경에 집중하면서 살아가게 되었습니다. 새로운 존재가 허공에서 출발한다는 것이 다소 두려울 수도 있습니다. 새로 창조된 존재가 어떻게 구조물들을 상상하고, 그것들을 창조할 수 있겠습니까? 따라서 새로운 존재는 미리 정해진 환경에서 시작합니다. 그런 다음 그 환경에서 점차 자신의 창조력을 배웁니다. 자신의 창조력에 대한 인식을 확장함에 따라, 이 존재는 환경을 자신의 비전에 따라 변화시킬 수 있게 됩니다.

이것은 우리를 포함해서 형태의 세계에 있는 모든 자기-의식하는 존재에게도 적용되는 원리입니다. 모든 존재는 국소화된 자아감으로 시작하고, 미리 정해진 환경에서 시작합니다. 자신들이 처한 환경에 반응함으로써, 점차 자신의 창조력을 배우게 됩니다. 모든 자기-의식하는 존재는 창조주와 같은 기본적인 창조력이 있지만, 그 수준은 다릅니다. 이들은 정신적인 이미지를 만들고 그 이미지를 마터 빛 위에 투사해서 마터 빛이 그 이미지를 실질적인 또는 물질적인 형태로 형성하게 하는 능력이 있습니다.

모든 자기-의식하는 존재는 또한, 완전한 자유의지를 가지고 있습니다. 즉 자기-의식하는 존재들은 자신이 상상할 수 있는 어떤 정신적인 이미지든 만들어낼 수 있는 능력이 있다는 의미입니다. 이들은 또한, 상상할 수 있는 어떤 이미지든 마터 빛 위에 투사할 능력과 권리가 있습니다. 하지만 이러한 존재들은 특정한 환경에서 살기 때문에, 이들이 마터 빛 위에 투사하는 이미지들을 물질적인 환경에서 필연적으로 경험하게 됩니다. 정확하게 말하자면, 이미지들을 만들어내고 그러한 이미지들을 마터 빛 위에 투사합니다. 이후 이 과정의 결과를 경험함으로써, 자기-의식이 성장하게 됩니다.

연속적인 구체들

첫 번째 구체로 돌아가 봅시다. 그 구체에 있던 존재들은 자신의 창조력을 탐구하면서 시작했고 점차 자신의 환경에 대한 통달을 얻은 다음, 자신의 환경을 정의하기 시작했습니다. 하지만, 이들은 자신이 더 큰 존재의 확장이라는 내재된 감각 또한, 탐구하게 되었습니다. 그들이 창조주와의 관계를 더 많이 깨닫게 되면서, 그들은 창조주와 하나라는 느낌을 쌓아가게 되었습니다.

각 개인이 이러한 하나됨을 달성해감에 따라, "내 근원이 창조주라면, 내가 사는 구체의 다른 모든 존재도 반드시 같은 근원에서 나왔어야 한다."는 것을 깨닫게 되었습니다. 따라서 수직적인 하나됨이 이제는 수평적인 하나됨으로 되었으며, 최초의 구체에 있던 모든 존재는 서로가 하나라고 느끼기 시작했습니다. 그러면서도 자신들의 개체성은 여전히 유지하고 있었습니다. 그들이 실제로는 더 큰 전체 중 일부로서, 진정한 개체성을 성취하고 있었습니다.

이처럼, 최초의 구체에 있던 존재들이 이 하나됨을 달성함에 따라, 이들은 최초의 구체를 만드는데 사용되었던 에너지의 진동수를 높여서 가속할 수 있었습니다. 이것이 바로 전체 구체가 더 높은 상태로 상승한 과정입니다. 이 과정에서 구체가 창조주의 존재로부터 만들어졌다는 것이 분명해졌습니다. 따라서 이 존재들은 여전히 자신을 개별적인 존재라고 여기면서, 동시에 창조주 및 서로와 분리되어 있다고 더 이상 믿을 수가 없었습니다. 또한, 최초의 구체가 창조주와 분리된 다른 질료로 만들어졌거나, 혹은 그 구체가 스스로 존재한다는 것도 더 이상 믿을 수가 없었습니다. 그 후, 최초의 구체는 우리 관점에서 보면, 영적인 세계라고 부르는 세계의 영원한 일부가 되었습니다.

최초의 구체를 상승하게 했던 존재들은, 이후에 통달의 수준에 이르게 되었습니다. 그들이 창조주와 같은 수준의 자기-의식에 있지는 않았지만, 시작했던 곳보다 훨씬 더 높이 올라섰습니다. 이후, 이 존재들에게 그들이 달성한 통달을 확장할 기회를 주기 위해서, 창조주는 허공 속에 두 번째 구체를 정의했습니다.

하지만 창조주는 두 번째 구체 안의 구조물들을 직접 창조하는 대신, 첫 번째 구체에서 온 상승 마스터들에게 두 번째 구체 안의 구조물들을 창조하게 했습니다. 또한, 창조주는 자신의 확장들을 두 번째 구체로 보내는 대신, 첫 번째 구체에서 온 상승 마스터들에게 확장들을 창조하게 해서 두 번째 구체 안에 상승 마스터들이 창조해놓은 환경 속으로 보내게 했습니다. 따라서 두 번째 구체에 있는 존재들에게는 첫 번째 구체에서 온 상승 마스터들이 신들[40] 혹은 영적인 부모가 되었습니다.

이전의 구체가 상승했을 때, 새로운 구체를 창조하는 이 과정이 계속되었습니다. 마스터들은 물질우주가 이러한 구체 중 일곱 번째 구체에 있다고 말합니다. 중요한 것은 새로운 구체가 만들어질 때마다, 그 구체를 구성하는 에너지 밀도가 이전의 구체보다 더 높아진다는 것입니다. 이것은 그 구체에 사는 존재들이 그 구체와 창조주가 분리되어 있으며, 자신도 스스로 존재한다고 여기게 된다는 의미입니다. 이것은 현재 인류에게 알려진 두 가지 고전적인 환영을 믿는 것이 가능한 이유를 잘 설명해주고 있습니다.

• 전통 종교에 따르면, 신은 존재하지만, 신은 저 멀리 하늘 높은 곳에 있다고 합니다. 물질우주는 어떠한 장벽에 의해서 신의 왕국과 분리되어 있으며, 외부의 종교에 의해서 통제되는, 어떤 외적인 요소의 도움을 받아야만 이러한 장벽을 건널 수 있다고 합니다.

---

[40] gods: 수많은 사람이 존재하듯이 수많은 상승 마스터가 존재함

• 물질주의는 신이 존재하지 않으며 물질이 스스로 존재할 수 있다고 주장합니다. 이 말은 물질이 존재하기 위해서, 물질 이외에 어떤 것도 필요하지 않다는 의미입니다. 따라서 지적인 존재가 미리 정해진 계획에 따라 물질우주를 창조하지 않았다고 합니다. 물질은 무작위적인 사건에 의해 유도되는 물질화 과정을 통해 존재하게 되었으며, 일련의 자연의 법칙은 아무도 정의하지 않았으며 자연적으로 발생했다고 합니다.

이러한 두 가지 환영은 우리의 물리적인 감각이 제한되어 있어서 만들어진, 더 깊은 환영에 기초합니다. 우리는 물질을 구성하는 스펙트럼 내의 진동만 감지할 수 있습니다. 따라서 우리는 물질이 더 큰 진동의 연속체 중 일부라는 것을 직접 알 수가 없으므로, 물질이 존재하는 모든 것이며, 물질이 스스로 존재한다거나, 혹은 물질이 영(Spirit)과 분리되어 있다고 믿을 수 있게 됩니다. 신비주의자가 걸어가야 하는 여정은 직접 신비 경험을 함으로써, 이 근본적인 인간의 환영에 대한 믿음을 산산조각낼 때까지 의식을 높이는 과정입니다.

영적인 광선 소개

우리는 아인슈타인의 유명한 공식을 앞에서 살펴보았으며, 단순한 수학 공식을 적용해서 다음과 같은 새로운 공식을 만들 수 있습니다.

$$\frac{E}{c^2} = m$$

앞에서 언급했듯이, 이 공식은 물질우주가 더 높은 진동 에너지에서 창조되었고, 이후 어떠한 요소에 의해 에너지 진동수가 감소했다는 것을 보여줍니다. 하지만 아인슈타인이 "c²"라고 정의한 것은 단지 다수의 감소 요인 중 가장 최근의 감소 요인일 뿐입니다.

상승 마스터들은 우리가 사는 구체가 영적인 빛으로 만들어졌으며, 이 영적인 빛은 총 일곱 개의 감소 요인에 의해 진동수가 감소했다고 가르칩니다. 이러한 요인들은 일곱 가지 영적인 에너지로 묘사될 수가 있으며, 물질 주파수 스펙트럼은 이러한 일곱 가지 에너지가 서로 결합한 것입니다.

상승 마스터들은 이런 일곱 유형의 에너지를 일곱 광선[41]으로 부릅니다. 마스터들은 물질우주에 존재하는 모든 것이 일곱 광선 모두의 결합으로 만들어졌다고 가르칩니다. 예를 들어, 행성 지구는 엘로힘[42]이라고 불리는 일곱 영적인 존재들이 창조했습니다. 이 존재들은 영적인 세계에서 모여, 우리 행성에 대한 정신적인 청사진을 정하기 위해, 창조력을 결합했습니다. 일단 청사진이 정해진 후, 이들은 마터 빛 위에 이 청사진을 점차 겹치는 과정을 시작했습니다. 이러한 과정에 사용된 추진력은 일곱 광선의 에너지와 특성이었습니다. 이러한 과정이 부분적으로는 소리(진동)의 힘을 통해 일

---

[41] seven lays; 영적인 광선(Spiritual Rays)이라고도 함.
제1 광선: 창조성, 창조적인 추진력, 의지와 힘으로 표현되는 광선.
제2 광선: 지혜, 신비적 직관, 이원적 의식의 환영을 꿰뚫어 보는 광선.
제3 광선: 사랑, 단 모든 조건을 초월한 사랑의 광선.
제4 광선: 순수, 단련법과 가속력의 광선.
제5 광선: 진리, 순수한 비전, 치유의 광선.
제6 광선: 평화와 봉사, 특히 모든 생명을 높이기 위한 봉사의 광선.
제7 광선: 자유, 창조적인 결정을 하려는 자발성의 광선.
제8 광선: 이전 일곱 광선의 통합의 광선.
[42] Elohim; 대단히 높은 의식 수준을 가지고 있고 물질의 창조에 대해 완전한 통달의 경지에 올라 있는, 상승한 존재들. 일곱 광선 각각에 남성/여성 극성을 지닌 엘로힘이 존재함.

어났습니다. 엘로힘은 특정한 소리를 이용하여 율동적인 진동을 만들어냈으며, 이 진동으로 인해 점차 에너지가 청사진의 형태를 취하게 되었습니다. 태초에 말씀이 있었고 이 말씀이 신과 함께 계셨으니, 이 말씀은 곧 신이시라.

이것이 선형적인 과정처럼 들릴 수도 있지만, 실제로는 더욱 복잡한 과정이었습니다. 하지만 우리에게 중요한 것은 일곱 광선이 일곱 개의 진동하는 층을 형성하게 되며, 이러한 층은 물질계의 에너지를 영적인 세계와 분리한다고 말할 수 있습니다. 따라서 영적인 세계를 살펴보려고 하면, 영적인 세계의 명확한 모습을 볼 수 없도록, 마치 일곱 개의 베일이 우리를 영적인 세계와 분리하는 것처럼 보입니다. 즉, 우리는 일곱 개의 채색된 유리판을 통해서 보는 것과 같습니다. 우리 의식이 분리의 환영으로 인해 영향을 받는 한, 일곱 광선의 에너지를 꿰뚫어 볼 수가 없습니다. 따라서 영적인 세계의 이미지를 명확하게 볼 수 없습니다. 우리는 단지, 자아라는 만화경 속의 채색된 유리창만 보고 있을 뿐입니다.

이 말은 자아에 대한 통달을 이루기 위해서 우리 의식을 높이는 방법이, 첫 번째 광선에서 시작하여 마지막 일곱 번째 광선에 이르기까지, 일곱 광선을 통과하는 과정이라는 의미입니다.

광선의 입문 과정들을 통과함으로써,
우리는 실제로 그 광선에 마음을 맞추고
그 광선의 진동과 하나가 됩니다.

첫 번째 광선의 입문 과정들을 통과할 때, 우리는 실제로 첫 번째 광선에 마음을 조율하며, 첫 번째 광선의 진동과 하나가 됩니다(혹은 우리의 마음이 첫 번째 광선과 동기화되어 진동한다고 말할

수 있습니다). 이러한 조율이 이루어지면, 첫 번째 광선은 더 이상 우리의 시야를 흐리게 하는 베일을 형성하지 못합니다. 그 대신에, 우리는 첫 번째 광선의 에너지를 꿰뚫어 볼 수가 있게 되며, 삶의 영적인 측면에 대한 더 선명한 비전을 얻게 됩니다. 또한, 우리는 첫 번째 광선의 에너지가 자아를 통해 흐르도록 하는 열린 문이 됩니다. 이 말은 우리가 자아(Self)에게서 오는 힘을 증가시킨다는 의미입니다.

그 후, 이러한 과정은 모든 일곱 광선에 대해 계속될 수 있고, 마침내 보이는 모든 현상 뒤에 숨어 있는 근본적인 "하나됨"을 보기 시작합니다. 이제, 우리는 베일들을 꿰뚫어 볼 수 있게 되며, 따라서 다양성 뒤에 가려진 "하나됨"을 볼 수 있습니다. 이것을 상승 마스터들은 "그리스도 의식"이라고 부릅니다. 이러한 과정을 통해, 우리는 점차 물질계에 대한 통달을 달성할 수 있습니다. 이것은 예수가 했던 일을 우리도 실제로 할 수 있다는 의미입니다. 우리 역시 더 순수한 이미지들을 만들어서, 이러한 이미지들을 마터 빛 위에 겹칠 수 있습니다. 이로써 우리가 현재 지구상에서 질병이나 자원의 결핍과 같이 제한된 모습으로 표현되는 순수하지 못한 이미지들을 대체할 수 있습니다.

일곱 광선의 입문 과정은 초한[43]이라 불리는 특정한 상승 마스터들이 주도합니다. 초한은 특정한 광선의 "주임 교사"와 같은 역할을 하는 상승 마스터입니다. 우리는 나중에 일곱 베일의 여정[44]과 입문의 여정과 광선에 대해 더 자세히 살펴볼 것입니다.

---

[43] Chohan; 각 일곱 영적인 광선마다 지도자 또는 주된 교사로 봉사하는 상승 마스터들. 이 영적인 공직 또는 사무국(spiritual office)을 초한이라고 함.
[44] Path of the Seven Veils; 일곱 영적인 광선의 왜곡으로 생기는 에너지 베일을 통과해서 의식을 높이는 여정

물질계의 네 층

다가올 장들을 이해하기 위한 더 나은 토대를 마련하기 위해서, 복잡한 단계를 하나 더 추가해야 합니다. 앞에서 설명했듯이, 새로운 구체는 특정한 수준에서 진동하는 에너지를 만드는 것에서부터 시작합니다. 그 구체에 거주하는 자기-의식하는 존재들이 그들의 의식을 높이면, 결과적으로 그들은 구체의 진동수를 높이게 되어, 결국 그 구체는 상승하고 영적인 세계의 일부가 됩니다.

바꾸어 말하면, 구체가 창조될 때, 그 구체의 기본 에너지가 정해집니다. 이 에너지는 그 구체에서 발견되는 가장 낮은 진동수 혹은 가장 높은 밀도의 에너지입니다. 또한, 앞서 말했듯이, 각각의 새로운 구체가 창조될 때마다, 기본 에너지는 이전의 구체보다 밀도가 더 높아집니다. 이것은 우리가 사는 구체를 창조하는데 사용된 기본 에너지와 영적인 세계의 에너지 사이에 상당히 큰 차이가 있다는 의미입니다.

영적인 세계의 진동 수준에서 우리가 사는 구체의 기본 에너지 진동 수준으로, 바로 에너지를 낮추기는 불가능합니다. 뿐만 아니라, 그것이 가능할지라도, 물질계에 사는 존재들이 진동에서 엄청나게 큰 간격을 넘어야만 한다면, 영적인 세계로 상승할 방법이 없었을 것입니다. 따라서 에너지의 진동수를 낮추는 과정은 네 단계에 걸쳐 이루어집니다. 이 단계를 종종 "옥타브"라고 부르며, 네 개의 층이 물질계에 존재한다는 의미입니다. 이러한 네 개의 층을 건축과 비교해서 간략하게 설명해 보겠습니다.

1 에테르층 또는 정체성층[45]

이 단계는 가장 높은 층으로, 물질계에 존재하는 모든 형태에 대한 정신적인 청사진들을 발견할 수 있는 곳입니다. 이 단계는 건물의 전반적인 디자인에 대해 비전을 가지고 있는 건축가에 비유될 수 있습니다.

2 멘탈층[46]

이 단계에서는 모든 것을 실제로 구현할 수 있는 더욱 구체적인 계획을 발견할 수가 있습니다. 이것은 실제로 건물을 짓는 방법에 대해 더 구체적이고, 세부적인 계획을 세우는 엔지니어 수준과 비교됩니다.

3 감정층[47]

이 단계에는 건물의 재정적인 후원자와 소유자의 계획이 있는 곳입니다. 이들은 실제로 건설 공정을 개시할 의사결정을 하며, 그렇게 함으로써 일이 원활하게 진행되게 합니다.

4 물질층[48]

이 단계에서는 실제로 건물을 짓는 물리적인 작업자를 위한 작업 계획을 발견할 수 있습니다.

이것을 간단하게 설명하면, 물질계의 네 층은 마음의 네 가지 수준, 즉 정체성층, 멘탈층, 감정층 그리고 물질층에 해당한다고 할 수가 있습니다. 자아의 힘을 완전하게 펼치려면 영적인 빛이 우리의 마음을 통해 자유롭게 흐르지 못하게 방해하는 요소들로부터 마음의 네 층을 반드시 정화해야 합니다. 이렇게 할 수 있는 방법을

---

[45] etheric or identity level; 정체성층
[46] mental level; 멘탈층
[47] emotional level; 감정층
[48] material level; 물질층

짧게 설명하겠습니다.

우리는 상승 마스터들의 확장입니다

우리는 공동창조자가 되도록 설계되었습니다. 우리가 사는 세계 또한, 우리 바로 위에 존재하는, 영적인 세계의 상승 마스터들이 창조했습니다. 우리는 상승 마스터들의 확장들이며, 우리가 사는 세상을 내부에서 공동창조함으로써, 이 세상이 언젠가는 영적인 세계의 일부가 될 수 있도록 끌어올리기 위해 이곳으로 보내졌습니다. 따라서 우리 마음은 이러한 사명을 완수할 수 있는 능력이 있습니다.

우리는 일곱 영적인 광선으로 상징되는 기본 에너지들을 사용해서 공동창조합니다. 상승 마스터들이 말하는 여정에 따르면, 각 광선이 베일을 형성한다고 합니다. 여정을 올라감에 따라, 하나씩 각 광선에 대한 통달을 얻게 됩니다. 다시 말해, 우리는 그 광선의 창조적인 에너지를 사용하는 방법과 우리 마음을 그 광선의 진동수에 조율하는 방법을 배웁니다. 우리가 모든 일곱 광선을 통과했을 때, 비로소 자아(Self)의 힘을 완전히 펼칠 수 있게 됩니다.

상황이 복잡해지는 것은 영적인 세계와 물질계 사이에 엄청나게 큰 진동수의 차이가 있기 때문입니다. 따라서 영적인 에너지가 물질계로 낮아지는 과정은 네 단계를 거치면서 단계적으로 낮아집니다. 그 결과로서, 우리 마음속에도 네 층에 해당하는 정체성, 멘탈, 감정 그리고 물질층이 있는 것입니다. 대부분의 사람은 마음의 네 개 층 중에서 더 높은 세 개의 층을 의식적으로 인식하지 못합니다. 우리의 창조력을 방해하는 장애물, 즉 자아라는 만화경 속에 들어있는 유리 조각들은 이처럼 잠재의식의 세 개 층에 축적된 것입니다.

우리가 일곱 광선을 통과하는 여정을 걸을 때, 우리는 마음의 네 층에 축적된 장애물을 제거할 것입니다. 따라서 상승 마스터들이 전해 준 여정을 따라가면, 일곱 영적인 광선에 대한 통달을 달성하게 됩니다. 이와 동시에 마음의 네 층에 축적된 장애물을 청소하는 이중 효과를 얻을 수 있습니다. 이러한 과정을 마칠 때, 우리는 자아(Self)의 천부적인 힘을 펼치게 됩니다. 그러면, 우리는 이 세상 속으로 들어오기로 선택했던 원래의 목적을, 즉 현재 지구에서 볼 수 있는 것을 훨씬 넘어서는 세상을 공동창조하는 데 도움을 주고자 했던, 원래의 목적을 완수할 수 있습니다.

파트 2
영적인 성장을 이룰 수 있는 실질적인 접근 방식

5
자아에 관한 근본적인 의문들

이 책에 마음을 열고 있다면, 여러분은 흔히 말하는 구도자 혹은 영적인 구도자라고 말할 수 있습니다. 내 기억으로는, 어린 시절에도 나는 항상 삶에 대한 큰 의문에 언제나 답을 얻고자 했습니다. 나는 세상이 정말로 어떻게 돌아가는지, 그리고 내가 왜 여기에 있는지에 대해 알고 싶었습니다. 이러한 의문에 관해 답을 얻지 않고는 살 수가 없었으므로, 계속해서 답을 갈구한 끝에, 마침내 상승 마스터들의 가르침을 찾아내게 되었습니다. 지금도 더 깊은 답을 받을 수 있도록 언제나 마음의 문을 열어놓고 있습니다. 아마 여러분도 자신을 현재 상황으로 이끌었던 자신만의 여정을 겪었을 것입니다.

이 장에서 다룰 내용은 보통 근본적인 의문들이라 말하는 커다란 의문들에 대해, 상승 마스터들의 가르침이 어떻게 답을 제공하는지에 관한 것입니다. 이것이 최종적인 답이 된다는 말은 아닙니다. 더 깊은 층들과 미묘한 차이에 대해서는 앞으로 오는 장에서 드러날 것입니다. 하지만 우리가 제시하는 답이 대부분의 종교나 영적인 가르침에서 발견되는 것을 넘어설 수도 있습니다.

나는 누구인가? 자아란 무엇일까요?

앞에서 보았듯이, 과학은 에너지가 물질보다 더 깊은 실체라는 것을 밝혀냈습니다. 은하와 토스터 기계 모두 원자로 만들어져 있습니다. 하지만 은하와 토스터는 원자를 만들어내지 않습니다. 다시 말해, 원자가 은하와 토스터를 만들어냅니다. 원자는 기본 입자로 만들어지며, 입자는 에너지의 파동으로 만들어집니다. 바꾸어 말하면, 물질은 에너지를 만들어내지 않으며, 에너지가 물질을 만들어냅니다.

우리 모두는 두뇌가 물질로 만들어졌으며, 생각은 분명히 에너지의 파동으로 만들어졌다는 것을 알고 있습니다. 따라서, 머릿속에 있는 두뇌의 회백질이 의식을 만들어낼 수 있다는 말은 단순히 논리에 맞지 않습니다. 의식은 더 높은 세계에서 물질계로 들어오는 흐름으로 볼 수 있습니다. 사실, 우리 마음은 크든 작든 이러한 의식이 흐르게 하는 열린 문입니다. 분명히 물리적인 두뇌는 실제로 우리 의식 상태를 바꿀 수가 있습니다. 또한, 두뇌는 우리가 보통 생각이라고 부르는 것을 많이 발생시킵니다. 하지만 두뇌의 효과는 무대의 조명 앞에 장착된 컬러 필터와 더 비슷합니다. 이 필터들은 흰빛을 만들어내지 못하며, 단지 색상만 바꿀 뿐입니다.

상승 마스터들은 마음과 의식 사이, 그리고 생각과 느낌 사이를 구별하고 있습니다. 마음은 그릇이며, 생각은 그릇에 담긴 내용물입니다. 두뇌는 실제로 우리 생각에 영향을 미칠 수 있습니다. 심지어 두뇌는 일부 생각을 만들어낼 수도 있지만, 의식을 만들어내지는 못합니다. 여러분은 자신의 생각이 아닙니다. 다시 말해, 여러분은 자신의 마음, 즉 자아라는 그릇입니다.

따라서 여러분은 물질적인 존재가 아닙니다. 여러분의 자기-의식은 두뇌에 들어 있는 물질로 만들어진 것이 아닙니다. 대신, 여러분은 비-물질적인 존재입니다. 물질계를 내부에서 경험하고, 여러분의 창조력을 이 세상에 표현하려는 두 가지의 목적을 이루기 위해서 육체와 두뇌를 사용하고 있을 뿐입니다.

자아는 어디에서 왔을까요?

상승 마스터들은 우리가 영적인 존재이며 육체 속으로 내려왔다고 말합니다. 하지만 우리는 분리된 존재가 아닙니다. 다시 말해, 우리는 영적인 세계에 사는 존재의 확장입니다. 이러한 영적인 존재들이 물질계와 이 세상에 있는 기본적인 구조물들을 창조했습니다. 하지만 그들은 외부에서 창조했습니다. 그 후, 우리는 내부에서 창조 과정을 계속하기 위해 이곳으로 보내졌습니다. 따라서 우리는 우리의 영적인 부모와 더불어 공동창조하도록 설계되어 있습니다.

여러분을 독특한 개인으로 만드는 이러한 정체성은 여러분이 자신의 상위자아나 영적인 자아의 확장이기에 생기는 것입니다. 여기에 대해서는 다음 장에서 자세히 살펴보겠습니다. 물론, 우리의 영적인 부모들은 상위 구체에 있는 영적인 존재의 자손이나 확장이며, 이러한 계층 구조 혹은 존재의 사슬을 계속 따라 올라가면, 창조주에게 이르게 됩니다.

> 여러분을 독특한 개인으로 만드는 이러한 정체성은
> 여러분이 자신의 상위자아나 영적인 자아의
> 확장이기에 생기는 것입니다.

상승 마스터들은 일부 신비주의자들이 수천 년 동안 해왔던 말, 즉 진실로 오직 하나의 자아, 창조주의 자아만이 존재한다고 말합니다. 모든 것은 이 하나의 자아(Self) 혹은 하나의 마음에서 창조되었으므로, 진정으로 이 하나의 마음과 분리된 것은 아무것도 없습니다. 우리는 이러한 하나의 마음에서 일부분을 또는 불꽃[49]을 받았습니다. 이것이 우리에게 자기-의식을 부여하고 있습니다. 우리는 개체성을 유지하면서, 동시에 이러한 자기-의식을 확장할 잠재력이 있지만, 분리된 존재로서 자기-의식을 확장할 수는 없습니다. 오직 자기 자신을 더 큰 전체, 즉 한 마음의 일부라고 인식해야만, 자기-의식을 확장할 수 있습니다.

전체적인 측면에서, 여러분은 창조주라는 존재가 개체화한 확장으로 창조되었습니다. 여러분은 점과 같은 국소화된 자기-의식을 지니도록 창조되었습니다. 여러분의 목적은 자신을 창조한 창조주와 같은 수준의 자기-의식에 도달할 때까지, 이러한 자기-의식을 확장하는 것입니다. 창조주와 같은 수준에 도달할 때, 여러분은 "전체성" 속으로 들어가거나, 아니면 자신만의 형태의 세계를 창조할 수 있는 창조주가 될 수 있습니다. 따라서 이것은 일반적으로 여러분이 자기-의식하는 개별적인 존재로서 존재하는 이유를 설명해주고 있습니다.

여러분이 여기 물질계에 존재하는 이유와 목적을 또 다른 측면에서 살펴볼 수 있습니다. 현재 수준에서, 여러분은 영적인 자아의 확장입니다. 여러분은 자신의 영적인 자아 및 영적인 부모와 함께 일하는 공동창조자로서 봉사하기 위해 창조되었습니다. 따라서 구체 전체가 상승하여, 영적인 세계의 일부가 될 때까지, 여러분은 물질계의 진동수를 높이도록 돕게 되어 있습니다.

하지만 진정한 목적은 자기-의식에서 실질적으로 성장하는 것입니다. 물질계는 단지 자기-의식하는 존재들이 자아감을 확장할 수

---

[49] Spark; 우리의 본질이 마치 불꽃과 같아 보인다는 의미임

있는 일종의 극장이나 실험실로 설계된 환경입니다. 우리의 영적인 부모들이 외부 환경을 정의했으며, 우리는 이러한 환경을 이용하여, 자신의 창조력에 대한 인식, 더 정확하게 말하면, 공동창조력에 대한 인식을 확장하게 되어 있습니다.

그런 다음, 우리는 점차 환경에 대한 통달을 달성할 수 있게 됩니다. 따라서 영적인 부모들이 마련해준 토대 위에 쌓아갈 수 있습니다. 이러한 통달을 성취함으로써, 우리는 물질을 지배하는 마음에 대한 통달을 얻게 됩니다. 이러한 과정을 마칠 때, 우리는 영적인 세계로 상승하여, 상승 마스터가 될 수 있습니다. 그곳에서, 우리는 배움을 지속하기 위해 또 다른 영역으로 이동할지, 아니면 지구에 남아서 상승하지 못한 존재들이 성장하도록 도울지 선택할 수 있습니다.

나와 신은 어떤 관계인가요?

이미 앞에서 분명하게 밝힌 것처럼, 상승 마스터들은 신이 존재하지만, 상승 마스터들이 말하는 신은 전통적인 크리스천이 말하는 신의 이미지와는 크게 다르다고 말합니다. 창조주는 우리가 심기를 불편하게 했다고, 우리를 지옥으로 보내는 분노하고, 심판하며, 저 멀리에 있는 그런 신이 절대로 아닙니다. 상승 마스터들은 구약에 대해서는 거의 말하지 않지만, 이들은 십계명 중 처음 두 개의 계율은 우리가 신에 대해 좀 더 나은 안목을 키울 수 있는 중요한 실마리를 제공한다고 말합니다.

첫 번째 계율은 "너희는 내 앞에 다른 신들을 두지 말라."입니다. 이 말의 의미는 우리와 최고의 신에 대한 직접적인 신비 경험 외에는 인간이 만든 어떠한 신들[50]이나 종교도 있게 해서는 안 된다는 의미입니다. 이 말은 두 번째 계율, 즉 "너를 위하여 우상을 만들지 말라."와 연관되어 있습니다. 마스터들은 이것이 단지 나무, 돌 혹은 금으로 만든 우상만을 가리키는 것이 아니라고 말합니다. 더 깊은 의미는 신의 형태라고 여겨지는 모든 정신적인 이미지를 의미합니다. 상승 마스터들에 따르면, 창조주는 모든 형태의 근원이지만, 그 자체로, 창조주는 형태를 완벽하게 초월해 있다고 합니다.

우리 인간은 보이는 세계에서 인지할 수 있는 것을 사용하여, 보이지 않는 세계에 있는 것을 추론하는 경향이 있습니다. 특히 신과 관련해서는, 이것이 전혀 도움이 되지 않습니다. 형태의 세계에는 글자 그대로, 형태를 초월한 창조주를 정확하게 묘사할 수 있는 것이 아무것도, 어떤 것도 없습니다. 하지만 우리가 신에 대한 특정한 정신적인 이미지에 집착한다면, 이러한 집착은 우리 마음이 진정한 창조주에 대한 신비 경험을 하지 못하게 막을 것입니다. 신비 경험의 본질은 우리를 현재의 멘탈 박스 너머로 데려간다는 것입니다. 따라서 멘탈 박스에 들어 있는 이미지와 믿음에 따르는 신비 경험을 하려고 고집한다면, 우리 마음은 절대로 멘탈 박스 외부에 존재하는 경험을 자유롭게 할 수 없습니다.

창조주는 모든 형태의 근원이지만,
그 자체로, 창조주는
완전히 형태를 초월하여 존재합니다.

인간이 창조주의 존재를 경험하는 것은 실제로 가능합니다. 하지

---

[50] gods; God은 유일한 신을, gods는 보통 낮은 인간의 의식으로 만든 신을 의미함

만 그러한 경험을 하고 나면, 이 세상의 말이나, 이미지를 통해 창조주를 설명하는 것이 완전히 무의미하다는 것을 분명하게 알게 됩니다.

여러분과 창조주는 어떤 관계일까요? 자, 여러분은 창조주의 확장이므로, 창조주라는 완전한 존재의 일부입니다. 이 말은 진정한 신은 여러분을 심판하지 않는다는 의미입니다. 창조주는 자기 존재의 일부를 여러분에게 주었으며, 그 일부를 가지고 마음대로 할 수 있는 완전하고도, 전적인 자유의지도 여러분에게 주었습니다. 심판하고 통제하는 신은 그러한 자유를 절대로 주지 않았을 것입니다. 따라서 진정한 신은 여기 지구에 사는 우리 대부분이 알고 있는 조건적인 사랑을 완전히 넘어서 있는 사랑으로, 여러분을 사랑하고 있습니다. 형태를 초월한 창조주가 조건을 초월한 사랑으로 여러분을 사랑하는 것이 이치에도 맞지 않나요?

나는 어디로 가고 있으며 사후에는 무슨 일이 일어나는가요?

다시 말하지만, 이 문제는 여러 가지 수준에서 답을 할 수 있습니다. 전반적인 측면에서 보면, 여러분은 만들어지고 있는 창조주입니다. 따라서 여러분은 창조주의 수준에 도달할 때까지, 자기-의식을 확장하는 과정에 몰입합니다.

하지만, 더욱더 시급한 측면에서 여러분이 해야 하는 일은 물질 우주, 특히 지구 행성에서 환경에 대한 통달을 달성하는 것입니다. 여러분이 일단 이러한 통달을 이루게 되면, 영적인 세계로 상승하여 상승 마스터가 될 수 있습니다. 따라서 더욱더 시급하게 관심을 기울여야 하는 것은 어떻게 여러분이 공동창조 능력에 통달해서, 다음 장에서 다룰 상승에 필요한 자격을 갖추느냐 하는 것입니다.

환경을 통달한다는 것이 실제로 무엇을 의미할까요? 상승 마스터들의 말에 따르면, 예수를 비롯한 다른 많은 영적인 스승은 우리 모두에게 내재된 잠재력을 시범 보이기 위해 왔다고 합니다. 소위 "예수의 기적"이라 불리는 것들은 전혀 기적이 아니었습니다. 그것들은 물질에 대한 마음의 통달을 보여주는 본보기였으며, 우리 모두가 상승을 향해 길을 걸어감에 따라, 성취할 수 있는 것들입니다. 이러한 이유로, 예수는 그를 믿는 사람들이 자신이 했던 일을 할 수 있으며, 심지어 더 큰 일도 할 수 있다고 말했던 것입니다.

이러한 내용에 기초하여, 우리 대부분은 자신의 삶을 살펴보고, "난 거기까지는 아직 이르지 못하고 있어"라고 말할 것입니다. 그리고 이로 인해, 육체가 죽고 난 후, 우리에게 무슨 일이 일어나는지에 대해 의문이 생겨날 것입니다. 물론, 상승 마스터들은 육체가 죽는다고 해서 우리가 죽는 것은 아니라고 말합니다. 우리는 자기-의식하는 존재로서, 죽은 후에도 정말로 살아 있으며, 다른 세계로 들어가게 됩니다. 이것은 다음과 같은 의문으로 이어지게 됩니다. "육체가 죽을 때, 상승할 준비가 되어 있지 않다면, 무슨 일이 일어날까?"

상승 마스터들이 전해 주는 답은 우리가 또다시 다른 육체로 들어갈 기회를 받게 된다고 하며, 상승 자격을 갖출 때까지, 필요한 만큼 많은 생애 동안, 이러한 과정을 반복하게 된다고 합니다. 물론, 이것은 일반적으로 윤회라고 알려진 과정입니다.

마스터들은 지구가 처음 창조되었을 때, 지구는 오늘날보다 더 높고, 더 순수한 상태였다고 말합니다. 지구에 첫 번째로 육화했던 존재들은 오늘날에 "일반적"이라고 여겨지는 것보다 더 높은 의식 상태로 여기에 내려왔었다고 합니다. 그 결과, 이들은 상승 자격을 갖추는데 단 한 번의 생으로도 충분했습니다.

지구에 사는 대부분의 사람이 오늘날에 우리가 목격하는 낮은 의식 상태로 내려간 후, 많은 형태의 불균형이 나타나게 되었으며, 결과적으로, 육체를 지닌 채, 원래의 수명을 유지하는 것이 불가능하게 되었다고 합니다. 이뿐만 아니라, 낮은 의식 상태로 인해, 상승 자격을 갖추기가 더 어려워졌습니다. 따라서 대부분의 존재는 더 이상 단 한 번의 생을 살고 나서 상승하는 것이 불가능해졌습니다. 따라서 윤회가 필요해지게 되었다고 합니다.

윤회가 중요한 이유

윤회가 중요한 이유는 다른 방법으로는 설명하기가 어려운 의문들을 윤회를 통해 설명할 수 있기 때문입니다. 영적인 것에 관심이 있는 대부분의 사람은 아마도 인간의 심리가 아주 복잡하다는 것을 알고 있을 것입니다. 그러면, 이러한 복잡성이 어디에서 왔을까요?

물질주의에 따르면, 육체가 생기기 전에는 어떤 것도 존재할 수가 없으므로, 일반적으로 우리 심리는 유전적인 특성과 환경적인 영향의 결합이라고 설명합니다. 하지만 일부 사람이 다른 사람들보다 훨씬 더 복잡한 심리가 있거나, 다른 사람들보다 훨씬 더 악하다는 것을 이것이 어떻게 설명할 수가 있을까요?

한 가지 예로써, 역사적으로 가장 악했던 사람들을 살펴보세요. 이 사람 중에서 상당수는 부모가 악하지 않았으며, 어린 시절에 특별한 정신적 충격(trauma)도 받지 않았습니다. 이 사람들은 여러 생에 걸쳐 심리적인 문제를 키워왔던, 오래된 존재의 환생이라고 해야지만, 이러한 상황을 분명하게 설명할 수 있습니다. 또한, 자신의 심리를 개선하기 위해 노력하는 사람들은 잠재의식에 많은 층이 있으며, 이것이 인간 심리의 광범위한 복잡성을 설명해준다고 합니다.

진정한 구도자들은 자신이 많은 생애 동안 진화해왔기 때문에 매우 복잡한 존재라는 것을 인정함으로써, 더 높은 의식 상태로 훨씬 쉽게 나아갈 수 있습니다. 따라서 자신의 심리에 내재된 여러 층을 처리하지 않고서는, 영적인 여정에서 진보를 이룰 수 있으리라 기대해서는 안 됩니다. 그리고 이 과정은 영성계에서 제공하는 빠른 해결 방법의 희생자가 되기보다, 현실적이고, 장기적으로 영적인 여정에 접근하는 방법을 훨씬 더 쉽게 개발하도록 만듭니다. 영적인 여정에 대해 자세히 살펴볼 때, 나중에 이 주제로 다시 돌아오겠지만, 영적인 여정과 관련하여 실제로 배우기 시작하는 초기에 윤회라는 개념에 대해 이해하는 것이 중요합니다.

6
영적인 여정에 확고하게 뿌리를 내리는 방법

앞서 말했듯이, 많은 상승 마스터는 지구에 육화한 적이 있으므로, 이들도 지구가 상당히 높은 밀도의 대중의식 때문에 힘든 행성이라는 것을 알고 있습니다. 비록 마스터들이 지구에 사는 각각의 개인을 돕기 위해 전념하고 있지만, 마스터들은 사람들의 의식 수준이 너무 다양하므로, 모든 사람을 똑같은 방식으로 도울 수 없다는 것을 알고 있습니다. 사실, 마스터들은 직접 도움을 줄 수 없는 사람들이 많이 있다는 것도 알고 있습니다.

인류를 살펴보면, 일부 사람은 자신이 피해자이고, 다른 누군가와 항상 싸우고 있는 것처럼 느끼는 마음 상태에 있다는 것을 어렵지 않게 볼 수 있습니다. 그런 사람들은 상승 마스터들과 마스터들의 가르침에 마음의 문을 열지 않고 있으므로, 단순히 자신이 내보낸 것을 우주의 거울이 되돌려주는 방식으로만 배워야 합니다. 이것을 마스터들은 "고난의 학교"[51]라고 부릅니다.

---

[51] School of Hard Knocks; 물질계에서 시행착오를 거치며 배워야 하는 낮은 단계

또한, 많은 사람이 종교적인 가르침에는 마음을 열고 있지만, 내가 신비주의 접근 방식이라고 부르는 것은 아직 받아들일 준비가 되어 있지 않다는 것을 알 수 있습니다. 마스터들이 외적인 가르침을 전해서 그런 사람들을 도울 수는 있지만, 대개 사람들은 이러한 가르침을 자기 초월이라는 진정한 영적인 여정과는 거리가 있는 형식적이고, 폐쇄된 종교로 바꾸어놓습니다. 그런 종교는 보통 어떤 교회의 구성원이 된다거나, 혹은 예수를 자신의 주(主)요, 구원자라고 선언만 하면, 어떠한 외적인 요구 사항들을 충족하게 되고 구원받을 수 있다고 약속합니다. 하지만 외부의 종교를 지겨울 정도로 따르고 나서, 사람들이 더 큰 뭔가를 갈구할 때까지는, 마스터들이 그들을 직접 도울 수가 없습니다.

일부 사람이 다른 사람들보다 더 진보해 있다고 주장하는 엘리트처럼 가치 판단을 하겠다는 의도가 있는 것이 아닙니다. 하지만, 일부 사람이 상승 마스터들과 직접 관계를 맺을 준비가 되어 있지만, 다른 사람들은 그렇지 않다는 것을 반드시 인정해야 합니다. 그렇다면, 사람들을 나누는 경계선이 무엇일까요? 그것은 다음과 같은 단순한 하나의 진실을 인식하는 지점에 도달했는가로 구분할 수 있습니다. "외부 환경을 바꾸고 싶다면, 자신의 내면 환경부터 바꾸기 시작해야 한다. 세상을 바꾸고 싶다면, 자기 자신부터 바꾸기 시작해야 한다."

그 지점에 도달하기 위해서는 자신의 영적인 성장뿐만 아니라, 심지어 자신의 구원에 대해서도 스스로 책임을 지려고 해야 합니다. 그리고 예수가 실제로 설명했지만, 대부분의 크리스천이 "간과하는" 진실을 꼭 받아들여야 합니다. 앞에서 보았듯이, 신비적인 여정은 여러분이 자신의 근원과 분리되어 있다는 환영을 극복하는 과정입니다. 또한, 자신의 자아보다 더 큰 무언가와 하나됨의 과정이기도 합니다. 이 과정을 마치는 열쇠는 자신의 자아감과 의식 상태를 변화시키는 것입니다. 여러분은 자신을 분리된 존재로 여기는 자아를 반드시 초월해야 하며, 반드시 자신을 더 큰 존재의 확장이라고 여기는 자아(Self)로 다시 태어나야 합니다.

핵심은 이것입니다. 즉 여기 지구상에서 여러분이 처해 있는 환경은 여러분 의식 상태의 반영이라는 것입니다. 여러분이 처해 있는 환경을 변화시키는 열쇠는 자신의 의식 상태를 바꾸는 것입니다. 인간의 미로에서 탈출구를 찾아내고, 지구에서 상승하는 열쇠는 자신의 의식 상태를 변화시키는 것입니다. 일단 이것을 받아들이면, 비로소 상승 마스터들로부터 더 직접적인 가르침을 받을 준비가 됩니다. 그 지점에 있지 않다면, 아마 여러분이 이 책을 발견하지도 못했을 것이며, 이 책을 읽고 있지도 않을 것입니다. 따라서 단순히 이러한 사실을 인정하세요. 그러면 우리는 상승 마스터들이 제공하는 여정에 어떻게 하면 뿌리를 내릴 수 있을지에 대한 문제로 넘어가겠습니다.

초기의 시험 기간

앞에서 말했듯이, 상승 마스터들을 찾아내기 위해서는 자신의 의식 상태를 변화시킬 의지가 있어야 합니다. 물론, 변화하려는 의지는 이미 변해 있는 것과 같은 것이 아닙니다. 상승 마스터들은 스승이므로, 학생들이 완벽하기를 바라지 않습니다. 그들은 우리가 배울 의지가 있어야 한다고 요구할 뿐입니다. 배울 의지가 중요한 이유는 우리 가운데 대부분이 상승 마스터들에 관한 이야기를 듣게 될 때, 우리는 이미 일정 수준의 성숙도에 도달해 있지만, 이번 생애와 지난 생애들에서 유래된 많은 짐을 아직도 끌고 다니고 있기 때문입니다. 따라서 초기 단계에서는 이러한 짐 중 상당 부분을 제거하기 위해서 노력해야 합니다.

그러므로 초기에는 다루어야 할 다양한 문제들이 있다는 것이 지극히 당연합니다. 마스터들의 가르침 중에는 우리가 받아들이기 어려운 측면들이 있을 수도 있으며, 적용하기 어려운 권장 사항들, 놓아버리기 쉽지 않은 행동이나 습관이 있을 수도 있습니다. 하지만 마스터들이 제시하는 길을 따른다면, 반드시 성공한다고 할 수는 없지만, 보통 비교적 짧은 기간 내에 확실히 상향의 여정에 확고하게 뿌리를 내렸다고 느끼게 될 것입니다. 또한, 우리가 어디로 가고 있는지 그리고 거기에 도달하기 위해서 무엇이 필요한지에 대해 명확한 비전을 가지게 됩니다. 우리가 계속 이렇게 해나간다면, 목표에 도달한다는 것을 알게 됩니다. 그러면 그러한 목표 지점에 도달하는데, 무엇이 필요할까요?

여정에서 두 개의 "축"

앞에서 보았듯이, 우리는 모든 것이 에너지로부터 만들어졌고, 이러한 에너지가 특정한 형태로 표현된 세상에서 살고 있습니다. 따라서 여러분의 더 높은 가능성, 자연스러운 상태는 여러분의 마음인 자아가 더 높은 세계(영적인 세계)의 빛이 흐르게 할 수 있는 열린 문이라는 것입니다. 여러분은 창조하고자 하는 것에 대해 정신적인 이미지를 만들어내고, 자신의 마음을 통해 흐르는 빛 위에 이 이미지를 겹쳐서, 자아(Self)의 힘을 행사하는 것입니다. 분명한 것은 더 많은 빛이 여러분 마음을 통해 흐를수록, 자신의 창조력도 그만큼 더 커집니다. 하지만 더 많은 빛이 흐를 수 있도록 마음의 문을 열기 위해서는, 반드시 빛이 들어올 수 없도록 방해하는 요소들을 제거해야 합니다.

빛이 마음을 통해 흐르지 못하게 방해하는 요소가 두 가지 있습니다. 이것은 마음의 네 층에 있는 제한된 믿음과 에너지장의 네 층에 축적된 왜곡된 에너지입니다. 따라서 진보를 이루기 위한 두 개의 축은 적절한 가르침들(영성, 심리, 자기 계발 등)을 배움으로 써 제한된 모든 믿음을 꿰뚫어 보고, 영적인 기법들을 실천함으로 써 왜곡된 에너지를 하나씩 정화하는 것입니다. 하지만 그것은 그리 간단하지가 않습니다.

영적인 가르침들을 배운다는 것은 대학에서 어떤 주제를 공부하듯이, 그러한 주제들을 배운다는 의미가 아닙니다. 상승 마스터들은 여러분이 어떤 가르침을 외워서 암송할 수 있는 학생이 되게 하는 것에는 별로 관심이 없습니다. 마스터들은 여러분이 신비 경험, 즉 진정으로 의식을 변화시키는 "아하 경험"[52]을 하기를 바랍니다. 그런 경험을 하지 않고도, 상승 마스터들의 가르침을 수십 년 동안 공부할 수는 있습니다. 하지만 이렇게 하는 대부분의 학생은 가르침에 대해 큰 지적인 이해만을 습득합니다. 따라서 자신들이 아주 많이 알고 있다는 것에 대해 자만심을 느끼기도 합니다. 이러한 자만심은 "아하 경험"을 막을 수 있고 영적인 진보를 방해할 수 있습니다.

> 빛이 마음을 통해 흐르지 못하게
> 방해하는 두 가지 요소가 있으며,
> 그것들은 여러분의 에너지장에 축적된
> 제한된 믿음과 왜곡된 에너지입니다.

따라서 진정한 목적은 아하 경험을 하는 것이라는 인식을 하면서

---

[52] Aha experience

영적인 가르침에 접근하는 것이 중요합니다. 이 말은 에고[53]가 여러분이 의심하기를 바라지 않는 선입견들과 믿음들이 있고, 여러분은 이것을 찾아내기 위해 노력해야 한다는 의미입니다. 해결책은 아주 간단합니다. 여러분의 의식을 변화시킬 수 있는 통찰력은 현재 여러분이 믿고 있는 멘탈 박스 속에서는 찾을 수 없다는 것입니다. 통찰력이 멘탈 박스 속에 있었다면, 여러분의 의식은 이미 변화되었을 것입니다.

따라서 이러한 통찰력은 오직 현재 믿음의 멘탈 박스 외부에서만 찾을 수 있습니다. 여러분은 현재의 믿음을 넘어서거나 그 믿음에 도전하는 개념에 대해, 반드시 마음의 문을 열어야 합니다. 따라서 상승 마스터들의 가르침을 어떠한 믿음이 타당하다는 것을 입증할 목적으로 배우고자 한다면, 절대로 아하 경험을 할 수 없습니다. 이 말은 상승 마스터들의 가르침을 배우는 데 어떠한 목적이 있어서도 안 된다는 의미입니다. 이 말은 곧 상승 마스터들의 가르침을 계속 공부하기보다는, 차라리 다른 것을 하는 편이 더 낫다는 의미입니다.

영적인 빛을 기원하는 것이 중요한 이유

현시대에는 어떤 영적인 가르침을 공부해본 적이 있는 사람들이 이미 수백만 명이나 있습니다. 이미 영적인 기법을 실천해본 사람들도 수백만 명이 있습니다. 어떻게 하면 이 사람들이 상승 마스터

---

[53] ego; 의식하는 자아가 분리와 이원성의 환영 속으로 하강했을 때 인간 정신 안에서 형성된 요소. 마스터들은 에고를 컴퓨터의 OS에 비유합니다. 즉, 물질계에서 네 하위체를 입고 있는 동안은 완전히 에고를 제거할 수 없다는 의미입니다. 에고에도 다양한 수준이 있습니다. 에고와 함께 네 하위체에 존재하는 영체(spirit)는 컴퓨터에서 실행되는 프로그램(앱)이라고 할 수 있습니다.

들의 가르침으로 혜택을 받을 수 있을까요? 마스터들은 다른 곳에서는 찾을 수 없는 무엇을 가지고 있을까요?

글쎄요, 현대의 영성인들이 실천하는 많은 기법이 동양에서 유래한 것입니다. 이것들은 대개 명상, 요가 혹은 어떤 경우는 챈팅[54]과 같은 형태입니다. 상승 마스터들은 그러한 동양의 수행법에 대해 깎아내릴 의도는 전혀 없지만, 상승 마스터들이 개척한 수행법을 실천함으로써, 현시대에 사는 많은 사람이 엄청난 혜택을 누릴 수 있다고 합니다. 이러한 기법은 신성한 말, 즉 말씀의 힘을 통해, 영적인 빛을 기원하는 것입니다.

일곱 엘로힘은 소리의 파동을 이용해서,
마터 빛이 물리적인 지구의 형태를 띨 수 있게 했습니다.

앞에서 언급한 것처럼, 일곱 엘로힘은 마터 빛이 물리적인 지구의 형태를 띨 수 있게 하려고, 소리의 파동을 이용했습니다. 우리는 모두가 엘로힘과 함께하는 공동창조자가 되도록 설계되어 있습니다. 그렇다면 엘로힘이 지구를 창조하는데 사용했던 것과 똑같은 기법을 우리가 배우지 않는다면, 어떻게 우리가 이런 창조적인 일을 할 수 있을까요?

물론, 생각의 힘을 통해서, 마터 빛이 형태를 취하게 하는 것이 가능합니다. 하지만 오늘날의 세상에는 왜곡된 에너지와 제한된 개념이 너무 많이 있으므로, 학생이 혼자서 명상을 해서 마음을 정화하기는 대단히 어렵습니다. 사실, 많은 서구인에게는, 마음을 고요하게 하는 행위가 오히려 대중의식에서 나오는 왜곡된 에너지와 순

---

[54] chanting: 노랫말이나 문구를 지속적으로 반복하는 것

수하지 않은 생각에 실제로 마음의 문을 열게 할 수도 있습니다. 이것은 일부 사람이 명상에 따른 긍정적인 효과를 일시적으로 경험하지만, 그 이후 긍정적인 경험이 줄어들거나, 심지어 부정적인 경험으로 미끄러지는 길을 가게 되는 주요한 이유입니다.

상승 마스터들의 설명에 따르면, 오늘날같이 매우 강력한 에너지 상황에서는, 우리가 활용할 수 있는 가장 강력한 도구를 사용하는 것이 대단히 중요하며, 그 도구는 우리의 목소리, 즉 소리를 내서 하는 말이라고 합니다. 여러분이 낮은 에너지에 둘러싸여 있을 때, 가장 먼저 해야 하는 일은 주변의 에너지에 압도당하지 않기 위해서 자신의 마음과 에너지장 주위에 보호받는 구체와 같은 공간을 만들어내는 것입니다. 이렇게 하기 위한 가장 효과적인 방법은 상승 마스터들이 직접 전해 준 디크리들[55](확언들) 과 기원문들[56]을 낭송하는 것입니다.

대중의식

우리가 지금까지 대중의식에 대해 많은 이야기를 하지는 않았지만, 우리는 모든 생명이 서로 연결되어 있다는 것을 보았습니다. 분명히 그러한 연결은 의식이 서로 연결되어 있다는 의미일 것입니다. 앞에서 보았듯이, 아원자 세계의 더 깊은 층으로 내려가면, 의식의 장(場)을 접하게 됩니다. 따라서 모든 인간이 공통된 의식 혹은 집단적인 에너지장을 통해, 서로 연결되어 있다는 것을 어렵지 않게

---

[55] decree; 영적인 영역에서 높은 진동수의 에너지를 불러내어 개인 또는 행성적 수준의 특정한 조건 속으로 향하도록 만드는 영적인 기법. 디크리는 일반적으로 운율이 실린 문구들로 구성됨.

[56] invocation; 특정한 영적인 광선에서 나오는 빛을 기원하는 목적으로는 디크리가 가장 강력하지만, 기원문은 빛을 기원하면서, 동시에 제한된 믿음을 극복하도록 설계됨.

생각할 수 있습니다. 그리고 기록된 역사라고 부르는 짧은 기간조차 피로 얼룩졌던 인류의 역사를 고려하면, 이러한 집단 에너지장에 상당한 양의 왜곡된 에너지가 축적되어 있다는 것을 알 수 있습니다.

집단적인 에너지장에서, 또한, 분리와 이원성 의식에서 생겨나는 온갖 종류의 환영을 발견하게 됩니다. 실제로는 누구도 피해 갈 수 없지만, 여러분이 이러한 환영 중 일부라도 받아들이면, 그 환영들은 개인의 에너지장에 낮은 에너지가 들어오게 하는 열린 문이 될 가능성이 큽니다. 이 문을 통해 왜곡된 에너지가 집단 에너지장에서 개인의 에너지장으로 흘러들어오게 됩니다.

집단의식에서 오는 이러한 영향을 통해, 개인적인 삶에서 일어나는 많은 현상을 설명할 수 있습니다. 뚜렷한 외적인 이유도 없이, 왜 우리는 종종 기운이 없고, 우울한 날을 맞이하게 될까요? 그 당시에, 우리가 대중의 마음에서 나오는 더 강력한 에너지 침입에 노출되었기 때문이 아닐까요? 집단적인 장에서 나오는 에너지가 사람들을 압도함으로써, 우울증 및 각종 중독 혹은 정신 질환을 유발하는 것이 아닐까요? 이러한 에너지로 인해, 사람들이 절망하게 될 수도 있으며, 따라서 영적인 여정을 포기하고, 심지어 삶을 포기할 수도 있습니다.

상승 마스터들의 가르침에 따르면, 대부분의 영성인은 감수성이 높다고 합니다. 이로 인해, 좋은 점은 삶의 영적인 측면에 마음의 문을 열 수 있다는 것입니다. 하지만 나쁜 점은 대중의식에 있는 에너지에 마음의 문을 더 많이 열게 될 수도 있다는 것입니다. 우리에게 마스터들이 "**분별력**"이라고 부르는 것이 없다면, 감수성은 감수성일 뿐이므로 우리는 높고 낮은 모든 에너지에 마음의 문을 열게 될 것입니다. 따라서 적절한 기법들을 이용하여, 대중의식에서 멀어져 보호받도록 자신의 에너지장을 봉인하는 것이 대단히 중요합니다. 따라서 자신의 주위에 보호받는 구체가 만들어지면, 대중의식의 "잡음" 대신, 자신만의 생각을 들을 수가 있습니다. 많은 사람의 경험에 따르면, 이와 같은 영적인 보호를 받을 수 있는 가장 효율적인 방법은 정확하게 입으로 하는 말이라고 합니다. 많은 영성인은 다음과 같은 상황 중 한 가지 이상을 인정할 것입니다.

· 내면이 혼란 상태에 있다고 느끼며, 따라서 휴식을 취할 수 없거나, 마음의 평화를 전혀 찾을 수 없을 정도로 마음이 혼란스럽고 불안하다.

· 상황을 변화시킬 여지가 전혀 없거나, 뚜렷한 목적이 없으므로, 낙심하거나, 심한 경우 우울증을 느끼기도 한다.

· 마음이 혼란스럽고 명확한 비전이 없으며 삶의 목적이 없는 것처럼 느껴진다.

· 외부 세력들이 침입하여, 내 생각과 감정을 빼앗아 갈 것처럼 느껴진다.

· 누군가 자신을 통제하려고 하며, 자신은 거기에 맞설 힘이 없는 것처럼 느껴진다. 아니면, 자신을 방어하기 위해, 계속 에너지를 소비해야 한다고 느낀다.

이러한 모든 현상은 하나의 공통적인 원인 때문에 일어난다는 것을 숙고해 보기 바랍니다. 다시 말해, 타인들이나 대중의식에서 나오는 에너지로부터 자신의 에너지장이 보호받지 못하기 때문에 생기는 현상입니다. 이러한 외부 에너지로 인해, 불안감을 느끼거나 압도당하며, 우울해지게 됩니다. 따라서 삶에서 새로운 방향을 제시해 줄 수 있는 중요한 것 중 하나는 다음 두 가지 사항의 실천 방법을 배우는 것입니다.

· 타인들 및 대중의식의 에너지장에서 자신의 에너지장을 효과적

으로 봉인하기

- 개인의 에너지장에 이미 축적된 왜곡된 에너지를 제거하기

우리는 이러한 에너지 위생 상태를 점검해볼 필요가 있습니다. 그리고 많은 상승 마스터의 학생에게는 보호와 변형을 위해, 영적인 빛을 기원하는 것이 일상생활의 일부, 즉 샤워하는 것처럼 중요하고도 자연스러운 과정의 일부입니다. 여러분은 자신의 육체를 돌보듯이, 자신의 에너지체[57]도 보살펴야 합니다. 하지만 에너지체를 돌보기 위해서는 단순히 다른 기법을 이용해야 합니다. 우리는 에너지체 주위를 감싸서 보호하도록 특정한 형태의 빛을 기원할 수 있으며, 보라색 화염[58]으로 샤워를 하도록 에너지를 기원할 수도 있습니다.

어둠의 세력들에 대한 이해

어둠의 세력들에 관해서는 이 책에서 깊이 있게 다루지 않겠지만, 대중의식 이외에도, 이 행성에는 더 공격적인 방식으로 여러분에게 영향을 행사하고 통제하고 싶어 하는 세력들이 있다는 사실을 깨닫는 것이 중요합니다. 상승 마스터들은 우리가 어둠의 세력들을 두려워해서도 안 되지만, 그들의 존재를 몰라서도 안 된다고 말합니다. 마스터들에 따르면, 어둠의 세력들은 두 가지 유형이 있다고 합니다.

- 앞에서 보았듯이, 일부 존재들은 네 번째 구체부터 이원성 의

---

[57] energy body; 네 하위체(Four Lower Bodies) 또는 마음의 네 층(Four Levels Of The Mind)이라고도 함. 인간은 물질우주의 네 층에 대응하는 정체성체, 멘탈체, 감정체, 육체의 네 하위체를 가지고 있다고 함.

[58] Violet flame; 카르마 또는 왜곡된 에너지를 변형하는데 특별히 효과적인 영적 에너지.

식으로 추락했습니다. 추락한 존재들[59] 가운데 일부는 지구로 올 수가 있었습니다. 이 중 일부는 육화해 있는 반면에, 나머지는 감정, 멘탈, 하위 정체성층에 있으며, 지구와 연관되어 있습니다.

• 초보적인 형태의 의식을 가질 정도로 부정적인 에너지를 집중해서 물질계에 어둠의 세력들이 창조되었습니다.

공격적인 의도를 가진 어둠의 세력들이 있다는 것을 알아야 하는 중요한 두 가지 이유가 있습니다. 하나는 역사 속에서, 심지어 오늘날에도 우리가 목격하는 것처럼, 사람들이 왜 비인간적이고 잔혹한 행위들을 저지를 수 있는지를 어둠의 세력들로 설명할 수 있습니다. 예를 들어, 어린 학생이 사람을 향해 총을 쏘는 것은 정상적인 의식 상태에서 하는 행동이 아닙니다. 이 아이의 마음은 어둠의 세력들에게 점령되었으며, 그들의 목적은 잔혹한 행위로 인해 충격받은 모든 사람의 빛을 훔치는 것입니다.

> 어둠의 세력들은 사람들의 자유의지에 반하여
> 사람들에게 영향을 미칠 수는 없습니다.
> 이러한 세력들이 우리 에너지장으로 들어오기 위해서는
> 우리를 속여야만 합니다.

어둠의 세력들은 사람들의 자유의지에 반하여 사람들에게 영향을 미칠 수는 없습니다. 따라서 이러한 세력들이 우리 에너지장으로

---

[59] Fallen Beings; 타락한 존재들 또는 타락한 천사들(Fallen Angels)이라고도 함. 넓은 의미에서, 이원성 의식에 의해 눈이 멀어 있는 모든 존재를 의미함. 마스터들은 좀 더 구체적으로, 이전 구체에서 추락했던 존재들의 그룹을 지칭할 때 이 용어를 사용합니다. 이들의 중요한 특징은, 그들이 추락 이전에 이미 상당한 수준의 성취에 이르러 있었다는 것입니다. 따라서 그들은 대개, 이 행성에서 삶을 시작한 존재들보다 더 월등한 능력을 갖추고 있습니다.

들어오기 위해서는 우리를 속여야만 합니다. 많은 사람은 자신이 무슨 일을 하는지도 모른 채, 이렇게 하고 있지만, 영적인 학생으로서, 어둠의 세력들이 존재한다는 것을 아는 것이 아주 중요합니다. 그래야 이들의 영향력에서 자신을 보호할 수가 있습니다.

어둠의 세력들에 대한 인식이 중요한 다른 이유는 영적인 빛을 기원해서 여러분의 에너지장을 봉인함으로써, 그러한 세력들과 그들이 투사하는 에너지로부터 보호를 받을 수 있기 때문입니다. 또한, 여러분은 이미 여러분의 마음과 에너지장 속으로 들어오는 길을 만든 어떤 세력들을 차단하고 자신을 자유롭게 하도록 영적인 빛을 기원할 수 있습니다. 나의 웹사이트나, 내가 저술한 다른 책들을 통해서 어둠의 세력들에 대해 더욱 많은 정보를 얻을 수 있습니다. 이 책이 중요한 이유는 영적인 빛을 기원함으로써, 자신이 보호받을 수 있을 뿐만 아니라, 여러분에게 공격적으로 영향을 미치려는 세력들의 영향에서 벗어날 수 있다는 관점을 알려 주기 때문입니다.

기원문과 디크리

상승 마스터들은 영적인 빛을 기원하는 두 가지 주요한 도구들인 기원문과 디크리를 전해 주었습니다. 디크리는 율동적인 확언들로, 몇 개의 절로 이루어져 있으며, 일반적으로 리듬을 띠고 있습니다. 보통 디크리는 여러 번 낭송합니다. 기원문은 더욱 긴 형태이며, 여기에는 반복되는 구절들로 이루어진 확언들이 포함되어 있습니다. 어떤 경우에는, 기원문에 몇 개의 구절이 배치되기도 하며, 이러한 구절은 확언들과 디크리들로 이루어져 있습니다.

가장 큰 차이점은, 특정한 영적인 광선에서 나오는 빛을 기원하는 목적으로는 디크리가 가장 강력하지만, 기원문은 빛을 기원하면서, 동시에 제한된 믿음을 극복하도록 설계되었다고 할 수 있습니다. 디크리는 대개 힘 있고 빠른 속도로 낭송할 수 있습니다. 이렇게 함으로써, 많은 양의 빛을 불러오는 강력한 효과가 만들어집니다. 기원문은 보통 더 천천히 낭송합니다. 따라서 확언의 내용을 충분히 인지할 수 있는 시간을 가지게 됨으로써, 제한된 믿음에 도전하며 더 힘을 실어주는 믿음을 받아들일 수 있습니다. 디크리는 특정한 광선에 대한 빛을 기원하는 데 중점을 두는 반면 기원문은 특정한 문제들을 초월하는 데 중점을 둡니다. 예를 들면 기원문은 영적인 위기상황을 극복하고 더 큰 풍요를 기원하며, 네 하위체를 정화하거나, 과거를 내려놓고 자신을 사랑하며, 그 외의 많은 문제를 극복할 수 있도록 돕습니다.

디크리와 기원문의 공통점은 발성한다는 것입니다. 이렇게 하는 데 익숙해지려면, 많은 영성인에게는 다소 시간이 걸립니다. 우리 가운데 상당수 사람이 이번 생과 과거 생들에서, 침묵과 명상으로 많은 시간을 보냈습니다. 따라서 우리는 내면으로 들어가는 것에 대해 아주 편하게 느끼지만, 발성은 외향적인 행위입니다. 처음에는 발성에 대해 저항을 느낄 수도 있습니다. 그 이유는, 부분적으로 그렇게 하는 것에 익숙하지 않기 때문이며, 또 부분적으로는 우리 에고가 영적인 빛을 기원하지 못하도록 실제로 방해하기 때문입니다. 에고는 자신이 마음의 어둠 속에서만 생존할 수 있다는 것을 알고 있습니다. 따라서 여러분이 더 많은 빛을 기원하면, 어둠이 줄어들게 되므로, 에고가 숨을 공간도 줄어들게 됩니다.

요점은 많은 사람에게 있어서, 디크리를 활용하는 것이 자신의 영적인 성장에서 꼭 필요한 잃어버린 부분이 될 수도 있다는 것입니다. 발성함으로써, 영적인 여정에서 여러분을 특정한 수준에 붙잡아두는 속박을 깨뜨릴 수가 있습니다. 하지만 문제는 그러한 속박이 발성을 하지 못하게 내면에서 저항한다는 것을 깨달아야 합니다. 따라서 최초의 저항감을 극복하기 위해서는 반드시 어느 정도 단호하게 나아가야 합니다. 일단 이 저항을 극복하고 나면, 여러분이 기원한 빛이 흐르게 되어서, 새로운 명료함과 에너지를 얻고, 심지어 내면의 평화와 고요함까지 얻게 됩니다. 아주 활동적으로 되는 것이 결국 내면의 고요함에 이르는 열쇠라는 것이 역설적으로 보일 수도 있지만, 여러분의 개인 에너지장에 있는 혼란스러운 에너지가 내면의 평화를 빼앗아간다는 사실을 이해하고 나면, 위에서 빛을 기원하는 방식이야말로 정말 귀중한 도구라는 것을 알게 됩니다.

발성함으로써, 영적인 여정에서
여러분을 특정한 수준에 붙잡아두는
속박을 깨뜨릴 수가 있습니다.
하지만 문제는 그러한 속박이 발성을 하지 못하게
내면에서 저항한다는 것을 깨달아야 합니다.

어떻게 기원문을 낭송하기 시작해야 할까요? 가장 간단한 방법은 웹사이트 transcendecetoolbox.com[60]를 방문하는 것입니다. 이곳에는 많은 디크리와 기원문이 소개되어 있을 뿐만 아니라, 이 초월 도구들을 이용하는 방법을 알려주는 지침과 녹음도 볼 수가 있습니다.

하지만, 한 가지 주의할 점이 있습니다. 앞에서 보았듯이, 일곱 개의 영적인 광선이 있습니다. 광선마다, 특정한 역할을 수행하는 세 가지 유형의 상승 마스터가 있습니다. 먼저, 엘로힘의 수준이 있

---

[60] 영문 사이트로, 기원문 및 디크리와 관련된 정보를 제공하며 킴 마이클즈의 다양한 사이트로 연결됨.

으며, 이 수준은 지구 행성을 포함하여, 물질계를 창조한 마스터들의 수준입니다. 그다음 대천사의 수준으로서, 이들은 보호와 같은 구체적인 영적인 특성을 우리에게 가져다줍니다. 그다음은 초한의 수준으로서, 이들은 각 광선에 대해 주임 교사와 같은 역할을 합니다. 따라서 일곱 광선에 대해, 여러분이 기원할 수 있는 상승 마스터들이 총 21명이라는 것을 알 수 있습니다. 이것이 처음에는 아주 당황스럽게 보일 수도 있습니다.

따라서 너무 압도되지 않게 하려면 여기에 간단한 권고 사항이 있습니다. 처음 시작하는 데 필요한 것은 세 가지 형태의 영적인 빛을 기원하는 것입니다.

- 보호를 받기 위해서는 첫 번째 광선이 필요합니다. 이렇게 할 수 있는 가장 좋은 방법은 대천사 미카엘 디크리[61]나 기원문을 낭송하는 것입니다.

- 대중의식 혹은 어둠의 세력들과 연결된 모든 속박에서 벗어나기 위해서는 네 번째 광선이 필요합니다. 이러한 목적을 달성하는 가장 강력한 방법은 엘로힘 아스트레아 디크리[62]를 낭송하는 것입니다.

- 이미 여러분의 에너지장에 있는 왜곡된 에너지를 변형하려면 보라색 화염을 기원해야 합니다. 이렇게 하기 위해서는 성 저메인 디크리[63]를 낭송하거나, 일곱 번째 광선 디크리 중 어떤 것이든 사

---

[61] Decree to Archangel Michael; 영적인 보호에 탁월한 디크리. 이 장의 끝부분에 있음.

[62] Decree to Elohim Astrea; 아스트랄층의 영향력을 차단하는데 탁월한 디크리.

[63] Decree to Saint Germain; 에너지 변형에 탁월한 디크리. 성 저메인(Saint Germain)은 1930년대에 보라색 화염을 공개하라는 우주적인 시혜를 받았습니다. 그 이후로 상승 마스터 학생들은 디크리와 기원문과 확언들을 통해 보라색 화염을 기원하고

용할 수가 있습니다. 아니면, 많은 기원문 중 용서나 감사 혹은 과거를 초월하기와 같은 특정한 문제에 초점을 맞춘, 기원문을 사용할 수도 있습니다.

첫 번째 광선, 네 번째 광선 그리고 일곱 번째 광선을 기원하는 간단한 프로그램을 따르면, 여러분이 얼마나 많은 시간을 투자하느냐에 따라 다르지만, 더 이상 부정적인 에너지에 빠지지 않는다는 것을 비교적 빠르게 느끼게 됩니다. 여러분은 이제 물 밖으로 머리를 내밀고 주변을 살펴볼 수 있습니다. 더 정확하게 말하면 자신의 내면을 살펴볼 수 있습니다. 그러면 내면에서 자신의 상위자아 혹은 개인적으로 함께 작업하는 상승 마스터로부터 더 분명한 내면의 지시를 받을 수 있습니다. 정확히 말하면, 영적인 여정에서 새로운 단계로 올라설 수 있도록 돕는 것이 바로 이러한 내면의 지시들입니다.

이러한 지시들은 항상 여러분에게 제공되고 있습니다. 유일한 문제는 그러한 지시들을 실제로 의식적인 마음으로 받을 수 있을 정도로, 여러분의 에너지장이 충분히 고요한 상태에 있느냐 하는 것입니다. 소리를 내어 낭송함으로써, 얻게 되는 주요한 혜택 가운데 하나는 내면의 지시가 잠재의식에 있는 에너지를 훨씬 더 수월하게 통과함으로써, 그러한 지시가 왜곡되지 않은 채 의식적인 마음에 도달할 수 있다는 것입니다. 이것은 진정으로 여러분의 삶을 상향 나선으로 만들 수 있습니다.

있습니다. 하지만, 자신의 제한된 신념을 바꾸지 않고 계속 보라색 화염을 기원하면 보라색 화염을 오용하게 되고 영적인 성장을 이루지 못합니다.

실습 프로그램

진실로, 영적인 여정은 개별적입니다. 여러분이 처한 상황은 저마다 독특하며, 따라서 모든 독자에게 맞는 보편적인 권고 사항을 주기는 어렵습니다. 일부 사람은 빛을 기원하는 도구들이 자신들에게 꼭 필요하다는 것을 알게 되고, 그들은 이 도구들을 대단한 투지를 가지고 사용할 것입니다. 약 30년 전에, 내가 처음으로 디크리를 배웠을 때, 나는 개인적으로 그렇게 했습니다.

수년 동안 명상을 해왔기 때문에, 처음에는 약간 망설였습니다. 하지만 내가 초기 저항을 극복하고 난 후에는, 영적인 빛을 기원하는데 보낸 시간이 엄청난 보상으로 돌아왔다는 사실을 빠르게 느끼기 시작했습니다. 내가 느꼈던 효과는 세 가지 범주로 나눌 수가 있습니다.

• 대천사 미카엘에게 영적인 보호를 기원함으로써, 내 에너지장이 부정적인 에너지로부터 봉인되는 효과가 있다고 느꼈습니다. 나는 불안감, 긴장감, 초조함을 극복하면서, 마음이 더 차분해지는 것을 느꼈습니다. 내 생각이 더 나 자신의 것처럼 느끼게 되었습니다. 어떤 문제나, 다른 것을 해결하려고 하거나, 내 마음이 제자리에서 맴도는 성향이 많이 사라졌습니다.

• 엘로힘 아스트레아에게 빛을 기원함으로써, 낮은 에너지와 심지어 어둠의 세력들에게 붙잡혀 있던 모든 속박에서 벗어나 내가 자유로워지게 되었다고 느꼈습니다. 이로 인해, 나는 마음이 더 차분해지는 것을 느꼈지만, 가장 극적인 효과는 아주 빨리 잠들 수 있게 되었다는 것입니다. 삶을 살아가는 동안, 나는 잠자는 문제로 시달려 왔습니다. 왜냐하면, 내 마음이 항상 깨어 있었기 때문입니다. 따라서 나는 2~3시간을 뒤척거리고 난 후, 기진맥진해져야 잠이 들곤 했습니다. 결과적으로, 충분한 휴식을 취하지 못했으며 그

다음 날 졸기 일쑤였습니다. 진지하게 아스트레아 디크리를 낭송하기 시작한지, 불과 2주가 지난 후부터, 나는 15분 이내에 잠이 들었습니다. 이것은 내 삶에서 그야말로 극적인 효과였습니다.

• 보라색 화염이라 불리는 일곱 번째 광선의 에너지를 기원함으로써, 오래된 감정적인 상처들이 용해되어, 사라지는 것을 느꼈습니다. 나는 십 대 때부터 두 가지 고통을 느끼는 상황이 있었는데, 이러한 상황이 이따금 마음속에 떠오르면, 원래의 감정적인 고통을 최대로 느끼곤 했습니다. 하지만 진심으로 보라색 화염을 기원한지 몇 주 지나지 않아, 어느 날 감정적인 고통을 겪지 않고도, 그러한 상황을 생각할 수 있게 되었다는 것을 깨달았습니다. 디크리 낭송 외에는, 변화를 가져올 만한 어떤 일도 하지 않았기 때문에, 논리적으로 설명할 방법은 내 감정체에 축적된 에너지를 보라색 화염이 변형했다는 것입니다. 따라서 왜곡된 에너지가 내 감정체에 더 이상 남아 있지 않았기 때문에, 예전의 상황을 생각한다 해도, 이러한 에너지가 내 느낌을 압도할 수 없었습니다.

개인적인 경험에 비추어, 나는 영적인 빛을 기원하면서 순조롭게 출발하고 싶은 사람들에게 단순하지만, 효과적인 프로그램을 추천하고 싶습니다. 아래에 세 개의 디크리가 있습니다. 이것들은 상승 마스터들로부터 직접 받은 것입니다. 하나는 보호를 위한 대천사 미카엘 디크리입니다. 또 하나는 대중의식에서 벗어나, 자유로워지기 위한 엘로힘 아스트레아 디크리입니다. 나머지 하나는 왜곡된 에너지를 변형하기 위한 성 저메인 디크리입니다.

내가 제안하는 방식은 이 디크리들을 최소한 3개월은 낭송하겠다고 확고하게 약속을 하고, 그런 다음 여러분이 얻은 결과를 평가해보라는 것입니다. 아침에는 대천사 미카엘 디크리를 15분간 낭송한 다음, 성 저메인 디크리를 15분간 낭송하기 바랍니다. 저녁에는 아스트레아 디크리를 15분간 낭송한 후, 성 저메인 디크리를 15분간 낭송하기 바랍니다. 하루에 한 시간을 투자하는 것이 많은 사람에게 너무 크다고 생각될 수도 있지만, 진지하게 낭송하다 보면, 계속 낭송하고 싶어 할 정도로 훌륭한 결과를 경험할 것이라고 확신합니다. 내가 알고 있는 한, 이 방법이 여러분의 영적인 성장을 가속하고, 마스터들이 제시해 준 길에 확고하게 뿌리를 내릴 수 있는 가장 효율적인 방법입니다.

따라서 이 디크리들을 첨부하지만, 다음 웹사이트를 방문해볼 것을 권합니다. 이 웹사이트를 방문하면, 녹음한 디크리를 들을 수가 있습니다. www.transcendencetoolbox.com

이것은 올바른 발음과 리듬을 익히기 위해서 중요합니다. 또한, 온라인 스토어에서, 여러 차례 낭송한 디크리 녹음을 사거나 다운로드할 수도 있습니다. 녹음에 맞춰 디크리를 낭송하는 것이 신성한 말의 예술에 통달하는 가장 좋은 방법입니다. 영적인 성장에 있어서, 그 방식이 가장 좋은 투자 중 하나라고 생각합니다.

내가 여기에서 제시하는 프로그램이 여러분에게 필요한 모든 것이 아니라는 점을 밝혀두고자 합니다. 다만, 여러분의 영적인 비전과 에너지 흐름을 방해하는, 가장 나쁜 장애물 중 일부를 제거함으로써, 여러분이 순조롭게 출발할 수 있도록 돕고자 합니다. 경험이 쌓여감에 따라, 여러분은 빛을 기원함과 동시에, 제한된 믿음에 도전하는 일부 기원문을 실험하고 싶어 할 것입니다. 물론, 상승 마스터들의 가르침도 공부하고 싶어질 것이며, 이러한 가르침은 내가 운영하는 다양한 웹사이트[64]에서 많이 찾아볼 수 있습니다.

---

[64] 영문 사이트로 책 표지에 나와 있음.
　공식 한글 번역 사이트는 cafe.naver.com/christhood임

책의 나머지 부분을 읽으면서, 디크리도 함께 낭송할 것을 강력히 권합니다. 몇 차례 언급한 것처럼, 공부 그 자체만으로는 충분하지가 않습니다. 영적인 빛을 기원하지 않는다면, 이 책은 단지 또 다른 지적인 훈련에 불과할 것이며, 여러분의 의식을 변화시키지도 못할 뿐만 아니라, 여러분이 바라는 결과를 가져다주지도 않을 것입니다. 진보를 이루는 두 축은 배우는 것과 영적인 빛을 기원하는 것임을 기억하세요.

기원문과 디크리에 관한 더 많은 내용과 그것들을 사용해서 빛을 기원하는 방법을 보려면 아래 사이트를 참조하세요:

www.transcendencetoolbox.com

1.02 대천사 미카엘 디크리[65]

I AM THAT I AM, 예수 그리스도의 이름으로 나의 아이앰 현존이, 무한히 초월해 가는 내 미래의 현존을 통해 흐르며, 완전한 권능으로 이 디크리를 해 주시기를 요청합니다. 나는 사랑하는 대천사 미카엘과 페이쓰[66]를 부르며, 당신의 빛나는 푸른빛 날개 안에 나를 보호해 주시고 모든 불완전한 에너지와 어둠의 힘을 산산조각내며 소멸해 주시기를 요청합니다…
(여기에 개인적인 요청을 추가하세요)

1. 대천사 미카엘이여, 당신의 빛나는 푸른 화염 안에서,
어두운 밤은 사라지고 오직 당신만이 존재합니다.
당신과 하나 되어 당신의 빛으로 채워지니,
눈앞에 영광스러운 경이가 펼쳐집니다.

대천사 미카엘이여, 당신의 페이쓰(Faith)는 너무나 강렬하여,
대천사 미카엘이여, 나를 단숨에 정화합니다.
대천사 미카엘이여, 나는 당신의 노래를 부르며,
대천사 미카엘이여, 당신과 하나가 됩니다.

2. 대천사 미카엘이여, 당신은 보호자시니,
니는 늘 당신의 푸른 방패 인에 거합니다.
어둠 속을 떠도는 모든 존재로부터 봉인되어,
나는 푸른 광휘로 빛나는 당신의 구체 안에 머뭅니다.

---

[65] 디크리를 낭송하는 방법은 보통 앞 부분을 1회 낭송한 후, 1번부터 봉인하기 앞까지를 9회 또는 그 이상 낭송합니다. 그리고 마지막으로 봉인하기를 1회 낭송합니다.
[66] Faith; 대천사 미카엘의 트윈(여성 파트너)

**대천사 미카엘이여, 당신의 페이쓰(Faith)는 너무나 강렬하여,
대천사 미카엘이여, 나를 단숨에 정화합니다.
대천사 미카엘이여, 나는 당신의 노래를 부르며,
대천사 미카엘이여, 당신과 하나가 됩니다.**

3. 대천사 미카엘이여, 수백만의 천사가,
당신의 권능을 찬양합니다.
의심과 두려움의 데몬들을 태워버리는,
당신의 현존은 언제나 가까이 있습니다.

**대천사 미카엘이여, 당신의 페이쓰(Faith)는 너무나 강렬하여,
대천사 미카엘이여, 나를 단숨에 정화합니다.
대천사 미카엘이여, 나는 당신의 노래를 부르며,
대천사 미카엘이여, 당신과 하나가 됩니다.**

4. 대천사 미카엘이여, 신의 의지는 당신의 사랑이며,
당신은 하늘에서 신의 빛을 모두에게 가져옵니다.
신의 의지는 모든 생명이 비상(飛上)하는 것이며,
자아의 초월은 우리의 가장 신성한 권리입니다.

**대천사 미카엘이여, 당신의 페이쓰(Faith)는 너무나 강렬하여,
대천사 미카엘이여, 나를 단숨에 정화합니다.
대천사 미카엘이여, 나는 당신의 노래를 부르며,
대천사 미카엘이여, 당신과 하나가 됩니다.**

종결:
천사들과 함께 날아오르며,
나는 스스로를 초월합니다.

천사들은 진실로 존재하며,
그들의 사랑은 모든 것을 치유합니다.

천사들이 평화를 가져오면,
모든 갈등은 그칩니다.
빛의 천사들과 함께,
우리는 새로운 높이로 비상합니다.

천사 날개의 바스락거리는 소리,
물질조차 노래하는 기쁨이여,
모든 원자를 울리는 기쁨이여,
천사들의 날갯짓과 조화 속에서.

봉인하기

신성한 어머니의 이름으로, 나는 이 요청의 힘이 마터 빛을 자유롭게 함으로써, 나 자신의 삶과 모든 사람과 행성을 위한 그리스도의 완전한 비전을 구현할 수 있음을 전적으로 받아들입니다. I AM THAT I AM의 이름으로, 이것이 이루어졌습니다! 아멘.

4.01 엘로힘 아스트레아와 퓨리티 디크리

I AM THAT I AM, 예수 그리스도의 이름으로, 무한히 초월해 가는 내 미래의 현존(I Will Be Presence)이 내 존재를 통해 흐르면서 완전한 권능으로 이 디크리를 해 주시기를 요청합니다. 나는 사랑하는 강력한 아스트레아와 퓨리티를 부르며, 모든 불완전한 에너지와 어둠의 세력의 속박과, 빛이 아닌 조건들을 차단하여 나를 자유롭게 해 주시기를 요청합니다...
(여기에 개인적인 요청을 추가하세요)

1. 사랑하는 아스트레아, 진실한 가슴을 지닌 존재시여,
백청색 원과 검으로 무지(無智)의 드라마를 잘라내어,
당신이 모든 생명을 자유롭게 하시니,
우리 행성은 퓨리티의 날개를 타고 올라갑니다.

**사랑하는 아스트레아여, 신 안에서 퓨리티는,
내 모든 생명 에너지를 가속하고,
사랑의 마스터들과 무한 안에서
내 마음을 진정한 하나됨으로 들어 올립니다.**

2. 사랑하는 아스트레아여, 모든 생명을 향해,
퓨리티는 오늘 구원의 광선을 발산합니다.
순수함으로 가속하며, 나는 이제 자유로워집니다
사랑의 순수함에 이르지 못한 모든 것에서.

**사랑하는 아스트레아, 우리아 하나 되신 존재시여,
백청색 번개 같은 당신의 원과 검은,
퓨리티의 빛으로 거침없이 불순함을 잘라내고,**

내 안의 모든 진실을 드러냅니다.

3. 사랑하는 아스트레아여, 우리 모두를 가속하소서.
당신에게 열렬히 구원을 요청합니다.
모든 생명을 불순한 비전에서 자유롭게 하소서
두려움과 의심을 넘어 나는 분명히 상승합니다.

사랑하는 아스트레아여, 나는 기꺼이,
자유를 구속하는 모든 거짓말을 통찰하며,
퓨리티의 빛과 함께 영원히,
모든 불순함 너머로 높이 올라갑니다.

4. 사랑하는 아스트레아여, 모든 이원성의 투쟁과
갈등 너머로 삶을 가속하소서.
신과 인간 사이의 분열을 모두 소멸하시고,
신의 완전한 계획이 구현되도록 가속하소서.

사랑하는 아스트레아여, 사랑으로 요청드리니,
보이지 않는 분리의 장벽을 부숴 주소서.
나는 타락을 가져오는 모든 거짓말을 버리고,
모두의 하나됨을 영원히 확언합니다.

종결:
순수함으로 가속하소서. I AM은 실재하며,
순수함으로 가속하소서. 모든 생명은 치유됩니다.
순수함으로 가속하소서. I AM은 무한한 초월이며,
순수함으로 가속하소서. 모든 의지는 비상합니다.

순수함으로 가속하소서! (3X)

사랑하는 아스트레아와 퓨리티.
순수함으로 가속하소서! (3X)
사랑하는 가브리엘과 호프.
순수함으로 가속하소서! (3X)
사랑하는 세라피스 베이.
순수함으로 가속하소서! (3X)
사랑하는 I AM.

봉인하기
신성한 어머니의 이름으로, 나는 이 요청의 힘이 마터 빛을 자유롭게 함으로써, 나 자신의 삶과 모든 사람과 행성을 위한 그리스도의 완전한 비전을 구현할 수 있음을 전적으로 받아들입니다. I AM THAT I AM의 이름으로, 이것이 이루어졌습니다! 아멘.

7.03 성 저메인 디크리

I AM THAT I AM, 예수 그리스도의 이름으로 나의 아이앰 현존이, 무한히 초월해 가는 내 미래의 현존을 통해 흐르며, 완전한 권능으로 이 디크리를 해 주시기를 요청합니다. 나는 사랑하는 성 저메인과 폴셔(Portia)와 모든 초한과 마하 초한을 부르며, 거대한 빛의 물결을 방출해 주시기를 요청합니다. 그리하여 내가 일곱 번째 광선의 창조적 자유의 영원한 흐름과 하나가 되고 하나됨 안에서 영원히 초월해 가는 것을 막고 있는 모든 장애와 집착을 소멸해 주소서…
(여기에 개인적인 요청을 추가하세요)

1. 성 저메인이여, 보라색 화염의 연금술로
당신은 나를 자유롭게 해방합니다.
성 저메인이여, 자유의 거침없는 흐름 안에서
우리는 영원히 성장합니다.

**오 성령이시여, 나를 통해 흐르소서.
나는 당신을 위해 열린 문입니다.
세차게 흘러오는 전능한 빛의 강이여,
초월은 나의 신성한 권리입니다.**

2. 성 저메인이여, 보라색 화염의 기하학을
통달한 존재시여.
성 저메인이여, 당신 안에서
나를 자유롭게 해 주는 공식을 봅니다.

오 성령이시여, 나를 통해 흐르소서.

나는 당신을 위해 열린 문입니다.
세차게 흘러오는 전능한 빛의 강이여,
초월은 나의 신성한 권리입니다.

3. 성 저메인이여, 자유 안에서
나를 위한 당신의 사랑을 느낍니다.
성 저메인이여, 모두를 초월로 이끄는,
보라색 화염에 경배합니다.

**오 성령이시여, 나를 통해 흐르소서.
나는 당신을 위해 열린 문입니다.
세차게 흘러오는 전능한 빛의 강이여,
초월은 나의 신성한 권리입니다.**

4. 성 저메인이여, 화합 안에서
나는 이원성을 초월하겠습니다.
성 저메인이여, 내 자아는 너무나 순수해지고,
당신의 보라색 연금술은 명확합니다.

**오 성령이시여, 나를 통해 흐르소서.
나는 당신을 위해 열린 문입니다.
세차게 흘러오는 전능한 빛의 강이여,
초월은 나의 신성한 권리입니다.**

5. 성 저메인이여, 진실한 존재시여,
보라색 광선 안에서 모든 근심은 사라집니다.
성 저메인이여, 내 오라는 봉인되고,
당신의 보라색 화염은 내 차크라를 치유합니다.

오 성령이시여, 나를 통해 흐르소서.
나는 당신을 위해 열린 문입니다.
세차게 흘러오는 전능한 빛의 강이여,
초월은 나의 신성한 권리입니다.

6. 성 저메인이여, 보라색 화염의 연금술로
당신은 모든 원자를 자유롭게 합니다.
성 저메인이여, 나는 바라봅니다.
납을 황금으로 변형하는 비전을.

오 성령이시여, 나를 통해 흐르소서.
나는 당신을 위해 열린 문입니다.
세차게 흘러오는 전능한 빛의 강이여,
초월은 나의 신성한 권리입니다.

7. 성 저메인이여, 무한한 초월이여,
나는 언제나 당신과 하나입니다.
성 저메인이여, 나는 영혼(soul)에서 해방되어,
진정한 나로 존재하는 환희를 느낍니다.

오 성령이시여, 나를 통해 흐르소서.
나는 당신을 위해 열린 문입니다.
세차게 흘러오는 전능한 빛의 강이여,
초월은 나의 신성한 권리입니다.

8. 성 저메인이여, 고결함은
신성한 연금술로 가는 열쇠입니다.
성 저메인이여, 우리의 요청으로
당신은 일곱 광선 모두를 균형 잡습니다.

오 성령이시여, 나를 통해 흐르소서.
나는 당신을 위해 열린 문입니다.
세차게 흘러오는 전능한 빛의 강이여,
초월은 나의 신성한 권리입니다.

봉인하기
신성한 어머니의 이름으로, 나는 이 요청의 힘이 마터 빛을 자유롭게 함으로써, 나 자신의 삶과 모든 사람과 행성을 위한 그리스도의 완전한 비전을 구현할 수 있음을 전적으로 받아들입니다. I AM THAT I AM의 이름으로, 이것이 이루어졌습니다! 아멘.

파트 3
자아와 그 구성 요소들

7
반응을 통달하기

현재 여러분이 경험하는 삶을 살펴보겠습니다. 예컨대, 여러분은 삶에서 어떠한 상황에 직면해 있고 그러한 상황이 여러분을 제한하고 있다고 느낀다면 그러한 상황이 여러분을 지배할 힘이 있는 것처럼 보입니다. 이제 문제는 이것이 됩니다. "어떻게 해야 그러한 상황을 초월할 수 있을까?"

기존의 지혜와 일반적인 경험에 따르면, 제한을 초월하는 유일한 방법은 우리를 제한하는 외부 상황을 변화시키는 것입니다. 즉, "삶의 경험"을 변화시키는 유일한 방법은 외부에 있는 무언가를 바꾸는 것입니다.

이러한 접근 방식의 문제점은 외부 조건들이 너무 많아서 우리 힘이 제한적이거나, 아니면 힘이 전혀 없는 것처럼 보인다는 것입니다. 즉, 삶이 수수께끼는 이것입니다. "우리에게 삶의 경험을 좌우한다고 생각하는 외부 상황을 지배할 힘이 없다면, 어떻게 우리기 삶에 대한 경험을 변화시킬 수 있을까?"

무엇으로 이러한 교착상태를 깨뜨릴 수 있을까요? 다음과 같은 다른 관점에서 질문을 한다면 어떨까요? "정말로 외부 상황이 삶의 경험을 지배할 힘이 있을까? 아니면 단지 외부의 상황이 삶의 경험을 지배할 수 있다고 우리가 인정하는 정도로만 우리를 지배할 힘이 있는 것일까? 바꾸어 말하면, 힘의 중심이 어디에 있을까? 우리의 외부에 있을까? (외부 상황에 대해, 우리가 아무것도 할 수 없다는 의미) 아니면, 우리가 뭔가를 할 수 있다는 의미로써 우리의 마음속에 있을까?"

앞서 말했듯이, 모든 사람이 직접 상승 마스터들의 가르침을 받을 준비가 되어 있지는 않습니다. 준비가 되어 있다는 말은 내면의 환경을 변화시킴으로써, 실제로 외부의 환경을 변화시킬 수 있다는 사실을 인정하는, 아주 중요한 문턱을 넘어섰다는 의미입니다. 그렇다면 내면의 상황을 변화시키기 위해, 무엇을 해야 할까요? 그러려면 여러분은 자신의 삶에 대한 경험을 반드시 변화시켜야 합니다.

상승 마스터들의 가르침에 따르면, 외부 상황과 내면의 상황 사이에는 중요한 차이가 있다고 합니다. 다시 말해, 삶과 삶에 대한 경험 사이에 차이가 있다는 말입니다. 또한, 상승 마스터들은 외부 상황을 변화시키기 위한 열쇠는 마음속에서 일어나는 일을 변화시키는 것에서부터 시작해야 한다고 가르칩니다. 그 이유는 정말로 여러분에게 중요한 것은 외부 상황이 아니라, 여러분이 그러한 상황에 어떻게 반응하는가에 달려 있기 때문입니다. 삶에 대한 경험은 외부 상황에 의해 결정되지 않고 그러한 외부의 상황에 어떻게 반응하느냐에 따라 결정됩니다. 반응은 여러분의 마음속에서 일어납니다. 따라서 여러분이 보이는 반응은 전적으로 여러분 마음속에 있는 요소들에 의해 결정되거나, 결정되어야만 합니다. 이 말은 여러분이 그러한 요소들을 통제할 수 있다는 의미입니다.

삶에 대한 경험은 외부 상황이 아니라,
그러한 외부 상황에
어떻게 반응하느냐에 따라 결정됩니다.

상승 마스터들의 가르침에 따르면, 자아(Self)의 힘을 펼칠 수 있는 열쇠는 물질계에 있는 무언가에 대해 어떻게 반응하는지를 다스리는 것이라고 합니다. 또한, 마스터들은 일단 반응을 통달하면, 여러분이 많은 외부 상황을 실제로 변화시키는 힘을 가지게 된다고 말합니다. 그러나 자유의지의 법칙만이 유일한 제한입니다. 이 말은 자아 통달을 이루어감에 따라서, 자신이 타인들의 자유의지에 관여하고 싶어 하지 않는다는 의미입니다. 따라서 그들의 선택에 반해서, 여러분이 외부 상황을 변화시키려고 하지 않게 됩니다.

상승 마스터들에 따르면, 우리 모두는 엄청난 거짓말을 믿도록 세뇌되고 프로그램되어 있다고 합니다. 이 거짓말에는 두 가지 주요한 요소가 있습니다. 하나는 여러분이 물질계의 상황에 단순히 반응해야 한다는 것입니다. 다른 하나는 여러분의 반응이 반드시 외부의 상황에 의해 결정되어야 한다는 것입니다. 마스터들의 가르침에 따르면, 더 깊은 진실은 여러분이 영적인 존재라고 합니다. 다음 장에서 살펴보겠지만, 여러분 존재의 핵심은 이 세상에 있는 무엇으로도 영향을 받을 수가 없습니다. 따라서 이 세상에 있는 것에 대해 여러분이 반응해야 한다는 것은 자연의 법칙이 아니며, 또한, 여러분이 마주치는 상황이 반드시 자신의 반응을 결정해야 한다고 말하는 법칙도 없습니다.

이 점과 관련하여, 가장 밋진 기르침 중 하나는 예수의 가르침이지만, 불행히도 대부분의 크리스천은 지금까지 이 가르침의 진정한 의미를 간과하고 있습니다. "다른 쪽 뺨마저 내밀라."는 말의 전체적인 의미에 대해 생각해 보세요. 어떤 사람이 여러분에게 다가와서, 한쪽 뺨을 세게 때린다고 합시다. 이에 대한 "일반적인" 반응은 어떤 것일까요? 그것은 "싸우든지 아니면 도망가든지" 하는 반응일 것입니다. 이 말은 겁을 먹고 도망가거나, 아니면 화를 내며 맞서 싸운다는 의미입니다. 따라서 예수의 말을 따르기 위해서는 실제로 무엇을 해야 할까요? 거기에 가만히 서서, 그 사람이 다른 쪽 뺨마저 때리게 해야 할까요? 예수의 말씀을 따르려면, 그 상황에 대한 여러분의 반응을 완벽하게 통달해야 합니다.

대부분의 사람이 보이는 반응을 피하기 위해서는 "싸우든지 아니면 도망가든지" 하는 인간적인 반응 성향을 극복해야 합니다. 따라서 모욕을 당하더라도, 여러분이 근본적으로 어떠한 반응도 하지 않거나, 적어도 인간적인 반응을 보이지 않을 정도로, 자신의 마음을 반드시 다스릴 수 있어야 합니다. 여러분은 자신의 마음을 잘 통제해야 하며, 그래야 다른 사람이 여러분이 싸우거나 도망가도록 강요할 수 없게 됩니다. 다시 말해, 물질계에 있는 것이 여러분의 마음속에서 일어나는 것을 결정하도록 내버려 두어서는 안 됩니다. 이것이 바로 자아 통달을 이루기 위해 없어서는 안 될 중요한 열쇠이며, 전 시대에 걸쳐 신비주의자들이 가르쳐 왔던 것입니다. 좀 더 자세히 살펴보겠습니다.

자아 통달의 핵심 열쇠

여러분은 영적인 존재입니다. 앞서 말했듯이, 여러분의 가장 큰 잠재력은 자신의 마음이 열린 문이 되게 해서, 영적인 세계에서 에너지가 흘러올 수 있게 하는 것입니다. 앞 장에서 이야기했던 것으로 되돌아가서, 힘에 대해 좀 더 자세히 살펴보겠습니다. 정말로 힘이 무엇일까요? 자, 우리가 모든 것이 에너지인 세상에서 살아가고 있으므로, 힘은 곧 에너지입니다. 어떤 종류의 힘이든, 힘을 행사하기 위해서는, 원동력이 되는 에너지가 있어야 합니다. 하지만 에너지에도 두 종류가 있는데, 그것은 영적인 에너지와 물질 에너지입니다.

이미 논의했듯이, 궁극적으로 자아의 힘은 상승 마스터들에게서 오는 영적인 에너지입니다. 하지만 영적인 에너지와 관련하여, 대부분 종교에서 말하는 것과 상승 마스터들의 가르침 사이에는 결정적인 차이가 있습니다. 대부분의 주류 종교는 여러분을 본질적으로 힘이 없는 나약한 존재로 묘사하고 있습니다. 따라서 외부의 구원자가 나타나서, 여러분을 위해 뭔가를 할 필요가 있다고 합니다. 그리스도교가 전형적인 예입니다. 그리스도교에서 말하는 예수는 산타클로스와 슈퍼맨이 혼합된 이상한 인물로 바뀌어 있습니다. 여러분이 선(善)하다면, 이 세상에서 선물을 받게 될 것이고 결국 그는 여러분을 품에 안고 날아가서 하늘나라로 데려다줄 것입니다. 사실, 예수는 우리가 자아(Self)의 힘을 펼칠 때, 우리 모두의 잠재력이 어떤 것인지, 그 모범을 보여주기 위해서 왔었습니다.

따라서 여기에 핵심적인 깨달음이 있습니다. "진정한 힘은 외부에서 오지 않는다." 상승 마스터들은 여러분을 위해 모든 것을 하고 기적을 행하는 존재들이 아닙니다. 그 대신에, 상승 마스터들은 여러분이 자기 자신을 위해 뭔가를 할 수 있게 하는 영적인 힘을 제공해줍니다. 마스터들로부터 받는 힘은 여러분의 외부에 있는 어떠한 근원에서도 오지 않으며 올 수도 없다는 것을 깨닫는 것이 중요합니다. 그 힘은 반드시 자신의 내면에서 나올 수 있고, 그래야만 합니다. 이러한 힘을 자신의 외부에서 찾는 한, 절대로 이 힘을 얻을 수 없다는 의미입니다.

---- ✂ ----

진정한 힘은 외부에서 오지 않습니다.
상승 마스터들은 여러분을 위해 모든 것을 하고
기적을 행하는 존재들이 아닙니다.
그 대신, 상승 마스터들은 영적인 힘을 제공해주고,
여러분이 자신을 위해서 뭔가를 하도록 합니다.

  이것을 또 다른 방식으로 생각해 보세요. 여러분의 가장 큰 잠재력은 영적인 세계의 힘이 흐를 수 있는 열린 문이 되는 것입니다. 하지만 어떻게 해야 열린 문이 될 수 있을까요? 이 세상의 것들에 대해 반응하거나, 이 세상의 것들이 여러분의 반응을 결정하게 하는 모든 성향을 초월함으로써, 그렇게 할 수 있습니다.

  또다시, 누군가가 한쪽 뺨을 때리는 예를 살펴봅시다. 여러분이 분노나, 두려움으로 반응한다면, 그것은 여러분 상위 존재의 힘에 스스로 마음의 문을 닫는 행위입니다. 다시 말해, 여러분은 이렇게 말하고 있는 것입니다. "내가 한 대 맞았어. 나는 여기에 어떻게 대처해야 하는지 잘 알고 있어. 따라서 상위 존재에게서 오는 어떤 힘도 필요치 않아." 예수가 진정으로 우리에게 전하고자 했던 것은 이러한 패턴의 인간적인 반응을 초월할 때, 상황에 반응하는 낮은 방식을 피할 수가 있다는 것이었습니다. 그 대신, 우리는 집착하지 않고, 열린 마음으로, 중립을 유지할 수 있습니다. 이러한 마음의 개방을 통해서, 영적인 힘이 우리에게 흐를 수 있습니다.

  다른 쪽 뺨마저 내미는 것이 완전히 수동적인 방법이라고 생각할 수도 있지만, 사실은 여러분이 할 수 있는 가장 강력한 방법입니다. 이것을 에너지의 교환으로 생각해 보세요. 여러분을 때린 사람은 분명히 아주 인간적인 마음 상태에 있으며, 그 사람이 하는 행위는 더욱 낮은 에너지, 즉 물질 스펙트럼에 있는 에너지를 여러분에게 보낸 것입니다. 여러분이 싸우거나 도망가는 반응을 보인다면, 그것은 그 사람의 물질 에너지를 여러분의 물질 에너지로 상쇄시키는 것이 됩니다. 따라서 이것은 누가 더 강하게 물질 에너지를 투사하는가의 문제입니다. 하지만 여러분이 침착함을 유지한다면, 그것은 영적인 힘이 여러분을 통해 흐르게 하는 것입니다. 다시 말해, 그 사람의 물질 에너지가 이제 훨씬 더 강력한 영적인 에너지와 만나게 된다는 의미입니다. 따라서 이러한 에너지의 교환에서, 누가 이긴다고 생각하나요?

2000년 전에, 예수는 우리에게 열쇠를 주었습니다. 그는 "내가 아무것도 스스로 할 수 없노라."라고 말했습니다. 이것은 자신을 분리된 존재로 인식하는 한, 자신은 아무런 힘도 없다는 사실을 예수가 이미 깨달았다는 의미입니다. 또한, 예수는 "일을 하고 계시는 분은 내 안에 계시는 아버지이다."라고 말했습니다. 이 말은 힘은 비록 더 높은 근원에서 나오지만, 그 통로는 우리의 내면에 있다는 의미입니다.

예수는 또한, 믿을 수 없을 정도로 심오한 말씀도 했습니다. "신의 왕국은 너희 안에 있다." 진실로 이 한마디의 말을 이해한다면, 자아(Self)의 힘을 완전히 펼칠 수가 있습니다. 하지만 예수가 했던 말씀의 의미를 제대로 이해하기 위해서는, 자아와 자아를 구성하는 다른 요소들을 이해하는 것이 큰 도움이 됩니다. 우리는 다음 장에서 이것을 살펴보겠습니다. 자아가 누구이고, 무엇인지를 알게 될 때, 자아의 진정한 힘을 펼칠 방법도 알게 됩니다.

8
영적인 세계에 있는 자아(Self)

형태의 세계 창조와 관련해서 이야기한 것을 요약해 보겠습니다. 상승 마스터들은 물질우주가 원래의 허공 속에서 창조된 일련의 구체 중 가장 나중에 만들어진 구체 안에 존재한다고 합니다. 각 구체는 이전의 구체보다 더 높은 밀도로 창조되었습니다. 이 말은 지금까지 창조된 구체 중, 밀도가 가장 높은 구체에서 우리가 살고 있다는 의미입니다. 중요한 것은 영적인 존재들이 지구에 육화할 때, 주변을 인식하는 방법에 있어서 극적인 변화를 경험하게 된다는 것입니다.

예를 들자면, 우리는 단단한 물질로 된 세상에서 살고 있다고 보통 인식하고 있습니다. 앞서 말했듯이, 물질은 전혀 단단하지 않습니다. 다시 말해, 물질은 진동하는 에너지로 만들어졌습니다. 하지만 육체의 인식 기관들은 진동을 감지할 수가 없으므로, "물질"이 단단하며, 변하기 어려운 것처럼 보입니다.

우리가 말했듯이, 우리가 여기에 내려와 있는 이유는 우리가 사는 구체가 영적인 세계의 일부가 될 때까지, 구체의 진동을 높이기 위해서입니다. 구체가 위로 올라감에 따라, "물질"의 진동은 밀도가 낮아집니다. 이 말은 물질이 덜 단단하고, 더 가볍고 영묘하게 보인다는 의미입니다. 현재, 지구 행성은 다소 낮은 진동 상태에 있지만, 진동수가 높아지면, 물질이 스스로 존재하지 않는다는 사실을 심지어 육체의 감각으로도 감지할 수 있게 됩니다. 실제로 물질은 더 미세한 에너지로 만들어져 있습니다. 이 말은 이 세상이 상위 세계의 확장이며, 스스로 존재하는 독립된 단위가 아니라는 의미입니다.

우리가 육체로 들어갈 때, 필연적으로 어떠한 "망각"을 겪습니다. 따라서 진정한 자신이 영적인 존재라는 인식을 상실하게 됩니다. 이러한 망각은 실제로 계획의 일부이기 때문에, 여기에 잘못이나, 악의가 있는 것이 아닙니다. 앞에서 보았듯이, 형태의 세계가 존재하는 목적은 창조주의 개별적인 확장들이 자기-의식이 성장할 수 있게 하는 것입니다. 우리는 제한된 자아감으로 출발하여, 그러한 자아감을 점차 확장하게 되어 있습니다.

> 우리가 육체로 들어갈 때,
> 필연적으로 어떠한 "망각"을 겪습니다.
> 따라서 진정한 자신이 영적인 존재라는
> 인식을 상실하게 됩니다.

밀도가 높은 물질계로 내려가는 것은 정말로 중요한 성장의 기회입니다. 우리는 이곳으로 오면서 자신이 영적인 존재라는 인식을 상실하게 되어 있습니다. 하지만, 이상적인 시나리오에서는, 우리가 이 세상에서 가지고 있는 자아감 외부에 있는 무언가와 연결되어 있다는 느낌을 결코 잃어버릴 수 없게 되어 있습니다. 다시 말해, 우리가 더 큰 무언가의 확장이라는 사실을 절대로 잊지 않으며, 여

기 내려오기 전에 가졌던 더 큰 자아감으로 돌아가고 싶어 하는 열망도 절대로 상실하지 않습니다.

제한된 자아감으로 내려가는 것은 정말로 더 큰 자아(Self)를 확장할 기회입니다. 우리가 내려올 때, 이 세상에서 접하는 여러 상황에 적합한 자아감을 가지게 됩니다. 앞에서 언급했듯이, 육체의 감각으로 인해, 물질이 단단하고 변하기 어려운 것처럼 보이며, 우리가 물질계의 환경에 의해 제한을 받고 있다고 믿게 됩니다. 우리가 이 제한된 자아감에서 점차 깨어나, 물질에 대한 통달을 달성함으로써, 자기-의식이 성장합니다.

나중에 더 자세히 설명하겠지만, 자기-의식의 성장은 우리가 자유의지를 가지고 있을 때만 가능합니다. 따라서 물질계로 내려오는 자아(Self)는 참으로 자유의지를 가지고 있습니다. 하지만 우리가 자유의지를 행사할 때, 현재 인식에 따라서 자유의지를 행사해야만 합니다. 따라서 물질계로 내려온 이상, 우리가 영적인 존재로서 가졌던 훨씬 더 넓은 관점이 아니라, 이 세상에서 가지고 있는 제한된 자아감과 인식에 따라 의사결정을 하게 됩니다.

이러한 이유로, 물질이 우리를 지배할 힘이 있다는 인식이나 믿음에 기초하여, 의사결정을 하게 될 가능성이 있습니다. 따라서 우리는 점차 더 큰 뭔가와 연결되어 있다는 느낌을 상실하게 만드는 자아감을 형성할 수 있습니다. 다시 말해, 물질을 넘어선 또 다른 세계에 대한 동경도 점차 잊게 됩니다. 심지어 우리가 영적인 존재라는 사실마저 부정하고, 태어나면서부터 우리가 죄인이거나, 진화한 유인원에 불과하다는 무기력한 자아감을 받아들이게 됩니다. 또한, 자아(Self)의 힘으로는 우리가 이 세상에서 벗어날 수 없다고 믿거나, 아니면 우리가 물질계의 산물로서, 물질을 지배할 힘이 없으므로, 자아(Self)의 힘이 없다고 믿을 수도 있습니다.

내재된 위험 요소

문제는 단순합니다. 지구의 육체 속으로 내려오는 데에는 위험이 따를 수밖에 없습니다. 여기에 내려오는 존재는 자신의 제한을 초월해서 다시 영적인 세계로 상승해 돌아갈 수 없게 하는 자아감에 갇히거나, 혹은 여기에서 길을 잃게 될 가능성이 있습니다.

앞에서 말했듯이, 형태의 세계에 있는 모든 것은 더 높은 세계의 영적인 존재들에 의해 창조되었습니다. 여러분이라는 존재, 즉 여러분을 여러분답게 해 주는 독특한 개체성을 가진 여러분도 영적인 세계에 사는 상승 마스터들의 확장으로 창조되었습니다. 상승 마스터들은 높은 밀도의 구체로 내려가는 과정을 이미 겪었으며, 그 이후 모든 제한된 자아감에서 벗어났습니다. 따라서 여러분이 상승하지 못한 구체의 인식 필터 안에 있는 한, 제한된 정체성에서 벗어나기가 얼마나 어려운지를, 이들도 이미 직접 경험했습니다. 상승 마스터가 자신의 확장을 창조할 때, 그는 이러한 경험을 당연히 설계에 반영합니다.

우리는 자녀를 학교에 보내거나, 자녀가 성인으로서 삶을 시작할 때, 어떠한 위험에 직면하게 된다는 것을 알고 있습니다. 할 수만 있다면, 자녀들에게 좋지 않은 일이 일어나지 않게 자녀들을 보호하고 위험을 최소화하려고 할 것입니다. 마찬가지로, 상승 마스터들이 자신의 확장을 창조할 때, 그들도 그런 방식으로 일합니다. 개별화된 존재를 창조하는 것은 매우 복잡한 작업입니다. 그 작업은 고도의 과학적인 계산과 예술이 결합한 것입니다. 따라서 만약 상승 마스터들이 단순히 확장들을 창조하고 이들을 물질계에 육화하게 하면, 이러한 확장들은 실제로 길을 잃게 될 위험이 있습니다. 따라서 상승 마스터들도 자신의 일부를 상실하게 되는 것입니다.

따라서 이러한 위험을 최소화하기 위해서, 상승 마스터들은 독창적인 설계를 했습니다. 개별적인 존재를 창조할 때, 상승 마스터들은 영적인 세계에 항상 남아 있는 자아를 먼저 창조했습니다. 이 존재를 영적인 자아라고 부를 수도 있지만, 상승 마스터들은 일반적으로 "아이앰 현존"[67]이라고 부릅니다.

여러분의 아이앰 현존은 확장의 설계도인 청사진을 담고 있으며, 이것은 대단히 복잡하고 난해한 구조입니다. 이러한 복잡한 설계로 인해, 여러분은 지구에 사는 70억 명의 사람들과도 다르고 물질우주에 사는 수많은 자기-의식하는 존재들과도 다른 개체성을 가지게 됩니다. 이러한 개체성은 영적인 세계에 있는 다양한 층들에 거주하는 셀 수조차 없는, 무수한 생명흐름[68]과도 아주 다릅니다.

---

*여러분의 아이앰 현존은 대단히 복잡하고
난해한 설계도 청사진을 담고 있으며,
이러한 복잡한 설계로 인해,
여러분은 어떤 개체성과도 다른,
완전히 독특한 개체성을 가질 수 있습니다.*

아이앰 현존은 정말로 의식하는 존재이지만, 또한, 스스로 에너지인 마터 빛을 모읍니다. 하지만 아이앰 현존의 빛은 물질우주에서 볼 수 있는 어떤 것보다 진동수가 더 높습니다. 이 말은 지구에서

---

[67] I AM Presence; 우리의 더 높은 상위의 자아, 또는 영적인 자아, 진아(眞我). 우리의 영적인 정체성과 영적인 개성은, 아이앰 현존에 뿌리내리고 있으며, 따라서 지상에서 일어나는 그 어떤 일에 의해서도 결코 파괴되지 않습니다.

[68] Life stream; 개별적으로 자기-의식하는 존재를 지칭하는 용어. 종종 "영혼(soul)"으로 표현됩니다. 그러나 생명흐름은 영혼을 넘어서는 우리 존재의 부분들을 가리키며, 여기에는 아이앰 현존과, 또 창조주에 이르는 모든 영적 존재들의 계보가 포함되어 있습니다.

볼 수 있는 에너지로 인해, 아이앰 현존이 전혀 영향을 받지 않는 다는 의미입니다. 여기 지구에서 여러분에게 어떤 일이 일어나더라도, 여러분의 아이앰 현존에게는 영향을 미칠 수가 없습니다. 이렇게 함으로써, 여기 지구에서 일어날 수 있는 뭔가에 의해, 여러분 존재의 원래의 부분이 길을 잃거나, 변하거나, 파괴될 위험이 완전히 사라집니다.

물론, 이렇게 될 수 있는 이유는 아이앰 현존이 더 높은 수준의 에너지로 만들어졌기 때문입니다. 이것은 또한, 아이앰 현존이 지구와 같이 밀도가 높은 행성에 인간의 육체로 내려올 수 없다는 의미입니다. 대부분의 사람이 그러하듯이, 아이앰 현존도 영적인 세계에 남아 있으면서, 실제로 성장할 수가 있습니다. 하지만 아이앰 현존은 자유의지에 따라 가장 최근에 만들어진, 상승하지 못한 구체로 자신의 확장을 내려보내기로 결정해야만 최대의 성장을 이룰 수가 있습니다. 이러한 이유로, 아이앰 현존은 상승하지 못한 구체에 실제로 내려갈 수 있는 자신의 확장을 창조하게 됩니다. 이러한 창조가 어떻게 일어나게 되는지는 다음 장에서 다루겠습니다. 이 장의 나머지 부분에서는 아이앰 현존의 특성에 대해 살펴보겠습니다. 아이앰 현존과 하강하는 존재 사이의 관계는 다음 그림과 같이 묘사될 수가 있습니다.

상위자아에 대한 이해

그림 8 - 아이앰 현존과 그리스도 자아

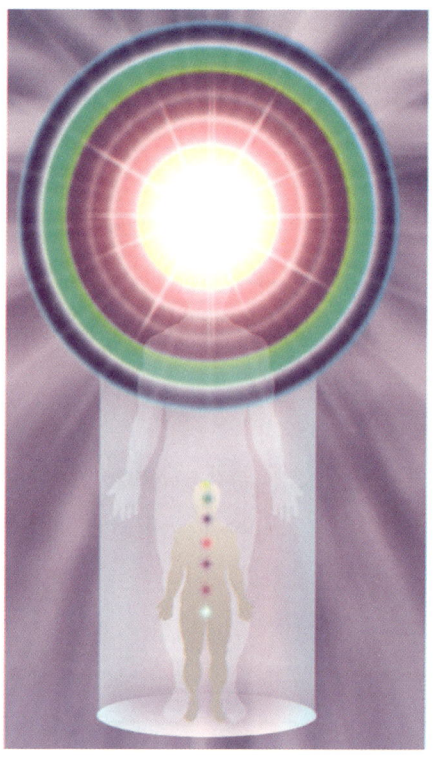

아이앰 현존은 여러분 위에 있는 구체 내부에 있으며, 원인체[69]를

---

[69] causal body; 우리의 아이앰 현존(I AM Presence)을 둘러싸고 있는 에너지 체. 여기에는 우리가 모든 육화를 통해 얻은 긍정적인 교훈과 성취 내용이 모두 저장되어 있습니다. 우리의 의식이 충분히 높아지면 우리는 신성한 계획을 이루기 위해 원인체에 저장된 성취 내용을 활용할 수 있습니다.

아카식 레코드(akashic record)에는 비디오와 같이 모든 물질계의 기록이 담겨 있지만, 원인체에 저장되는 내용은 아카식 레코드와 다릅니다.

영적인 세계에 있는 자아(Self)

상징하는 여러 색의 둥근 빛의 구체로 둘러싸여 있습니다. 하강하는 존재는 아래쪽에 있는 사람이며, 아이앰 현존과 빛으로 된 튜브 혹은 크리스털 줄로 연결되어 있습니다. 둘 사이에는 그리스도 자아가 있으며, 그리스도 자아는 아이앰 현존과 여러분의 하위 존재를 이어주는 연결 고리입니다.

중요한 것은 이 그림이 단지 여러분의 현존을 설명하는 하나의 예일 뿐이며, 아주 선형적인 그림이라는 사실을 깨달아야 합니다. 분명히 이 그림은 하늘이나 영적인 세계가 지리적으로 우리 위에 있다는 전통적인 관점에 따라 만들어진 것입니다.

중세 시대에 크리스천들은 지구 위로 계속 올라가면, 어떠한 막을 통과하여, 신의 왕국으로 들어가게 된다고 믿었습니다. 오늘날에는 로켓을 통해 이것이 옳지 않다는 사실을 증명했습니다. 따라서 이것은 현존에 대해 더 넓은 관점을 채택하는데 도움이 될 수 있습니다. 다시 말하지만, 다음의 예는 여러분과 여러분의 아이앰 현존 사이의 관계를 상징적으로 설명해주는 또 다른 방법이며, 이것 또한, 다소 선형적이라고 할 수 있습니다.

이 그림은 아이앰 현존 및 원인체가 여러분 바로 옆에 있다고 묘사하는데, 이것은 공간적으로는 분리되어 있지 않다는 의미입니다. 이것은 형태의 세계에 대한 구조를 계층적으로 이해하는데 기반을 두고 있습니다.

그림 9 - 아이앰 현존에게서 오는 에너지를 위한 열린 문이 되기

앞에서 설명했듯이, 창조주는 자신의 존재로부터 첫 번째 구체를 창조했습니다. 이 말은 신의 존재가 모든 것에 내재되어 있다는 의미입니다. 첫 번째 구체가 상승한 후, 그 구체에 살던 존재들은 자신의 존재로부터 두 번째 구체를 창조했습니다. 이러한 과정이 계속되어, 현재의 구체에 이르게 되었으며, 우리가 사는 물질우주도 이 구체의 일부입니다. 즉, 우리 위에, 저 높은 곳에 멀리 떨어져 있는 신이라는 전통적인 개념은 정말로 정확하지 않습니다. 영적인 존재들의 계층 구조는 창조주로부터 시작하여, 일곱 개의 층으로 확장되어 있습니다. 각각의 층은 그 위에 있는 층과 분리되어 있지

영적인 세계에 있는 자아(Self) 159

않습니다. 다시 말해, 하나의 층은 위에 있는 층의 확장입니다. 각각의 새로운 층은 이전 층의 "질료"로 만들어집니다. 다만 진동수가 감소하였을 뿐입니다. 따라서 건널 수 없는 장벽이란 없으며, 단지 진동에서 점차 차이가 날 뿐입니다.

이것은 분리란 실제로는 없다는 의미입니다. 여러분의 아이앰 현존은 영적인 세계에 사는 더 높은 존재의 확장이며, 하강한 자아는 아이앰 현존의 확장입니다. 따라서 여러분은 자신의 현존과 실제로 분리되어 있지 않습니다. 여러분은 자신의 현존이라는 공간, 즉 구체 안에 존재합니다.

분리란 여러분의 현재 인식 필터가 만들어낸 산물입니다. 자신의 인식 필터가 진실을 보여주고 있다고 생각한다면, 여러분은 자신을 필터를 통해 보고 있는 분리된 존재로 인식할 것입니다. 하지만 이러한 인식 필터(자아감)를 초월할 때, 비로소 순수의식 상태에 도달합니다. 그러면 여러분은 자신이 아이앰 현존과 하나라는 것을 더 깊이 느끼게 되고, 마침내 예수와 함께 이렇게 말할 수 있습니다. "나와 아버지는 하나이다." 그 시점에서, 여러분은 예수가 했던 또 다른 말도 충족하게 됩니다. "나는 누구도 닫을 수 없는 열린 문이다." 이제 여러분은 자신의 아이앰 현존이 이 세상에서 자신을 자유롭게 표현할 수 있는 열린 문입니다. 여러분이 자신을 외면의 자아[70]와 동일시하는 한, 여러분의 인식 필터는 현존으로부터 흐르는 에너지 일부를 걸러내고 차단합니다.

---

[70] outer self; 외적인 자아라고도 함

분리란 여러분의 현재 인식 필터가 만들어낸 산물입니다.
자신의 인식 필터가 진실을 보여주고 있다고 생각한다면,
여러분은 자신을 분리된 존재로 인식할 것입니다.

요점은 여러분이 실제로는 자신의 현존과 분리되어 있지 않으므로, 허물 수 없거나, 건널 수 없는 장벽이란 없다는 것입니다. 여러분의 현존은 바로 여기에 여러분과 함께하고 있습니다. 따라서 유일한 문제는 여러분의 자아(Self)가 현존의 진동 수준에 조율하는 것입니다.

이것은 여러분과 현존의 관계에서, 낮은 진동에서 높은 진동으로 올라가는 단계들이 있다는 의미입니다.

단계 1: 여러분이 현존과 의식적으로 연결되어 있지 않은 단계입니다. 여러분이 현존에 대해 아무것도 모르거나, 아니면 내면에서 그리고 직관에서 전혀 연결되지 않은 채, 현존은 단지 이론적으로만 존재하는 개념일 뿐입니다.

단계 2: 여러분이 현존과 어느 정도 연결되어 있지만, 어떠한 거리감이나, 장벽으로 인해, 자신의 현존과 여전히 분리되어 있다고 여기는 단계입니다. 여러분은 현존과의 연결을 강화하려고 노력하지만, 두 부분이 서로 연결된다는 개념은 필연적으로 이 두 부분이 공간적으로 분리되어 있다는 의미를 내포하게 됩니다. 이 단계에서, 우리는 대개 직관이 있고 신비 경험을 하거나, 혹은 더 큰 무언가와 연결되어 있다는 느낌이 있습니다. 이것으로 인해 우리는 영적인 여정에 마음의 문을 열게 됩니다. 하지만 우리 인식 필터는 영적인 여정에서 진보를 여전히 제한합니다.

단계 3: 여러분의 인식 필터에서 벗어나, 순수의식 상태에 이르러야 한다는 것을 깨닫는 단계입니다. 따라서 여러분의 인식 필터

에 대해 체계적으로 의문을 가지고서, 어떠한 필터도 거치지 않고 세상을 보려고 노력합니다. 여러분은 공간이 자신과 현존을 분리할 수 없다는 것을 깨닫기 시작합니다. 다시 말해 분리감은 여러분의 상상력이 만들어낸 허상일 뿐입니다.

단계 4: 이 단계에서, 여러분은 현존과 하나이며, 현존의 확장이라고 인식하게 됩니다. 이 말은 비록 여러분이 물질계에서 자신을 표현하기 위한 이동 수단으로 여전히 육체를 사용하고 있다 하더라도, 여러분이 자신의 하위 존재나 육체가 아니라는 사실을 알고 있다는 의미입니다. 다시 말해, 외형적인 개성이나, 에고 혹은 분리된 자아가 자신이 아니라는 것을 알고 있다는 의미입니다. 여러분은 단순히 열린 문이며, 투명한 유리일 뿐입니다.

아이앰 현존의 두 가지 측면

상승 마스터들로부터 받은 근본적인 가르침 중 하나는 형태의 세계에 존재하는 모든 것이 나누어질 수 없는 하나인, 창조주의 표현이라는 것입니다. 하지만 차별화된 형태의 세계를 창조하기 위해서 하나인 창조주는 먼저 자신을 서로 보완적인 두 개의 극성으로 표현했습니다. 이 둘은 음과 양, 남성과 여성, 확장과 수축, 알파와 오메가로 불릴 수도 있습니다.

지속 가능한 모든 형태는 두 개의 힘이 균형 잡힌 방식으로 서로 결합해야만 창조됩니다. 따라서 영적인 계층과 하나됨을 통해서 창조된 모든 형태 속에서 이러한 두 개의 측면을 찾을 수 있습니다. 이것은 여러분의 현존 역시 이러한 두 개의 기본적인 측면이 있다는 의미입니다.

"아이앰 현존"이라는 이름은 신이 모세에게 주었던 이름과 관련이 있습니다. 대부분의 성경에는, 이 용어가 "I AM THAT I AM"이라고 번역되어 있습니다. 하지만 일부 성경학자는 원래 히브리어를 더 정확하게 번역하면, "I WILL BE WHO I WILL BE"가 되어야 한다고 합니다. 여러분 현존에는 이 두 가지 측면이 모두 있습니다.

• I AM THAT I AM은 현존의 알파 측면이며, 이 측면은 변할 수 없고 움직일 수 없는 중심입니다. 이것은 여러분을 영적인 계보와, 궁극적으로는 창조주의 I AM THAT I AM에 연결해줍니다.

• I WILL BE WHO I WILL BE 측면은 여러분의 현존에게 물질계에서 자신을 표현하는 추진력을 제공해줍니다. 이것은 여기에 내려오는 여러분이 "초월하는(I WILL BE)" 측면에서 나온다는 의미입니다.

곰곰이 숙고해 보아야 할 중요한 점은 "아이앰(I AM)" 측면은 바뀔 수 없고, 절대로 변하지 않는 여러분 현존의 중심입니다. 반면 "초월하는(I Will Be)" 측면은 끊임없이 변하고 있으며, 좀 더 정확하게 말하면, 스스로를 초월하고 있습니다. 여러분이 물질계의 모든 제한과 과거에 행한 모든 "잘못"에서 실제로 초월할 수 있다는 것을 깨닫는데, 이것이 도움이 될 수 있습니다.

진정으로 초월할 수 있는 방법은 "초월하는(I Will Be)" 측면의 지속적인 흐름에 고정됨으로써, 여러분이 물질적인 상황에 붙잡혀 있다거나, 과거에 저지른 실수로부터 결코 피해 갈 수 없다는 에고와 이 세상의 거짓 교사들이 조장하는 거짓말의 피해자로 전락하지 않는 것입니다. 이것이 바로 예수가 "이 세상의 지배자"[71]라고 불렀던 것입니다. 이 세상의 지배자는 영(Spirit)인 여러분이 이 세상의 상황이나 잘못에 묶이게 되기를 바라고 있습니다. 하강한 자아(Self)는 현존의 "초월하는(I Will Be)" 측면의 확장입니다. 일단 이러한

---

[71] prince of this world

사실을 받아들인다면, 여러분은 실제로 어떠한 상황이든 초월할 수가 있습니다.

하지만 이 세상의 지배자는 아주 강력하고 교묘한 프로그램을 오랜 세월에 걸쳐 집단의식 속에 주입했으며, 우리 모두는 그것의 영향을 받았습니다. 이 세상의 지배자를 벗어나는 유일한 방법은 영(Spirit)이 이 세상에 존재하는 어떤 것에도 결코 붙잡혀 있지 않으며, 언제 어느 때라도 자신을 표현하고 싶은 대로 표현할 수 있다는 사실을 아는 것입니다.

> I AM THAT I AM 은 현존의 알파 측면이며,
> 창조주와 여러분을 연결해주는
> 움직일 수 없는 중심입니다.
> I WILL BE WHO I WILL BE 측면은
> 여러분의 현존에게 물질계에서
> 자신을 표현하는 추진력을 제공해줍니다.

이것은 선택의 결과를 직면하지 않고, 자신이 바라는 무엇이든지 하려는 에고의 추진력과는 다릅니다. 영(Spirit)의 바람은 세상의 제한된 조건들을 변형해서 최상의 잠재력이 펼쳐지도록 하는 것입니다. 여러분의 표현이 현재 상황에 제한되어야 한다고 생각하는 한, 단순히 여러분은 이 세상을 변형할 수가 없습니다. 따라서 사아(Self)가 열린 문이 될 때만, 비로소 여러분도 "초월하는 현존(I Will Be Presence)"의 제한 없고 조건 없는 창조의 흐름과 함께 흐를 수 있습니다.

이것을 다음과 같이 볼 수도 있습니다. 현존의 "아이앰" 측면은 변하지 않지만, "초월하는(I Will Be)" 측면은 자기-초월하는 생명 그

자체와 함께 지속해서 흐르도록 설계되어 있습니다. 따라서 하강한 자아(Self)는 지구에서 가능한, 모든 상황, 모든 경험 혹은 모든 정체성으로 들어갈 자유의지가 있지만, 결코 거기에 영원히 묶여 있을 수는 없습니다. 여러분이 초월할 수 없는 것은 아무것도 없습니다. 여러분이 영원히 갇혀 있을 수 있는 환경도 없습니다. 하지만, 자아(Self)에게 자유의지가 있으므로, 여러분은 실제로 물질적인 상황이나 과거의 잘못에 붙잡혀 있다고 믿을 수도 있습니다. 따라서 초월하는(I Will Be) 측면과 다시 연결되어, 자신의 제한을 초월하겠다고 결정할 때까지, 여러분은 자신의 마음속에 갇혀 있을 것입니다.

  자아(Self)는 물질계에 있는 어떠한 상황에 대해서도, 그것이 정말로 "나"라고 생각하거나, "나"라고 말을 해서도 안 됩니다. 여러분이 "나는 이런 하위자아[72]야"라고 생각할 때, 여러분은 자아와 자아를 정의하는 물질적인 상황을 초월할 수 있는 힘을 포기하는 것입니다. 그 대신에, 자아(Self)는 언제나 "초월하는(I will be)" 관점에서 생각해야 합니다. 여러분이 "나는 이렇게 제한된 자아야"라고 생각한다면, 그 자아에게서 벗어나는 유일한 방법은 그 자아를 다른 무언가로 교체하는 방법 외에는 없습니다. 여러분이 "나는 ~이 되겠다(I will be)"라고 생각한다면, 여러분은 그 자아를 바꿀 필요가 없습니다. 즉, 단순히 "나는 이 자아보다 더 큰 자아가 되겠다."라고 말하거나, "나는 내가 상상하는 새로운 자아가 되겠다."라고 말하면 됩니다. 다음 장에서, 우리는 하강한 자아(Self)에 대해 더 자세히 살펴볼 것입니다.

---

[72] lower self; 네 하위체 또는 영혼(soul)의 의미로 사용됨

9
물질계로 내려오는 자아(Self)

앞에서 보았듯이, 상승 마스터들은 여러분의 독특한 개체성을 담아두는 저장소로써, 아이앰 현존을 창조했습니다. 이렇게 하는 이유는 여러분이 물질계에서 경험하는 것으로 인해, 여러분의 개체성이 훼손되거나, 왜곡되는 것을 확실하게 방지하기 위해서입니다. 하지만 앞에서 살펴본 것처럼, 이것 때문에 아이앰 현존은 물질계의 육체로 직접 내려갈 수가 없습니다. 이 말은 아이앰 현존이 자신의 확장을 내려보낼 수밖에 없다는 의미입니다. 이 장에서 다룰 내용은 이러한 확장에 관한 것입니다.

그러면, 아이앰 현존이 자신의 확장을 육화하도록 내려보내는 그 과정을 어떻게 바라보는지 이해하는 것부터 시작하겠습니다. 현존[73]이 이렇게 하는 데에는 두 가지 목적이 있습니다.

• 현존은 자기-의식을 성장시키고자 합니다.

---

[73] Presence; I AM Presence를 줄여서 현존으로 표기하기도 함

• 현존은 가장 최근에 만들어진 이 구체가 상승하여, 영적인 세계의 일부가 될 수 있을 때까지, 이 구체를 끌어올리는 일을 돕고 싶어 합니다.

현존은 이러한 목적들을 어떻게 달성할 수 있을까요? 현존은 두 가지의 주요한 목표를 가지고 있습니다.

• 현존은 물질계를 내부에서 경험하고 싶어 합니다. 높은 세계에 사는 영적인 존재로서 이 세상을 바라보는 것과 이 세상에 살면서 이 세상의 여러 가지 제한으로 인해 어느 정도 영향을 받는 존재의 관점에서 세상을 바라보는 것 사이에는 분명히 차이가 있습니다. 아이앰 현존은 이러한 내부의 관점을 갖고자 합니다. 그 이유는 이러한 관점을 이해하고, 초월하는 방식이 현존이 자신의 자아감을 확장하는 데 도움이 되기 때문입니다.

• 현존은 자신의 창조적인 잠재력을 이 세상에 표현하고 싶어 합니다. 이것은 두 가지의 작용으로 나타납니다. 하나는 영적인 빛을 여러분의 독특한 개체성이라는 프리즘을 통해 표현하는 것입니다. 또 다른 하나는 여러분의 개체성을 통해, 현존의 영적인 관점이 집중되도록 하는 것입니다. 간단한 예로서, 상승하지 못한 구체는 단지 적은 양의 빛만이 존재하고 있는 어두운 방에 비유될 수가 있습니다. 아이앰 현존이 지닌 영적인 빛을 구체 속으로 방출하면, 구체는 상승 지점에 더 가까이 다가가게 됩니다. 하지만 이렇게 되기 위해서 현존은 구체 내부에 초점을 맞추어야 하며, 자아는 자신을 현존을 위한 열린 문으로 인식해야만 합니다.

잃어버릴 수 없는 자아(Self)를 창조하기

앞에서 보았듯이, 상기 목적은 오직 아이앰 현존이 자신의 확장을 창조하여, 물질계로 내려보내야만 이루어질 수 있습니다. 하지만 하강한 자아(Self)가 이 세상에 영원히 갇혀 있지 않으려면, 이러한 하강을 어떻게 해야 하는지에 대한 우려가 생기게 됩니다. 바로 이 부분이 선형적이고 분석적인 마음으로는 이해하기 어려운 미묘한 부분입니다. 이것을 설명하는 한 가지 방법은 아이앰 현존에게 두 가지의 측면이 있다는 것입니다.

- **의식, 자기-의식 혹은 현존**. 이러한 측면들은 형태가 없습니다.
- **개체성**. 이 측면은 형태가 있으며, 형태의 세계에서 표현하고 싶어 합니다.

앞에서 보았듯이, 일부 과학자는 우주 전체가 거대한 마음을 닮았다고 깨닫기 시작했습니다. 신비주의자들이 오랫동안 주장하고 있는 바에 따르면, 오직 하나의 마음, 즉 창조주의 마음만이 존재하며, 이 하나의 마음은 자기 자신을 많은 개별적인 존재들로 표현할 수 있다고 합니다. 이 주제에서 중요한 점은 아이앰 현존이 형태가 없는 첫 번째 측면의 확장을 창조한다는 것입니다. 다시 말해, 아이앰 현존은 자신의 자기-의식에 대한 확장을 창조하며, 물질우주로 하강하는 것은 바로 이 확장이며, 반면에 개체성은 접촉할 수 없는 안전한 상태로 영적인 세계에 남아 있습니다.

우리는 또한, 자기-의식이 실제로 형태의 세계를 초월해 있다고 말할 수 있습니다. 자기-의식은 형태가 없으며, 형태에 의해 영향을 받을 수 있는 속성도 없습니다. 하지만 개체성은 형태가 있으므로, 다른 형태에 의해 실제로 영향을 받을 수 있습니다. 이러한 이유로 우리의 자기-의식이 성장할 수 있습니다. 요점은 여러분의 개체성은 하강하지 않고, 영적인 세계에 안전하게 남아 있다는 것입니다. 다시 말해 하강하는 것은 여러분의 순수한 자기-의식의 확장입니다. 따라서 이러한 자아(Self)에는 개체성이 내재되어 있지 않습니다. 이 자아(Self)는 아이앰 현존을 위한 열린 문일 뿐입니다.

간략하게 시각적으로 설명하자면, 경찰관이 끝에 렌즈가 달린 유연한 튜브를 가지고 있고 이 튜브를 방안으로 집어넣을 수 있다고 가정해 봅시다. 이 튜브는 비디오카메라와 연결되어 있으므로, 방 안에서 무슨 일이 일어나고 있는지 알 수 있습니다. 한 번 더 시각적으로 간략하게 설명하자면, 아이앰 현존은 "빛으로 된 튜브"를 더 길게 만들어, 물질우주 속으로 내려보내고 튜브 끝에는 맑은 유리로 된 렌즈가 달려 있습니다. 이 렌즈는 양방향으로 작동합니다. 아이앰 현존은 렌즈를 통해, 빛을 물질우주로 보낼 수 있으며, 또한, 이 렌즈를 통해 세상을 바라봄으로써, 물질우주를 내부에서 경험할 수 있습니다. 렌즈 그 자체는 단지 순수의식일 뿐입니다. 이를테면, 렌즈는 물질우주 속에서 결코 길을 잃을 수 없으며, 물질계에서 마주하게 되는 것들에 의해 왜곡될 수도 없습니다. 하지만 렌즈가 확장될 수는 있으며, 여러분이 더 높은 의식 상태로 성장하게 됨에 따라, 이러한 확장이 일어납니다. 다시 말해, 여러분이 열린 문이 될 뿐만 아니라, 그 문도 더 커지게 됩니다.

신비 경험을 통한 앎: 신비적 직관[74]

상승 마스터들은 우리가 앞에서 신비 경험이라고 불렀던 것을 여러분이 경험해야만, 이 가르침이 진실하다는 것을 알 수 있다고 여기고 있습니다. 일반적으로, 인간의 마음은 구체적인 생각, 즉 어떤 형태를 가진 생각에 집중하거나 몰입합니다. 생각은 그릇에 담긴 내용물에 비유될 수 있습니다. 그러면, 그릇 자체는 무엇일까요? 그릇은 순수한 형태의 의식입니다. 시대를 막론하고, 신비주의자들이 말하고 있는 것은 만약 우리가 마음을 가라앉히면, 즉 생각에 몰입

---

[74] Gnosis

된 상태에서 벗어나면, 순수한 형태의 의식을 경험할 수 있다고 합니다. 철학자 르네 데카르트(Rene Descartes)는 "나는 생각한다. 고로 나는 존재한다."라는 유명한 말을 남겼습니다. 신비주의자들은 한발 더 나아가, 이렇게 말하고 있습니다. "맞아, 하지만 생각할 수 있게 해 주는 것은 무엇이지? 그것은 바로 우리에겐 우리의 현존이 있다는 것, 즉 자기-의식을 한다는 증거야." 따라서 우리는 이 말을 이렇게 바꾸어 말할 수가 있습니다. "나는 존재한다(I AM), 따라서 나는 자기-의식을 하고, 이것으로 인해 내가 생각할 수 있다."

많은 사람이 성장하면서 자아(Self)에는 어떠한 개체성이나 형태도 없다는 개념을 믿어 왔지만, 상승 마스터들은 이것이 진실과 다르다는 것을 알고 있습니다. 따라서 이러한 사람들은 분석적인 마음을 사용함으로써, 이 자아(Self)에 반대하거나, 아니면 논쟁할 수도 있습니다. 하지만 마스터들의 가르침에 따르면, 분석적인 마음은 어떠한 제약, 즉 오직 형태가 있는 것만을 다룰 수 있는 제약이 있다고 합니다.

정확하게 말하면, 이러한 분석적인 마음의 속성 때문에, 우리가 어떠한 제한을 초월할 수 없는 물질적인 존재라고 믿게 됩니다. 분석적인 마음은 모든 것을 자체의 데이터베이스에서 알고 있는 뭔가와 반드시 비교해야 합니다. 하지만 이미 알고 있는 것을 사용하여, 어떻게 알고 있는 것에서 초월할 수가 있을까요? 알베르트 아인슈타인은 "문제를 만들어낸 의식과 같은 의식으로는 문제를 해결할 수 없다."라고 말했습니다.

나중에 더 자세히 이야기하겠지만, 우리는 물질계에 있는 제한에 기초하여 정의된 자아를 창조할 수가 있습니다. 하강한 자아(Self)가 자신을 이러한 분리된 자아와 동일시한다면, 이 자아가 보는 모든 것은 제한으로 인해 채색되고, 따라서 자아는 이러한 제한을 확인하게 될 것입니다. 이것은 인간이 안고 있는 딜레마, 즉 실존하는 진퇴양난의 상황을 설명하는 또 다른 방법입니다.

그 상황에서 탈출하는 유일한 방법은 여러분이 이러한 세속적이고 분리된 자아보다 더 큰 존재라는 것을 알게 해 주는 직접적인 경험을 하는 것입니다. 여러분이 의식적으로 살아 있으면서, 동시에 일반적인 생각을 넘어선 존재라고 느낄 수 있는 경험을 할 때만, 이러한 일이 일어날 것입니다. 다시 말해, 자신의 일반적인 자아감을 의식하지 않고도, 혹은 그러한 일반적인 자아감과 동일시하지 않고도, 충분히 의식적으로 있게 됩니다. 정확하게 말하자면, 이러한 신비 경험은 점차 자신을 분리된 자아와 동일시하지 않는 과정을 시작하는 토대가 됩니다. 따라서 하강한 자아(Self)는 자신이 아이앰 현존을 위한 열린 문이며 그 이상도 그 이하도 아니라는 것을 깨닫게 되는 원래의 상태로 돌아갈 수 있습니다.

많은 영성인이 이미 이러한 신비 경험을 했으며, 여러분도 그들 중 한 사람일지 모릅니다. 여러분은 더 큰 뭔가와 연결되어 있다는 느낌, 즉 여러분이 더 큰 실체, 어쩌면 모든 것이나 심지어 신과 하나라고 느꼈던 적이 있나요? 여러분이 처해 있는 상황이나, 늘 머릿속에 가득 찬 생각을 인식하지 않고도, 의식적인 상태가 되었던 적이 있나요? 물질계를 넘어서는 세상이나 그런 차원에 대한 비전을 가졌던 적이 있나요? 여러분이 자신의 육체보다 훨씬 더 큰 존재이거나, 더 큰 몸의 세포와 같다고 느낀 적이 있나요? 신비 경험에도 이처럼 많은 형태가 있으며, 다양한 순수함의 형태로 나타납니다. 하지만 중요한 점은 우리가 할 수 있는 "보통의" 인간 의식을 초월하는 모든 경험은 여러분 존재의 핵심, 즉 하강한 자아(Self)가 정말로 순수의식이라는 것을 말해 줍니다.

> 왜곡된 에너지가 제거되어 마음이 깨끗해지면,
> 별다른 노력을 하지 않아도,
> 여러분은 자연스럽게 신비 경험을 할 것입니다.

이러한 경험을 하지 못했다고 해도, 실망하지는 마세요. 이미 살펴본 것처럼, 상승 마스터들은 우리가 더욱 높은 의식 상태를 경험할 수 있도록 도와주는 많은 도구를 주었습니다. 왜곡된 에너지가 제거되어, 마음의 네 층이 순수해지면, 별다른 노력을 하지 않아도, 자연스럽게 신비 경험을 하게 됩니다. 그 이유는 하강한 자아(Self)에게는 순수의식이 자연스러운 상태이기 때문입니다.

숙고해야 할 중요한 점은 하강한 자아가 순수의식이라는 것이며, 이것은 자아에는 형태가 없다는 의미입니다. 따라서 이 자아는 물질계의 어떤 것으로도 훼손되거나, 죽을 수 없습니다. 또한, 어떠한 형태에 영원히 갇히거나, 구속될 수도 없습니다. 현재 여러분의 자아감이 무엇이든 상관없이, 진정한 여러분의 순수한 자아(Self)는 실제로 그런 모든 측면을 초월할 잠재력이 있습니다. 여러분이 무엇을 경험했건, 아니면 현재 경험하고 있건 상관없이, 여러분은 자신의 자아감을 다시 만들어낼 수 있는 잠재력이 있습니다. 따라서 열린 문이 될 수 있고, 열린 문이 됨으로써, 여러분의 영적인 진정한 개체성을 이 세상에 존재하는 자아(Self)라는 렌즈를 통해 자유롭게 표현할 수 있습니다.

물론, 자신이 영적인 존재라는 사실을 어떻게 망각했는지에 대한 의문은 여전히 남아 있으며, 여기에 대해서는 이 장의 나머지 부분에서 다루겠습니다. 하지만 먼저 "하강한 자아(Self)"에 대해 더욱 실용적인 이름을 정할 필요가 있습니다. 많은 이름이 사용될 수 있지만, 상승 마스터들은 "의식하는 자아"[75]라는 이름을 선택했습니다. "의식하는 자아"라는 말은 여러분이 궁극적으로 의식적으로 되거나, 인식하게 해 주는 것이 바로 하강한 자아라는 의미입니다. 여러분이 여전히 물질계에 있고 이 세상에서 더 수준 높은 형태를 공동창조할 잠재력이 있다고 인식하면서, 동시에 여러분이 정말로 초월하는 현존(I Will Be Presence)이라는 것을 알 때, 이러한 상태, 즉 의식하는 자아의 상태에 도달하게 됩니다.

자아(Self)는 자신을 어떻게 표현할까요?

다시 말하지만, 의식하는 자아는 이 세상에서 길을 잃을 수 있는 위험성을 최소화하기 위해서 창조되었습니다. 이 말은 영적인 세계와 물질계 사이의 진동수 차이가 상당히 크기 때문에, 의식하는 자아가 육체와 직접 상호 작용할 수 없다는 의미입니다. 실제로 육화하기 위해서, 의식하는 자아는 현재 지구에서 보이는 것과 같은 에너지와 형태로 만들어진 자아감 속으로 자신을 투사함으로써 육화 과정을 시작합니다. 그렇게 함으로써, 이 자아는 육체와 상호 작용할 수 있습니다.

이와 같은 지혜로운 설계로 인해, 물질 자아가 손상되거나, 파괴되더라도, 의식하는 자아에게는 아무런 일도 일어나지 않습니다. 따라서 물질계의 낮은 에너지는 의식하는 자아라는 순수한 자기-의식에 절대로 영향을 미칠 수가 없습니다. 한생을 받아들이면, 이것을 심상화하기가 그리 어렵지 않습니다. 여러분은 육체가 죽는다고 해서 영혼(soul)도 함께 사라지지 않는다는 것을 잘 알고 있을 것

---

[75] Conscious You; conscious self라고도 함. 의식하는 자아는 우리 하위 존재의 핵심. 의식하는 자아는 바로 아이앰 현존의 확장으로서, 영적인 세계에서 하강한 것입니다. 우리의 자유의지가 자리한 곳은 바로 의식하는 자아입니다.

입니다. 마찬가지로, 외면의 자아가 죽는다고 해서, 의식하는 자아가 사라지지는 않습니다.

우리가 육화하는 과정은 아주 복잡하지만, 여기서는 요약해서 간단하게 살펴보겠습니다. 원래의 설계에 따라, 우리는 앞에서 정체성층이라고 불렀던, 보호받는 환경으로 내려가서, 육화 과정을 시작합니다. 이러한 정체성층은 물질우주의 네 층 가운데 가장 높은 층입니다. 우리는 신비 학교[76]라고 부르는 영적인 환경에서 어느 정도 시간을 보내면서 배웁니다.

이 신비 학교에서, 우리는 물질 자아와 자신을 동일시하지 않으면서, 물질 자아를 입고 그 자아를 초월하는 방법을 배우면서 시작합니다. 우리가 물질 자아와 동일시하지 않는 한, 그 자아를 초월할 수 있습니다. 우리는 어떠한 자아를 입고 그 자아를 초월하는 과정을 통해서 자기-의식이 성장합니다. 더 많은 경험을 쌓아갈수록, 우리는 자신의 자아를 정의할 수 있으며, 이것은 우리가 육체 속으로 하강하기 위한 토대가 됩니다.

다시 말하지만, 정체성층과 물질계 사이에는 실제로 진동수에서 커다란 차이가 있습니다. 물질계는 밀도가 훨씬 더 높으며, 따라서 육체 속으로 내려오는 순간, 우리의 관점은 크게 변합니다. 인간의 육체는 물질적인 상황으로 인해 분명히 아주 많은 제약을 받습니다. 이 말은 우리가 자신을 육체와 동일시한다면, 물질적인 상황이 마치 우리를 지배할 힘이 있는 것처럼 보일 수 있다는 의미입니다.

---

[76] Mystery School: 사기-의식을 가진 존재들에게 의식을 높이기 위한 입문들을 제공해주기 위해 설계된 환경. 일반적으로 신비 학교는 높은 성취를 이룬 상승 마스터가 감독합니다.

자아(Self)는 왜 자신이 누구인지 망각할까요?

의식하는 자아는 물질계의 높은 밀도 속으로 내려오기 위해, 물질계의 형태와 에너지로 만들어진 특정한 자아를 입습니다. 이 자아는 마치 인식 필터와 같으며, 이 필터는 색안경에 비유될 수가 있습니다. 누군가가 태어날 때, 붉은색의 콘텍트렌즈가 눈에 씌워져 있다면, 무슨 일이 일어날지 생각해 보세요. 하늘은 정말 자주색이고, 하늘을 경험할 수 있는 다른 방법은 전혀 없다고 확신하면서 성장할 것입니다.

외부 상황이 자신을 지배할 힘을 가지고 있는 이유는, 필터를 통해 보는 것이 우리 인식과는 관계없는 사실이라고 믿기 때문입니다. 이것은 앞에서 마음을 만화경에 비유함으로써 설명했던 것입니다. 만화경 속에 들어 있는 채색된 유리 조각들은 여러분의 마음속에 있는 많은 믿음과 같습니다. 이러한 믿음으로 인해, 여러분이 제한된 존재이며, 물질계가 여러분을 지배할 힘이 있다고 믿습니다.

여러분이 삶을 바라보는 방식이 특정한 종류의 자아, 즉 특정한 인식 필터의 산물일 수도 있다는 것을 깨닫기 시작하면, 감탄할 만한 기회가 열리게 됩니다. 그러면 이제는 삶을 변화시킬 수 있는 질문을 던질 수 있습니다. "세상을 바라볼 수 있는 유일한 방법이 현재의 자아뿐인가? 아니면 내가 현재의 한계를 초월하도록 도와줄 다른 방법이 있는가?"

인간 존재의 핵심 문제:
우리는 특정한 인식 필터를 통해서 삶을 경험하지만,
이러한 필터는 많은 필터 중
단지 하나에 불과하다는 것을 알지 못합니다.

분명히, 많은 사람은 우리와 같은 방식으로 삶을 바라보지 않는다는 것을 알 수 있습니다. 논리적으로 설명하자면, 이 사람들은 서로 다른 다양한 자아, 즉 서로 다른 인식 필터를 통해 세상을 경험하고 있습니다. 이 개념은 다른 사람들과 의견 일치를 보기 어렵거나, 심지어 이러한 사람들과 의사소통이 몹시 어려운 이유를 설명해줍니다. 한 사람은 노란색 안경을 쓰고, 또 한 사람은 붉은색 안경을 쓰고 있다면, 하늘의 색깔에 대해, 이들은 의견 일치를 보지 못합니다. 왜냐하면, 이들은 각자가 다른 것을 보고 있기 때문입니다.

그러면, 이제 무엇을 해야 할까요? 자, 삶과 영적인 주제에 대한 이해를 증진함으로써, 우리는 인식 필터를 정화하거나 확장하는 과정에 참여할 수 있습니다. 우리 중 많은 사람이 영적인 가르침과 자기 계발에 관련된 가르침을 공부함으로써 이렇게 해왔습니다. 우리는 삶의 영적인 측면에 대해 더 깊은 이해를 얻게 되며, 이것은 삶에 대한 인식을 바꾸는데 도움이 됩니다.

하지만 이러한 접근 방식에도 다소의 제약이 따른다는 것을 알 수 있습니다. 예를 들어, 많은 영성인은 여전히 초월할 수 없는 어떠한 성격적인 특성이나 습관이 있습니다. 사실, 일부 사람은 영적인 가르침을 이용해서 심지어 새로운 인식 필터를 만들어내기도 했습니다. 이와 같은 새로운 필터는 영적인 가르침을 찾아내기 전에 가졌던 필터만큼이나 여러 가지 측면에서 그들을 제한합니다. 일부 영성인들은 "내 인식 필터는 옳지만, 너희 인식 필터는 잘못되었다."라는 것을 다른 사람들에게 설득하느라 정신이 없습니다. 이러한 노력은 이 행성에서 오랫동안 지속되고 있습니다. 심지어 일부 사람은 우월감마저 가지고 있습니다. 그 이유는 자신의 영적인 스승이나, 가르침이 다른 어떤 것보다 뛰어난 인식을 자신에게 제공해주고 있다고 느끼기 때문입니다.

　그렇다고, 이 말이 영적인 가르침을 배우는 것이 잘못이라거나, 인식 필터를 확장하는 것이 잘못이라는 의미는 아닙니다. 하지만 상승 마스터들은 이러한 상황이 단지 어떠한 단계에 불과하며, 영적인 여정에는 이보다 더 높은 단계가 존재한다고 말합니다. 다음 단계는 무엇일까요?

　자, 또 다른 의문을 제기해보면 어떨까요, "어떠한 인식 필터도 전혀 없이, 삶을 경험할 수 없을까?" 다른 말로 하면, 인식 필터를 단순히 확장하는 것이 아니라, 모든 인식 필터를 초월하는 것이 가능할까요? 이미 살펴본 것처럼, 의식하는 자아는 정말로 아이앰 현존을 위한 열린 문이 되도록 창조되었습니다. 열린 문이 된다는 것은 어떠한 인식 필터도 없다는 의미입니다. 다시 말해, 여러분이 이 세상에서 볼 수 있는 에너지와 형태에서 만들어진 필터를 통해 물질계를 바라보지 않는다는 말입니다. 그 대신, 여러분의 아이앰 현존이 보는 것처럼, 물질계를 봅니다.

　이러한 개념은 많은 신비 가르침에서도 찾아볼 수 있습니다. 예를 들어, 티베트 불교의 창시자인 파드마삼바바[77]는 이것을 "순수의식"[78] 혹은 "본연의 인식"[79]이라고 불렀습니다. 선(禪) 불교에서는 이것을 "초발심"[80]이라 부르며, 예수는 하늘나라에 들기 위해서는 어린아이처럼 되어야 한다고 말했습니다. 순수한 지각으로 세상을 바라보면, 이 세상에 있는 모든 것이 아이앰 현존으로부터 흘러나오

---

[77] PadmaSambhava; 한국의 통일과 관련된 파드마삼바바의 구술문 및 기원문은 '신성한 선물' 책에서 볼 수 있습니다.
[78] pure awareness; 의식하는 자아(Conscious You)가 순수의식임
[79] naked awareness
[80] beginner's mind

는 에너지가 진동수가 낮추어져서 만들어졌다는 것을 알게 됩니다. 따라서 여러분은 "신과 함께라면, 모든 것이 가능하다."라는 것을 글자 그대로 경험하게 됩니다. 에너지는 단지 파동으로 만들어졌으며, 낮은 진동수의 파동은 더 높은 진동수의 파동과 상호 작용을 함으로써, 변할 수 있습니다. 따라서 열린 문이 되어, 영적인 에너지를 흐르게 할 수 있는 사람들에게는, 정말로 모든 것이 가능합니다.

인식 필터를 의심하기

이제 더 높은 의식 상태로 이끌어주는 "영적인 성장"이라는 개념이 우리가 가진 인식 필터를 벗어버리는 과정이라는 것을 알 수 있습니다. 현재의 자아감을 정의하는 인식 필터를 통해 삶을 바라보는 한, 물질적인 상황이 실제로 존재하며, 이러한 상황이 여러분을 지배할 힘이 있다는 믿음을 의심할 방법이 없습니다. 이러한 상황을 초월하는 유일한 방법은 그 상황이 실제처럼 보이게 하는 바로 그 인식 필터에 의문을 가지는 것입니다. 하지만 인식 필터의 내부에서 삶을 바라보는 한, 그 인식 필터에 의문을 가질 수가 없습니다. 나는 이것을 바로 앞에서 인간의 수수께끼, 즉 실존하는 진퇴양난의 상황이라고 불렀습니다. 의식하는 자아가 물질 자아라는 인식 필터를 통해 자신을 바라보는 한, 자신이 인식하고 있는 것에 의문을 가질 수가 없습니다.

열린 문이 된다는 것은
어떠한 인식 필터도 없다는 의미입니다.
나시 밀해, 여리분의 아시앤 현존이 보는 것처럼,
물질계를 본다는 의미입니다.

유일한 출구는 신비 경험뿐이며, 이러한 경험을 통해 현재의 자아감이 자신이 아니라는 사실을 깨닫습니다. 실제로, 여러분은 영적인 세계에서 내려온 존재이며, 그런 여러분은 지구의 어떤 것으로도 영원히 영향을 받을 수 없습니다. 이 존재는 단지 제한된 자아를 입고 있을 뿐이며, 그 자아라는 필터를 통해 자신을 바라보는 한, 이 자아가 자신이라고 생각합니다. 하지만 여러분의 현재 인식과는 상관없이, 여러분은 여전히 하강했던 그 존재입니다.

이것을 시각적으로 설명하자면, 누군가가 여러분에게 쌍안경을 주었다고 가정해 보세요. 이 쌍안경을 통해 보고 있는 동안, 정말로 맨눈으로 사물을 보는 것보다 더 선명하게 볼 수가 있습니다. 하지만 이에 따른 대가가 있는데, 쌍안경으로는 아주 좁은 시야밖에 볼 수 없다는 것입니다. 따라서 더 넓은 시야로 돌아가기 위해서는, 단지 쌍안경에서 눈을 떼고, "맨눈"으로 세상을 보아야 합니다. 마찬가지로, 의식하는 자아가 "외면의 자아"라는 쌍안경에서 눈을 떼는 방법을 점차 익힐 수 있습니다.

다음 단계로 의식하는 자아가 어떻게 현재의 자아감을 가지게 되었는지 살펴봅시다. 현재의 자아감을 가지기 위해서, 의식하는 자아는 자신을 그러한 자아 속으로 투사해야 합니다. 이것은 마치 극장 공연이나 영화에서 맡은 역할을 연기하기 위해, 특정한 의상을 입고, 분장하는 배우와 아주 흡사합니다. 현재의 자아는 삶이라는 극장에서 연기하기로 선택한 역할에 불과합니다. 하지만 이러한 역할을 싫증이 날 정도로 충분히 연기(演技)하고 나면, 입었던 의상을 벗어버릴 수도 있습니다.

어떻게 하면 현재의 자아를 초월할 수 있을까요? 의식하는 자아가 자신을 그러한 자아 속으로 투사했다는 사실을 깨달음으로써, 현재의 자아를 초월할 수 있습니다. 이 말은 의식하는 자아가 또한,

하위자아 밖으로 자신을 끌어낼 잠재력이 있다는 의미입니다. 이렇게 하는 방법은 의식하는 자아가 어떠한 인식 필터도 없는, 순수의식 상태에 도달할 잠재력이 있다고 깨닫는 것입니다. 여러분은 단지 물질계에 존재하는 상황들을 분류하거나, 판단하지 않고, 있는 그대로 봅니다. 분류하고, 판단하는 것은 바로 인식 필터의 산물입니다.

일단 여러분이 외면의 자아가 단지 인식 필터이고, 그 필터를 통해 보는 어떤 것도 궁극적으로 실재하지 않음을 꿰뚫어 보게 되면, 자신을 그 외면의 자아와 동일시하지 않기가 더 수월해집니다. 사실, 여러분이 일단 순수의식을 경험하게 되면, 외면의 자아와 자신을 동일시하는 느낌을 완전히 극복하는데 상당한 시간이 소요되기는 하지만, 더 이상 자신을 외면의 자아와 완전히 동일시하지 않게 됩니다.

노란색 안경을 착용했다고 해서 여러분 눈이 바뀌는 것이 아니듯이, 현재의 자아감으로 인해, 의식하는 자아가 영원히 변하지 않는다는 사실을 깨닫는 것이 핵심입니다. 의식하는 자아는 지구에서 정의된 어떤 인식 필터도 없는 순수의식 상태에 완벽하게 도달할 수가 있습니다. 그러면, 사물을 있는 그대로 볼 수 있습니다.

예수가 "네 눈이 온전하면 온몸이 밝을 것"이라고 했던 말이 바로 이것입니다. 이 문구를 숙고해 보세요. 비전이 "온전"[81]하다는 의미는 비전이 인식 필터로 인한 환영으로 물들지 않는다는 것입니다. 따라서 물질우주에 존재하는 모든 것이 영적인 빛으로부터 만들어졌다는 것을 알게 됩니다. 이것이 자신의 제한을 초월하는데, 어떻게 도움이 될까요?

---

[81] single eye; 물리적인 눈이 아니라 제3의 눈 차크라를 통해서 본다는 의미임

인식 필터 해체하기

앞에서 설명한 것처럼, 물질우주에 존재하는 모든 것은 영적인 빛으로부터 만들어졌으며, 단지 이 빛이 일시적으로 보이는 겉모습을 띠고 있을 뿐입니다. 하지만 여러분이 물질 자아라는 인식 필터를 통해 세상을 바라보는 한, 겉으로 보이는 일시적인 것들이 마치 실제로 존재하는 것처럼 보입니다.

이것은 꼭 이해해야 하는 중요한 원리입니다. 우리 인식 필터는 우리를 지배할 힘이 실제로 없습니다. 하지만, 이러한 인식 필터는 우리가 가진 힘을 빼앗아 갈 수는 있습니다. 왜냐하면, 우리에게는 이 필터 외부에 있는 참조틀이 없기 때문입니다. 왜 중세 시대의 사람들은 지구가 우주의 중심이라는 가톨릭교회의 교리가 전혀 오류가 없다고 믿었을까요? 그 이유는 초기 천문학자들이 제공해주는 참조틀을 중세 시대의 사람들이 가지고 있지 않았기 때문입니다. 초기 천문학자들은 이렇게 말했습니다. "미안하지만, 하늘에 있는 물체들은 교리에 따라 움직이지 않는다. 그렇다면 우리가 왜 그런 교리를 믿어야 할까?"

비전이 "온전(single)"하다는 의미는
비전이 인식 필터로 인한 환영으로
물들지 않는다는 것입니다.
따라서 물질우주에 존재하는 모든 것이
영적인 빛으로부터 만들어졌다는 것을 알게 됩니다.

다시 한번, 높은 울타리로 만들어진 미로(迷路)의 예를 살펴봅시다. 미로 속으로 들어가는 것은 마치 인식 필터를 착용하는 것과 같습니다. 왜냐하면, 보이는 거라고는 녹색의 벽뿐이며, 위에서 볼

때와 같은 관점에서 미로를 인식하지 못하기 때문입니다. 출구와 관련하여, 여러분의 현재 위치가 어디인지 알 방법이 없습니다.

그렇다면, 어떻게 해야 할까요? 글쎄요, 이리저리 헤매고 다니다가, 정말로 운이 좋아 우연히 출구를 만날 수 있기를 희망할 수 있습니다. 아니면 여러분이 처한 상황에서 벗어나기 위해, 마음의 능력을 사용해서 자신이 이동해온 경로들을 잘 살펴보고, 주위에서 본 것들을 근거로, 미로에 대한 지도를 그릴 수도 있습니다. 하지만 세 번째 선택권은 위에 밧줄이 매달려 있다는 것을 알아차리는 것입니다. 그 밧줄을 잡고 위로 올라가면, 미로를 위에서 볼 수 있습니다. 밧줄을 잡고 위로 올라가는 것은 의식하는 자아가 현재 인식 필터에서 벗어나는 능력을 사용하는 것입니다.

원리는 간단합니다. 우리의 인식 때문에, 우리는 실재를 보지 못합니다. 다시 말해, 그러한 인식은 우리에게 왜곡되거나 잘못된 실재의 관점을 제공합니다. 하지만 필터를 통해서 세상을 살펴보는 한, 우리 관점이 왜곡되어 있다는 것을 알 방법은 없습니다. 우리가 인식 필터에서 벗어나기 위해서는, 인식 필터 외부에 진실이 있다는 것을 알려줄 참조틀이 필요합니다.

역사를 보면, 모든 종교는 우리에게 인식 필터 외부에 있는 참조틀을 제공하게 되어 있었음을 알 수 있습니다. 예수와 붓다는 우리가 무기력한 존재라는 이미지에 도전하려고 노력했습니다. 하지만 불행히도, 인간은 자신의 인식이 타당하다는 것을 입증하기 위한 수단으로 종교를 이용할 수 있는 능력이 있습니다. 그래서 많은 종교가 실제로는 사람들을 "우리가 외부에 존재하는 누군가를 필요로 하는 나약한 인간"이라는 믿음에 더 확고하게 가두었습니다.

> 우리의 인식은 진실을 가리는 필터입니다.
> 다시 말해, 인식은 우리에게
> 실재의 왜곡된 관점을 제공합니다.
> 하지만 필터를 통해서 세상을 살펴보는 한,
> 우리 관점이 왜곡되어 있다는 것을
> 알 방법은 없습니다.

중세 시대에, 사람들은 가톨릭교회가 만든 인식 필터에 아주 철저하게 갇혀 있었습니다. 과학은 진실이 교리 외부에 있다는 것을 사람들에게 알려주는 참조틀이 되었습니다. 지금도 과학은 이와 같은 기능을 수행하고 있지만, 물질주의가 자유를 가져다주는 과학의 힘을 제한하고 있습니다. 이러한 이유로, 오늘날의 아주 많은 사람이 마음속에 내재된 힘을 인정하는 영성이나 신비주의로 눈을 돌리고 있습니다. 그 내재된 힘이란 무엇일까요?

자, 여러분이 의식하는 자아라는 개념을 받아들이면, 진정한 힘이란 바로 여러분이 영적인 존재이며, 단지 자신을 현재의 자아 속으로 투사했을 뿐이라는 것입니다. 자신을 현재의 인식 필터 속으로 투사할 수 있었던 바로 그 능력은 자신을 현재의 인식 필터 밖으로 투사하는 데에도 또한, 사용할 수 있습니다. 앞에서 말했듯이, 상승 마스터들이 실제로 존재하는지, 아닌지를 알 수 있는 유일한 방법은 직접 신비 경험을 하는 것입니다. 그러한 경험은 의식하는 자아가 자신을 현재의 인식 필터 외부로 투사할 때 일어납니다.

앞에서 말했듯이, 신비 경험은 의식하는 자아가 현재의 자아보다 더 큰 존재라는 사실을 직접 증명해 줍니다. 의식하는 자아가 외면의 자아와 완전히 동일시하는 것을 멈추고, 그 대신에 실제로 존재하고 있는 것을 어렴풋하게라도 경험할 때, 그러한 신비 경험을 하게 됩니다. 영적인 여정을 걸어갈수록, 그러한 경험을 더 많이 하게 되며, 그러한 경험도 점차 더 선명해집니다. 결국, 어떠한 생각이나 가치 판단도 하지 않는, 순수의식 상태를 경험할 수 있습니다. 여러분은 단지 인식 필터 없이, 그야말로 세상을 있는 그대로 경험합니다. 그러한 경험은 궁극적으로 의식하는 자아가 자신을 뭔가에 투사했다 하더라도, 그것이 자아(Self)에게 영원히 영향을 미칠 수는 없다는 것을 증명해 줍니다.

이것은 상승 마스터들의 핵심 메시지를 믿게 해 줍니다. 즉, 자아(Self)는 스스로 들어갔던 것에서 스스로 벗어날 수 있다는 것을 믿게 됩니다. 이것은 여러분을 대신하여 모든 일을 해 줄 외부의 구원자를 찾는 문제가 아닙니다. 이것은 그야말로 현재의 자아감 속으로 여러분을 들어가게 했던 바로 그것과 같은 능력을 의식적으로 사용하는 문제입니다. 상승 마스터들은 결코 우리를 구원하거나, 우리를 대신해서 뭔가를 해 준다고 약속한 적이 없습니다. 그들이 할 수 있는 일은 우리가 언제나 활용할 수 있는 자아(Self)의 힘을 발견하도록 도와줄 뿐입니다. 확실한 것은 이러한 힘이 물질적인 상황이 우리를 지배할 힘이 있다고 믿는 인식 필터로 인해 차단됩니다. 따라서 이러한 인식 필터를 초월함으로써, 우리는 자신의 상위 자아에게서 오는 완전한 힘을 이 세상 속으로 흐르게 할 수 있는 열린 문이 됩니다.

우리가 어떻게 여기 지구상에서 제한된 자아를 창조할까요?

우리 모두가 알고 있듯이, 지구 행성에는 현재 가능한 최고의 상태가 아닌 것들이 많이 구현되어 있습니다. 인간이 인간에게 행하는 잔혹한 행위는 정말로 우리 모두가 반드시 제거해야 하는 상황 가운데 하나입니다. 결과적으로, 우리가 처음 육화한 이래로, 우리 모두는 이 행성의 순수하지 못한 상황으로 인해 영향을 받았습니다. 따라서 자신이 경험했던 상황에 대한 반응으로, 우리 대부분은 새로운 자아를 창조했습니다. 분명히, 이 자아는 우리가 처음 육화한 후에 지녔던 인식보다, 훨씬 더 제한된 인식에 기초해서 창조되었습니다. 시실, 많은 경우에, 우리는 단지 지구상의 상황에 대처하기 위해, 미리 정의된 자아를 입었을 뿐입니다.

이것을 극장과 비교해보세요. 이제 새로운 배우가 특별 축하 공연을 하는 도중에, 빈 무대로 억지로 불려 나가, 자신만의 연기를 해야 한다는 말을 듣게 되었다고 상상해 보세요. 이 상황은 분명히 새로운 배우에게는 아주 두려운 것일 수도 있습니다. 따라서 이 배우는 작은 역할을 맡고 싶어 할 것이며, 의상과 분장을 하고 그 뒤에 숨는 것을 선호합니다. 하지만, 점차 자신감을 키워감에 따라, 이 배우는 더 복잡한 역할을 할 수 있습니다. 심지어 어떤 경우에는, 해야 할 연기를 미리 정해놓지 않고, 과감하게 무대로 걸어나가는 용기를 보일 수도 있습니다.

의식하는 자아가 최초로 육화해서 하강했을 때, 여러분은 지구라는 극장에서 할 수 있는 미리 정해진 여러 가지 역할 중 하나를 맡았습니다. 하지만 지구는 상승한 존재들이 창조했을 당시보다 현재 훨씬 더 낮은 상태에 있습니다. 지구에 있는 거의 모든 종교와 영적인 가르침에는 지구가 과거에 더 높은 상태에 있었고 우리 인간이 그 상태 아래로 내려갔거나, 추락했다는 개념이 있습니다. 결과적으로, 원래의 설계에는 없었지만, 사전에 정의된 많은 역할이 있습니다.

상승 마스터들의 가르침에 따르면, 이러한 "추락"이 발생한 이유는 많은 사람이 분리의 환영에 기초한 자아를 창조했거나, 취하기로 선택했기 때문이라고 합니다. 이러한 추락으로 인해, 여러분의 행위가 다른 사람들에게, 그리고 전체에게, 혹은 자신에게, 어떤 결과를 불러올지 장기적인 측면에서 고려하지 않고서, 분리된 존재처럼 행동할 수 있습니다. 현재, 지구에 사는 대부분의 사람은 이러한 분리된 자아로서 행동하고 있습니다. 이 때문에 아주 많은 갈등이 있는 것입니다. 사람들이 분리된 자아를 입게 된 데에는 두 가지의 주요한 이유가 있습니다.

• 과거에, 여러분이 제한된 자아를 통해 세상을 경험하고 싶어 했거나, 아니면 자신이 분리된 존재라고 생각할 때만, 할 수 있는 것들을 하고 싶다고 결정했습니다. 자유의지의 법칙에 따라, 이것이 전적으로 가능하지만, 분명한 것은 분리의 환영에 기초한 역할을 하기로 한 이상, 자신이 아이앰 현존의 확장인 의식하는 자아라는 사실을 망각하게 됩니다. 이 말은 분리된 자아라는 인식 필터가 자신이 아이앰 현존과 연결된 존재라는 인식보다도 훨씬 더 사실적으로 보인다는 의미입니다.

• 이와는 반대로, 여러분이 분리된 존재로 행동하기를 바라고 하강한 것이 아닐 가능성도 있습니다. 다시 말해, 여러분은 다른 사람들에게 우리가 인간보다 더 큰 존재이며, 물질적인 상황에 구속될 필요가 없다는 것을 보여주기 위해, 제한된 자아를 입었을 수도 있습니다. 그렇게 함으로써, 우리는 모든 자아감을 극복하고, 현재의 제한을 초월해서 새로운 세계를 공동창조하도록 돕습니다.

분리된 자아를 입은 이유가 어떠하든, 상승 마스터들의 가르침은 현재 인식 필터를 초월해서, 여러분의 최고 가능성인 순수의식 상태에 도달하는 방법을 제공합니다. 그러면 여러분은 여러분의 존재 이유인 아이앰 현존을 위한 열린 문이 될 수 있습니다.

우리는 이제 영적인 여정에서 가장 큰 과제가 무엇인지 알 수 있습니다. 그것은 우리의 모든 선입견과 믿음을 버리는 것입니다. 즉 우리의 인식 필터를 놓아버리는 것입니다. 우리 가운데 아주 많은 사람이 진정한 영적인 가르침을 찾아냈다고 생각하는 단계를 겪습니다. 따라서 우리가 하늘나라에 들어갈 때, 이러한 가르침이 확실히 효력을 발휘하게 될 것이므로, 이제는 어떠한 믿음도 초월할 필요가 없다고 생각합니다. 하지만 말로 표현된 모든 가르침은 영적인 진리에 미치지 못합니다. 따라서 진정한 난제는 모든 것, 특히 의심할 필요가 없다고 믿는 모든 것을 놓아버리는 것입니다.

상승 상태에 도달하는 것은 뭔가를 고수한다고 해서, 즉 불교도들이 말하듯이, 자신의 관념을 고수한다고 해서 도달하는 것이 아닙니다. 상승의 상태는 오로지 모든 것을 버리고, 있는 그대로의 순수의식 상태, 즉 인간적인 가치 판단을 하지 않는, 다시 말해 겉모습에 따라 판단하지 않는 상태에 도달해야 얻을 수 있습니다. 세속적인 겉모습에 따라 판단하지 않을 때만, 현재 지구 위에 드러나 있는 상황들이 여러분을 지배할 힘을 가지지 못하게 될 것입니다.

10
물질계에 창조된 자아

다양한 사람이 특정한 단어를 여러 가지 다른 의미로 사용하면서, 거의 쓸모가 없게 되는 예도 있습니다. 한 가지의 예가 "영혼"[82]이라는 단어입니다. 이 영혼이라는 말은 수 세기 동안 여러 종교와 영적인 가르침에서 서로 다른 의미로 사용되었습니다. 이 영혼이라는 단어에 대해 명확한 정의도 하지 않은 채, 사람들은 이 말이 무엇을 의미하는지 안다는 가정하에 사용하고 있습니다. 상승 마스터들은 영혼(soul)이나 하위 존재를 여러 개의 요소로 나누어 보다 자세한 지식을 제공합니다.

앞에서 언급했듯이, 많은 영성인이 윤회라는 개념을 받아들이고 있으며, 일반적으로 영혼의 환생을 믿고 있습니다. 이 때문에, 영혼이 더 높은 세계에서 창조되어, 물질계로 내려왔다고 추측하게 됩니다. 이 말은 영혼이 상승해서 영적인 세계로 다시 올라간다는 의미입니다. 이것은 영혼이 영적인 세계로 들어가기 위한 자격을 얻

---

[82] soul; 영혼은 윤회하는 물질계의 네 하위체를 의미하며, 이동 수단(vehicle)으로도 표현됨. 영혼은 물질계로 내려온 의식하는 자아가 창조함.

으려면, 여러분이 무엇을 해야 하는지와 관련된 두 가지 일반적인 개념이 나옵니다.

- 영혼이 낮은 상태로 "추락"했거나, 내려왔으므로, 그 영혼은 더 이상 하늘나라로 올라갈 자격이 없다. 따라서 자신이 저지른 잘못을 보상하고 영혼을 정화하며 끌어올릴 필요가 있다.
- 영혼은 완벽해지게 설계되어 있으므로, 영혼이 어떤 식으로 정의된다고 하더라도 영혼을 완벽한 상태로 끌어올리는 것이 자신의 임무이다.

영혼에 대한 이해를 근본적으로 바꾸는 것은 바로 의식하는 자아라는 개념입니다. 이해의 핵심은 처음부터 의식하는 자아가 하강하여 물질계에서 육화 과정을 시작했다는 것입니다. 따라서 영적인 세계로 다시 올라갈 수 있는 잠재력이 있는 것도 바로 의식하는 자아입니다.

하지만 의식하는 자아가 불완전한 상태를 보완하거나, 세속적인 혹은 인간이 만든 기준에 따라 완전한 상태에 도달하려고 노력한다고 해서, 이 상승 과정이 일어나지는 않습니다. 이와는 반대로, 의식하는 자아가 최고의 잠재력을 충족시킬 때만 상승할 수 있습니다. 즉 현존을 위한 열린 문으로서 작동할 수 있는 순수의식 상태에 있을 때만 상승할 수 있습니다. 여기에는 두 가지 측면이 있습니다.

- 아이앰 현존은 의식하는 자아라는 열린 문을 통해, 자신의 빛과 개체성을 물질계로 흐르게 함으로써, 자신을 표현할 수 있습니다.
- 현존은 인식 필터가 없는 투명한 유리인, 의식하는 자아를 통해 물질계를 경험할 수 있습니다.

바꾸어 말하면, 의식하는 자아가 가장 높은 상태에서는, 분리된 존재로서의 자아감이 없다는 의미입니다. 따라서 의식하는 자아는 현존이 자신을 이 세상에 표현할 수 있게 하는 열린 문으로, 그리고 현존이 이 세상을 경험할 수 있게 하는 한 장의 투명한 유리로 인식하며, 자신을 그 이상으로도 그 이하로도 보지 않습니다. 이런 상태의 의식하는 자아는 자신을 아이앰 현존의 초월하는(I Will Be) 측면으로 봅니다.

가장 높은 상태의 의식하는 자아에게는 인식 필터가 없습니다. 따라서 의식하는 자아는 현존에게서 오는 어떤 표현이든 차단하거나 방해하지 않습니다. 또한, 의식하는 자아가 경험하는 무엇이든 현존에게 전달되는 것을 차단하지 않습니다. 의식하는 자아는 겉모습에 따라 판단하지 않고, 자신의 경험을 현존이 평가하게 함으로써, 그러한 경험에서 배우고 그 결과를 원인체에 저장합니다. 세속적인 기준에 따라 직관적인 통찰력이 적절한지 알아보기 위해서 우리가 얼마나 자주 직관적인 통찰력을 판단하는지 이것과 비교해보세요. 그런 다음, 우리가 얼마나 자주 뭔가를 신에게서 숨기려고 하는지도 곰곰이 살펴보세요.

지금은 의식하는 자아가 원래의 순수의식 상태로 지구에 내려오지 않았다는 사실을 이해하는 것이 중요합니다. 그 이유를 살펴보겠습니다.

의식하는 자아가 내려온 방법

물질계는 영적인 빛으로 창조되었고, 이러한 영적인 빛은 일곱 광선으로 표현되는 감소 요인들에 의해 진동수가 낮아진 것입니다. 이 말은 물질계가 처음에는 특정한 진동 수준에 있었다는 의미입니다. 이것은 곧 물질계가 영적인 세계보다 밀도가 더 높은 에너지로 만들어졌다는 의미입니다. 이것은 우리가 육체의 감각을 통해서 영적인 세계를 인지하지 못하는 이유를 설명해줍니다. 감각은 물질 스펙트럼의 진동수에 조율되어 있으며, 물질계의 진동수가 현재 영적인 세계의 진동수보다 훨씬 낮아서, 우리 감각으로는 그 차이를 넘어서 영적인 세계를 볼 수 없습니다. 많은 영성인이 영적인 에너지를 직관적으로 감지하고 느낄 수는 있지만, 일반적인 육체의 감각을 통해 느끼는 것은 아닙니다.

의식하는 자아는 점(點)과 같은 자아감으로 창조되었으며,
의식하는 자아가 모든 곳에 존재하는
창조주와 같은 자아감에 도달할 때까지,
많은 단계를 거쳐 오를 수 있는 잠재력이 있습니다.

밀도가 더 높은 물질계의 창조 목적은 우리와 같이, 자기-의식하는 존재들의 성장을 촉진하기 위한 것입니다. 영적인 세계를 직접 인지하지 못하는 세계로 내려감으로써, 우리는 점차 의식을 높여 마침내 영적인 세계와 물질계 사이에서 열린 문으로 봉사할 기회를 얻게 됩니다. 이 과정을 거치면서 우리는 물질계가 영적인 세계와 같은 수준에서 진동할 때까지, 물질계의 진동수를 높이도록 도울 수 있습니다.

지금 설명하는 내용과 관련하여, 중요한 점은 의식하는 자아가 가장 높은 상태의 자기-의식 수준으로 하강하지 않았다는 것입니다. 의식하는 자아는 점(點)과 같은 자아감으로 창조되었으며, 의식하는 자아가 모든 곳에 존재하는 창조주와 같은 자아감에 도달할 때까지, 많은 단계를 거쳐 오를 수 있는 잠재력이 있습니다. 지금 말하는 것에 주목하세요. 의식하는 자아의 임무는 이 세상에서 완벽한 자아를 구축하는 것이 아닙니다. 의식하는 자아의 임무는 인식의 영역을 확장하는 것입니다. 하지만 이렇게 하기 위해서는 의

식하는 자아가 제한된 자아를 입어야 하며, 그런 다음 "내가 이 제한된 자아보다 더 큰 존재"라는 것을 깨달음으로써, 그 자아를 초월해야 합니다. 이러한 망각과 깨어남을 경험할 때마다, 의식하는 자아가 인식하는 영역도 더 확대됩니다.

물질우주 중 밀도가 더 높은 진동으로 내려가기 위해, 의식하는 자아는 물질계와 같은 진동수로 만들어진 이동 수단, 즉 자아감이 필요합니다. 여기에서 깨달아야 할 중요한 점은 의식하는 자아가 이 이동 수단을 입는다고 해서 의식하는 자아가 이 이동 수단이 되지는 않는다는 것입니다. 이러한 과정으로 인해, 의식하는 자아가 변하지는 않습니다. 변하는 것은 단지 의식하는 자아의 자아감, 즉 인식일 뿐입니다. 다시 말하면, 의식하는 자아는 극장 공연에서 맡은 역할을 하기 위해 의상을 입고, 분장하는 배우와 같습니다. 이 말은 배우가 의상을 입을 때처럼 자아감을 쉽게 벗을 수 있다는 의미입니다.

원래, 의식하는 자아는 물질우주를 창조했던 것과 기본적으로 같은 진동으로 창조된 자아감으로 내려갔습니다. 더욱 높은 관점에서 보면, 우리가 영혼이라고 부르는 것이 바로 이 하위자아, 이동 수단을 말합니다.

하지만 이 영혼은 영적인 세계에서 창조되지 않았으며, 또한, 영적인 세계의 진동으로 창조되지도 않았습니다. 창세기에서 말하듯이, 영혼은 물질의 에너지를 의미하는 먼지에서 창조되었습니다. 따라서 이러한 정의에 따라 영혼은 영적인 세계에서 내려오지 않았으므로, 결론적으로 상승할 수 없습니다. 의식하는 자아는 상승할 수 있지만, 오직 자신을 영혼과 동일시하지 않고, 영혼이라고 여기지 않아야 합니다. 그 대신 자신과 현존을 하나라고 여기는 최상의 상태, 순수의식 상태에 도달해야만 상승할 수가 있습니다.

혼란의 여지가 있는 한 가지 사항에 주의하세요. 여러분이 육화할 때, 영혼도 육체로 내려갑니다. 그리고 많은 경우에 영혼은 더 높은 영역에서 내려옵니다. 영혼 이동 수단은 육체가 죽어도 살아남으며, 의식하는 자아는 영혼을 그다음 육화로 가져가기 때문입니다. 의식 수준에 따라, 영혼 이동 수단은 생과 생 사이에서 실제로 앞에서 언급했던 물질계의 네 층 중 더 높은 층으로 오를 수 있습니다. 그런 다음 그곳에서 다음번 육화로 내려갑니다. 하지만 이러한 층은 영적인 세계가 아니므로 영혼은 상승할 수도 없고 영적인 존재가 될 수도 없습니다.

영혼이 상승할 수 없는 이유

미묘한 구별이 필요합니다. 영혼에는 대부분의 사람이 개성이나 성격이라고 부르는 것이 있습니다. 하지만 이것은 의식하는 자아가 처음 내려올 때 물질우주에서 발견되는 조건에 기반을 두고 창조되었습니다. 오늘날 여러분의 개성과 성격은 물질계를 여행하면서 겪었던 경험의 산물입니다. 따라서 의식하는 자아가 최초로 내려왔을 때의 영혼에 많은 요소가 추가되었을 가능성이 큽니다.

하지만 이러한 외적인 모든 개성과 성격은 여러분이 아닙니다. 진정한 여러분은 자신의 아이앰 현존에 뿌리를 두고 있는 개체성입니다. 이러한 개체성은 의식하는 자아를 통해 표현될 수 있지만, 물질계의 상항에 대한 반응으로 창조된 외적인 개성은 이러한 표현을 차단하거나 물들입니다.

그림 10 - 높은 밀도의 에너지로 가득 찬 영혼

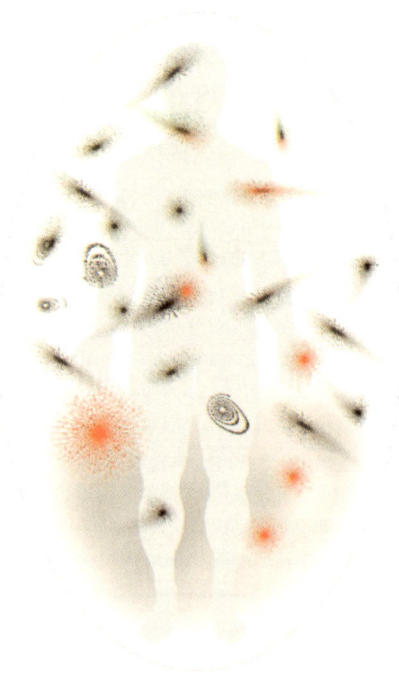

상승이란 외적인 개성을 완벽하게 하는 문제가 아닙니다. 상승이란 외적인 개성을 초월하는 문제입니다. 영혼은 어떠한 믿음으로부터 창조되었습니다. 그러한 믿음은 영적인 에너지의 진동수를 떨어뜨립니다. 영혼을 정의하는 개념이나 믿음은 어떠한 매트릭스나 그물을 만들게 되고 여러분이 그러한 믿음을 통해 자격을 부여하는 에너지가 그 "새장"을 더욱더 높은 밀도로 채운다고 말할 수도 있습니다. 에너지 밀도가 높아질수록, 의식하는 자아는 자신을 영혼과 더 많이 동일시하게 되고 이러한 동일시에서 벗어나기가 더 어려워집니다. 따라서 단순히 영혼의 에너지와 믿음을 넘어선 것은 어떤 것도 볼 수가 없습니다. 왜냐하면, 이 에너지가 자력을 형성하고 여러분의 관심을 끌어당겨, 하위자아에 집중하게 만들기 때문입니다.

영적인 성장의 열쇠는 영혼 안에 있는 에너지의 진동수를 높이는 것입니다. 에너지 밀도가 낮아지면, 의식하는 자아가 더 높은 의식 상태를 어렴풋이 보게 됩니다. 먼저, 이러한 경험은 반드시 삶에 더 큰 무언가가 있어야 한다는 느낌이나 직관의 번득임일 것입니다. 그런 다음, 더 큰 무언가와 연결되어 있다는 느낌이 있을 것입니다. 그리고 마침내 순수의식을 어렴풋이 보기 시작합니다. 따라서 의식하는 자아는 자신이 낮은 개성보다 더 크다는 것을 직접 경험하게 됩니다.

의식하는 자아는 이동 수단인 영혼이 필요하며,
이것은 의식하는 자아가 내려올 때의
물질계 진동과 같은 진동으로
자아감이 만들어졌다는 의미입니다.

여러분이 영혼을 구성하는 믿음을 진지하게 의심할 수 있을 때, 비로소 여러분이 자신의 현존과 하나됨의 상태에 도달할 때까지, 점차 자아감을 높일 수 있습니다. 이렇게 하는 과정에서, 여러분은 물질우주의 진동수를 높이게 되고, 다른 사람들이 대중의식의 믿음에 의문을 가지도록 돕게 됩니다. 또한, 이것은 타인들이 더 쉽게 자신의 의식을 높이도록 합니다. 결과적으로, 충분한 수의 사람이 이것을 행하면, 전체 행성은 더 높은 수준으로 올라가며, 대부분의 사람이 삶에 영적인 측면이 있다는 것을 명확하게 볼 수 있습니다.

하지만, 여기에서 핵심 아이디어로 돌아가 보겠습니다. 여러분의 현재 외적인 개성과 성격인 외면의 자아는 물질계의 불완전한 상황에 대한 반응으로 여러 생애 동안 창조되었습니다. 따라서 이 자아는 결코 완벽해질 수가 없고 따라서 영적인 세계로 상승할 수도 없습니다. 상승할 수 있는 것은 처음 하강했던 자아(Self)인 의식하는 자아입니다. 하지만 의식하는 자아도 자신을 외면의 자아와 동일시하지 않을 때만 상승할 수 있습니다.

상승하려면 제한된 믿음을 초월하고 영혼을 구성하는 에너지들을 높여야 합니다. 따라서 어떤 의미에서 보면, 영혼이 높아졌다고 말할 수 있지만, 분리된 자아로서 높아진 것은 아닙니다. 제한된 믿음이 사라지고 낮은 에너지가 더 높은 진동으로 가속화됩니다. 난로 위에 주전자를 올려놓고, 물이 다 없어질 때까지 끓인다고 해서, 주전자가 더 높은 세계로 올라갔다고 말할 수 있을까요? 아닙니다. 분명히 에너지가 높아진 것은 물이며, 주전자는 그대로 남아 있습니다.

요점은 우리 대부분이 속아서 외적인 길을 따르고 있으며, 우리가 어떠한 기준에 따라 영혼을 완벽하게 하려고 영적인 가르침을 사용한다는 것입니다. 하지만 영혼은 절대로 완벽하게 될 수 없습니다. 다시 말해, 영혼은 반드시 점차 죽어야 합니다. 성 바울(Saint Paul)은 "나는 날마다 죽는다."라고 말했습니다. 이 말은 제한된 믿음을 놓아버려서, 자신의 영혼이 조금씩 죽었다는 의미입니다. 예수는 스스로 십자가에 못 박혔습니다. 그 이유는 의식하는 자아가 외면의 자아 혹은 영혼과 동일시하게 되어서, 의식하는 자아가 십자가에 못 박혀 마비되었다는 것을 보여주기 위해서였습니다. 예수가 십자가에서 했던 마지막의 행위는 자신의 영혼, 외면의 자아 중 끝까지 남아 있던 부분을 상징했던 "허상[83]을 포기하는" 것이었습니다.

---

[83] ghost; 환영. 지구상에서 마주친 공격들을 방어하기 위하여 창조했던 분리된 자아의 상징

> 영적인 성장의 열쇠는 영혼 안에 있는
> 에너지의 진동수를 높이는 것입니다.
> 에너지 밀도가 낮아지면, 의식하는 자아가
> 더 높은 의식 상태를 어렴풋이 보게 됩니다.

따라서 예수가 말했듯이, "하늘나라에서 내려온 자 외에는, 하늘나라로 올라갈 수 있는 자가 없습니다." 내려온 "자"는 의식하는 자아였습니다. 따라서 의식하는 자아의 참된 정체성, 즉 아이앰 현존의 초월하는(I Will Be) 측면을 깨달음으로써 상승한다는 의미입니다. 바꾸어 말하면, "영혼"은 최초로 육화했던 존재가 아닙니다. 영혼은 많은 생애 동안 창조되고, 추가된 것입니다. 따라서 의식하는 자아와 영혼 둘 다 윤회를 합니다. 하지만 최초로 육화한 것은 의식하는 자아뿐입니다.

다음 페이지에서, 우리는 하위 존재인 영혼의 다른 측면 일부를 살펴보겠습니다.

자아의 수용체와 네 하위체

일부 신비 가르침은 하나됨의 상징인 원으로 영(Spirit)이나 영적인 세계를 설명합니다. 그들은 물질계를 사각형으로 표현합니다. 따라서 물질계는 "원을 사각형으로 만들면서" 창조되었다고 합니다. 다른 신비 가르침은 사각형을 피라미드의 아랫부분과 관련짓고 있습니다. 따라서 물질계의 네 요소를 통달함으로써, 점차 더 높이 오르고, 마침내 피라미드 정점에 도달합니다. 이 정점은 특이점으로써, 영적인 세계와 물질계 사이의 통로를 형성합니다. 이것은 다음 그림에서 무한 8자 형상의 가운데 연결점에 해당합니다. 영적인 여정에서 여러분이 올라감으로써, 의식하는 자아는 자아라는 피라미드의 꼭대기에서 자신의 정당한 자리를 찾습니다.

그림 11 - 영적인 세계와 물질계 사이의 무한 8자 형상의
연결점에 있는 의식하는 자아

사각형의 네 면이나 네 요소는 우리가 앞에서 언급한 물질우주의 네 층이나 옥타브에 해당합니다. 의식하는 자아가 물질계에서 자신을 표현하기 위한 이동 수단인 여러분의 하위자아에도 마음의 네 수준이나 네 하위체가 있습니다. 이러한 네 하위체는 서로 다른 주

파수 수준에서 진동하기 때문에 같은 공간에 함께 존재할 수 있는 에너지체로 서로 연결되어 있습니다. 그것들은 다음과 같습니다.

• **정체성체**는 에테르체라고도 불립니다. 정체성체의 내용에 따라 여러분의 정체감이 정해집니다. 자신과 신과 세상을 어떻게 보는지에 따라, 그리고 이들 사이의 상호 작용을 어떻게 보는지에 따라 정체감이 정해집니다. 여러분은 자신을 지구에 대한 지배권을 가지기 위해 여기에 있는 영적인 존재라고 보나요? 그리고 여러분은 이것을 성취할 힘이 있나요? 아니면, 여러분은 자신을 지구상에서 환경을 바꾸기에는 제한된 힘을 가진 물질적 존재로 보나요?

• **멘탈체**: 멘탈체는 여러분의 생각을 담고 있습니다. 멘탈체는 여러분이 물질계에서 하고 싶은 특정한 것들과 그것을 성취하는 방법에 대한 정신적인 이미지를 형성합니다. 이 정신적인 이미지는 여러분의 정체감에 기반을 둡니다. 이 정체감은 여러분이 할 수 있다고 생각하거나 할 수 없다고 생각하는 것에 대한 범위를 정의합니다. 따라서 자신을 인간 존재라고 여긴다면, 여러분이 할 수 있다고 생각하는 것은 제한됩니다.

• **감정체**: 감정체는 분명히 느낌의 자리입니다. 감정은 움직이는 에너지를 의미합니다. 생각은 정신적인 이미지이지만, 분명한 행위나, 형태로 나타내기 위해서는 이러한 정신적인 이미지가 반드시 움직여야 하며, 이 일이 감정체 수준에서 일어납니다. 하지만 이 감정체는 또한, 여러분의 욕망도 담고 있습니다. 따라서 이 욕망은 더 높은 목표와 갈등을 일으킬 수도 있습니다. 이상적으로, 감정은 생각의 반영이고, 또한, 생각은 정체감의 반영이며, 정체감은 다시 여러분 신성한 개체성의 반영이라야 합니다. 하지만 일반적으로, 감정은 나름의 생명력이 있으므로, 감정이 생각에 따라 통제되지 않고, 오히려 자신의 삶을 통제하려고 합니다.

• **물리적 두뇌와 "육체의 마음."**[84] 많은 물질주의 과학자는 모든 우리 생각과 느낌이 물리적 두뇌의 산물이라고 믿고 있습니다. 이 말이 올바르지는 않지만, 우리 두뇌가 아주 복잡한 "컴퓨터"와 같아서, 많은 생각과 감각을 충분히 만들어낼 수 있다는 점에서 맞는 말이기도 합니다. 하지만 물리적 두뇌는 마음의 네 층 중에서 하나의 층을 위해 필요한 하드웨어에 불과합니다. 상승 마스터들은 이것을 "육체의 마음"이라고 부릅니다. 이 육체의 마음은 보호, 음식 및 번식과 같이, 육체적인 욕구들을 담당하는 마음입니다.

이제 핵심적인 질문은 이렇습니다. 네 하위체 중 여러분의 의식하는 마음은 어디에 초점이 맞추어져 있습니까?

대부분의 인류는 의식적인 인식이 육체와 물질계에 집중되어 있습니다. 이 말은 사람들의 많은 생각과 느낌이 물질 두뇌와 육체의 마음이 만들어낸 산물이라는 의미입니다. 예를 들어, 많은 사람의 경우에 대부분의 관심이 보호, 음식, 옷과 성(性)과 같이, 기본적으로 육체가 필요로 하는 것에 집중되어 있다는 의미입니다.

대부분의 영성인은 세 상위체 중 적어도 일부에 걸쳐 의식적으로 인식을 확장했습니다. 이처럼 의식적으로 인식을 계속 확장하는 것이 네 하위체에 대한 통달을 달성하는 열쇠입니다. 그러면 네 하위체는 여러분의 영적인 사명을 이 세상에서 완수하도록 지원하는 이동 수단이 됩니다.

여러분과 영적인 자아의 연결이 단절된 이유

핵심 개념은 네 하위체가 아이앰 현존에게서 하위 존재 속으로 오는 빛의 흐름을 채색하는 필터 역할을 한다는 것입니다. 모든 것

---

[84] body mind

은 에너지이며, 모든 것은 마터 빛으로부터 창조되었습니다. 아이앰 현존으로부터 네 하위체 속으로 흐르는 에너지가 여러분을 계속 살아 있게 하고 물질계에서 활동할 수 있는 능력을 줍니다.

이상적으로는, 여러분이 이러한 에너지에 자신과 모든 생명을 높이는 더 높은 진동을 부여해야 합니다. 그래야만 이 에너시가 영적인 자아에게로 다시 흘러갈 수 있습니다. 그러면, 이 에너지는 증식되고 여러분은 그 보상으로 더 많은 에너지를 받아서, 자신의 창조력도 향상되게 됩니다. 이렇게 함으로써 여러분의 삶은 상향나선으로 바뀌게 됩니다. 따라서 여러분이 여기에 존재하는 이유도 충족할 수 있으며, 자신이 처한 물질적인 환경도 지배할 수가 있습니다.

이 에너지 흐름은 영사기의 전구에서 나오는 빛에 비교할 수 있습니다. 이 빛이 네 하위체를 통과하면서, 빛은 네 하위체에 저장된 내용물(이미지, 믿음 및 에너지)에 의해 채색됩니다. 이것은 마치 영사기에서 나오는 빛이 필름상의 이미지로 인해 채색되는 것과 같습니다. 다만, 여러분에게는 네 장의 필름만 있을 뿐입니다.

여러분의 네 하위체에 상위 존재와 조화되지 않는 믿음과 이미지들이 있다면, 특히 자기중심적인 믿음과 이기적인 욕구가 있을 때, 여러분은 영적인 빛에 불완전한 이미지들을 겹치게 됩니다. 이것은 삶의 고통을 일으키며 균형 잡히지 않은 행위로 이어집니다. 이로 인해 하향나선이 만들어지고, 점점 더 많은 고통을 받게 됩니다.

---

*아이앰 현존으로부터 네 하위체 속으로 흐르는 에너지가
여러분을 계속 살아 있게 하고
물질계에서 활동할 수 있는 능력을 줍니다.*

마터 빛 위에 불완전한 이미지를 겹치면, 낮은 진동의 에너지가

생성됩니다. 이 왜곡된 에너지는 다시 위로 영적인 자아에게 흘러가지 못하므로 하늘에 쌓아둔 보물이 될 수 없습니다. 즉, 이 에너지는 영적인 세계의 더 높은 진동으로 들어갈 수가 없습니다. 따라서 이기적인 행위들은 무한 8자 형상의 흐름을 깨뜨리게 되고, 왜곡된 에너지는 어디론가 가야만 합니다. 여러분이 만들어낸 왜곡된 에너지는 그 진동 수준에서 무한정 머물러 있을 것입니다. 이 에너지는 단순하게 사라지지 않으므로, 여러분의 네 하위체에 저장될 수밖에 없습니다.

이 에너지는 영적인 자아와 연결을 유지하지 못하게 막는 필터나 베일을 형성합니다. 악(惡)이란 에너지 베일을 의미합니다[85]. 이것은 점차 여러분의 비전을 가릴 수 있으며 결국 여러분은 자신을 물질우주에 갇힌 한 인간으로 여기고 물질우주 너머에는 아무것도 없다고 생각하게 될 수도 있습니다. 이로 인해, 여러분의 창조력은 줄어들어 결국 지구에서 뭔가를 하기 위한 유일한 방법은 육체를 사용하는 방법밖에 없다고 생각하게 됩니다. 이 축적된 에너지는 여러분의 정신력마저 빼앗아갑니다.

왜곡된 에너지는 자신의 네 하위체에 축적된다는 점에 주목하세요. 특정한 하위체에 점점 더 많은 에너지가 축적될수록, 그 에너지는 여러분의 의식적인 관심을 그 하위체에 집중하도록 더욱 끌어당길 것입니다. 따라서 많은 사람은 물질층에 왜곡된 에너지를 아주 많이 가지고 있으므로, 그들의 관심도 말 그대로 육체 안에 갇히게 되는 것입니다. 또 다른 사람들은 자신의 삶을 감정에 따라 살아가게 되지만, 또 다른 사람들은 지적인 마음에 집중해서 전 생애를 살아갑니다.

---

[85] EVIL means Energy VEIL

외부의 환경을 포함하여, 의식적인 단계에서 일어나는 것들은 단지 마음과 마터 빛이라는 스크린 위에 투사된 이미지에 불과하다는 것을 이해하고 나면, 삶이라는 스크린 위에 투사된 내용을 바꾸기 위해서는 영사실로 가서, 네 하위체에 들어 있는 필름을 바꾸기만 하면 된다는 것을 깨닫게 됩니다. 삶의 의식 수준은 영화 스크린의 단계에 비교될 수가 있습니다. 극장에서 상영되는 영화가 마음에 들지 않는다고 스크린을 바꾼들, 과연 영화의 내용을 얼마나 바꿀 수 있겠습니까? 근본적으로 영사기에 들어 있는 필름의 이미지를 교체해야만, 즉 네 하위체에 들어 있는 내용을 바꿔야만, 성공할 가능성이 훨씬 더 커집니다.

이 역학을 이해할 때, 영적인 여정에서 진보를 이루는 두 개의 중요한 요소가 있다는 것을 매우 분명하게 알게 됩니다.

• 하나는 불완전한 믿음들을 제거하여, 마음의 모든 층, 즉 네 하위체를 깨끗하게 정화하는 것입니다. 이와 같은 불완전한 믿음들로 인해, 여러분은 영적인 에너지를 왜곡하고, 제한된 믿음과 느낌으로 삶에 반응하게 됩니다.

• 또 하나는 네 하위체 속에 저장된 왜곡된 에너지를 정화하고 변형하는 것입니다. 산을 오르기 전에, 짐부터 가볍게 해야 합니다.

이러한 이유로, 네 하위체에 축적된 에너지를 변형할 수 있는 영적인 빛을 기원하기 위해, 디크리와 기원문을 사용하는 것이 매우 중요합니다. 오지 끌어당기는 힘을 줄어들게 해야민, 자유롭게 자신의 관심을 상위체 중 하나에 의식적으로 집중할 수 있습니다. 오직 네 하위체 모두를 정화해야만, 자유롭게 아이앰 현존에게 관심을 집중할 수가 있습니다. 앞에서 언급했듯이, 나는 개인적으로 오랫동안 디크리를 사용해 왔으며, 이 디크리들 덕분에 영적인 여정에서 앞으로 꾸준하게 전진할 힘을 얻었습니다. 그렇다고 디크리만이 여러분을 앞으로 나갈 수 있게 해 준다는 말은 아닙니다. 왜냐하면, 여러분도 자신의 제한된 믿음을 분명히 검토할 필요가 있기 때문입니다. 하지만 디크리는 이동 수단의 모터와 같으며, 여러분이 디크리를 낭송함으로써, 앞으로 나아갈 힘을 얻게 됩니다. 그 후, 이동 수단의 방향을 정하는 일은 여러분에게 달려 있습니다. 그러면 자동차는 여러분이 가고 싶은 곳으로 가게 될 것입니다.

11
에고의 감옥에서 탈출하기

"영혼(soul)"이라는 단어의 예처럼, "에고"라는 단어도 다양한 영적인 가르침, 심리학자, 그리고 자기 계발 전문가에 의해 다른 의미로 사용됐습니다. 사실, 에고를 정의한다는 것은 어려운 일입니다. 왜냐하면, 에고는 주로 여러분의 비전을 왜곡하도록 영향을 미치기 때문입니다. 따라서 영적인 여정을 걸어감에 따라, 여러분은 에고가 다른 형태로 나타나는 현상을 다루어야 합니다.

상승 마스터들은 지구에 144단계의 의식이 있다고 설명합니다. 이것에 대해서는 나중에 이야기하겠지만, 지금 중요한 점은 의식하는 자아가 지구에 최초로 육화하여 하강할 때에는 48단계로 내려간다는 것입니다. 그런 다음, 의식하는 자아는 상향나선을 시작할 수 있는 선택권이 있으며, 따라서 48단계에서 시작하여, 여러 단계를 거쳐 오르며, 마침내 144단계에 도달하여 상승할 수 있습니다.

의식의 수준마다, 그 수준에 해당하는 에고 측면이 있습니다. 이 에고는 특정한 의식 수준을 실재처럼 보이게 하며 의식하는 자아를 그 단계에 붙잡아둘 수 있는 어떤 힘이 있는 것처럼 보이게 합니다.

바꾸어 말하면, 에고는 자아(Self)가 현재 단계의 의식을 초월할 수 없으며, 초월해서도 안 되고 초월할 필요도 없다고 믿게 만들려고 합니다. 따라서 의식하는 자아가 어느 한 단계의 의식에서 다음 단계의 의식으로 오르기 위해서는 그 단계에 해당하는 에고의 측면을 반드시 초월해야 합니다.

이 말이 어렵게 들릴 수도 있지만, 에고의 작동 방식을 직관적으로 알기 시작하면, 실제로는 그리 어렵지 않습니다. 에고의 선택권은 제한되어 있으며, 일부 수법은 의식의 수준마다 재사용되고 있으므로, 그러한 수법을 인식하는 방법을 배울 수가 있습니다. 에고가 주로 사용하는 수법은 관심을 다른 곳으로 돌리게 함으로써, 내면을 살펴보지 못하게 하는 것입니다.

예수는 우리가 형제들의 눈 속에 들어 있는 가시는 아주 쉽게 보면서, 자신의 눈 속에 들어 있는 들보는 보지 못하는 이유가 무엇인지를 물으면서, 흥미로운 이야기를 들려주었습니다. 그렇게 되는 주된 이유는 에고가 우리 관심을 다른 곳으로 돌리는데 아주 뛰어난 능력이 있기 때문입니다. 이로 인해 어떤 문제를 해결하기 위해서는 뭔가를 해야 한다거나, 아니면 외부에 있는 뭔가에 관심을 기울여야 한다고 우리가 믿게 됩니다. 기본적으로, 한 단계의 의식에서 다음 단계의 의식으로 오르는 열쇠는 자신의 내면을 살펴보고 다음 두 가지 사항을 깨닫는 것입니다.

- 내 현재 의식 수준이 나를 제한하고 있으며, 나는 더 이상 이 수준에 머물러 있고 싶지 않다.
- 의식하는 자아인 나는 내 현재 의식 수준보다 더 크며, 이 말은 내가 현재의 자아감에서 빠져나와 새로운 자아감으로 올라서거나, 다시 태어날 수 있다는 의미이다.

하지만 낡은 자아감을 놓아버리고자 하는 상태에 이르기 위해서는 낡은 자아감을 있는 그대로 볼 필요가 있습니다. 여러분이 외부에서 자신을 바라보고, 현재 의식 수준에서 인식하는 것에 따라, 타인들과 세상을 바꾸려고 하는 한, 결코 낡은 자아감을 있는 그대로 볼 수가 없습니다.

앞에서 설명한 것처럼, 여러분의 현재 의식 수준은 인식 필터를 형성합니다. 그 필터를 통해 세상을 바라보는 한, 세상을 특정한 방식으로만 보게 됩니다. 에고는 여러분이 보는 것이 궁극적인 실체, 즉 절대적인 진실이거나, 혹은 삶을 바로 볼 수 있는 유일한 방식이라며, 이것을 믿게 만들려고 노력합니다. 이 말은 여러분이 현재 인식으로는 뭔가를 의심할 수가 없으며, 뭔가를 의심해서도 안 되고 의심할 필요도 없다는 의미입니다.

이것을 장기 게임에 비유해 볼까요? 말을 어떻게 움직여도 상대의 왕(King)을 잡을 수 없는 방식으로 규칙이 바뀌었다고 합시다. 다시 말해, 여러분이 어떻게 해도, 게임에서 이길 수 없게 바뀌었다고 합시다. 여러분은 게임을 무한정 계속할 수도 있고, 규칙이 잘못되었다는 것을 깨닫고, 게임을 계속하는 것을 거절할 수도 있습니다. 여러분이 무엇을 하든, 자신의 인식 필터에 의문을 가질 때까지는 현재의 의식 상태를 초월할 수 없습니다. 그리고 에고는 인식 필터를 의심하지 못하게 하려고, 할 수 있는 모든 것을 다할 것입니다.

에고는 거짓된 길을 만들었으며, 우리는 이것을 외적인 길이라고 부를 수 있습니다. 이러한 거짓된 길로 인해, 타인들이나 세상을 바꾸기 위해 뭔가를 함으로써, 여러분이 상승 자격을 얻을 수 있다고 생각하게 됩니다. 진정한 여정은 내면의 여정입니다. 따라서 상승 자격을 얻을 수 있는 유일한 방법은 자신의 사아김을 변화시키는 것입니다. 그리고 더 높은 자아감으로 오르는 유일한 방법은 이전의 낡은 자아를 죽게 하는 것입니다. 하지만 이렇게 하려면 여러분은 반드시 낡은 자아를 어떠한 제한으로, 비실재로 인식해야 합니다. 의식하는 자아가 외면의 자아보다 더 큰 존재라는 사실도 인식해야 합니다. 이 말은 자아가 죽을 때에도, 의식하는 자아는 죽지 않는다는 의미입니다. 즉, 자아가 죽는다고 해도 여러분은 죽지 않습니다. 이러한 상태에 도달하기 위해서는 반드시 에고가 만들어낸 속임수를 꿰뚫어 볼 수 있어야 합니다.

에고의 여러 수준

영적인 여정에는 세 가지 주요 단계가 있습니다. 지구에 처음 내려왔을 때, 여러분은 48단계로 내려왔습니다. 이 말은 여러분이 그 단계에 해당하는 인식 필터를 통해 세상을 인식했다는 의미입니다. 이 단계에서, 여러분은 자기보다 더 큰 뭔가와 연결되어 있다는 느낌이 있지만, 자신의 아이앰 현존에 대해 명확하게 인지하지는 못합니다. 여러분이 현존을 보려고 해도, 일곱 광선으로 이루어진 베일로 인해, 비전이 가려지게 됩니다.

여러분은 또한, 세상이 하나의 전체라는 인식을 하게 됩니다. 이 말은 여러분이 행하는 것이 전체에 영향을 미치며, 따라서 자신에게도 영향을 미친다는 것을 안다는 의미입니다. 그렇게 되는 이유는 명확하게 알지 못하지만, 이것을 직관적으로 느낍니다. 따라서 단순히 여러분이 하지 말아야 할 선택들이 거기에 있습니다. 이 수준에서는 명백하게 타인들을 해치는 행위들은 하지 않습니다. 왜냐하면, 그렇게 하는 것이 자신에게 최선의 이익이 되지 않는다고 느끼기 때문입니다.

의식하는 자아에게는 자유의지가 있으므로, 현재의 인식 필터를 기반으로, 여러 가지 선택을 합니다. 따라서 48단계에서, 여러분이 상향나선 혹은 하향나선을 창조하기 위해서, 더 위로 오를지, 아니면 더 낮은 곳으로 내려갈지 결정해야 하는 유혹을 직면하게 됩니다. 의식의 48단계 아래로 내려가면, 모든 단계가 한 가지 특성이 있다는 것을 알게 됩니다. 다시 말해, 이러한 단계는 여러분이 분리된 존재라는 믿음, 즉 자신은 해를 입지 않고도, 다른 사람들을 해칠 수 있다는 것을 의미하는 아주 교묘한 믿음에 기초하고 있다는 것입니다.

결과적으로, 그러한 단계로 들어가면, 자신이 영적 자아와 연결되어 있으며, 또한, 모든 생명과도 연결되어 있다는 것을 인식하지 못합니다. 바꾸어 말하면, 48단계 아래로 내려가면, 자신이 만들어낸 에고로 인해, 여러분이 분리된 존재이고 또한, 독립된 사물들과 사람들로 구성된 세상에 산다고 여깁니다. 또한, 신과도 분리되어 있다고 여깁니다. 이 말은 에고로 인해, 여러분이 무슨 짓이든지 할 수가 있으며, 그렇게 해도 들키지 않거나, 그것을 신에게서 숨길 수 있다고 생각하게 됩니다. 따라서 자신이 신의 확장이라는 사실을 알았다면, 절대 하지 않았을 행동을 하게 됩니다. 이제, 오직 분리된 존재만이 할 수 있는 행위들을 한다 해도 정당화될 수 있는 것처럼 보입니다. 다시 말해, 이러한 행동들이 다른 사람들에게 어떤 영향을 줄지 고려하지 않고 자신이 원하는 것을 할 수 있는 권리를 가진 것처럼 행동합니다. 그런 다음, 목적이 수단을 정당화할 수 있는 것처럼 행동합니다.

에고는 거짓된 길, 즉 외적인 길을 만들어냈습니다.
이러한 거짓된 길로 인해,
타인들이나 세상을 바꾸기 위해 뭔가를 함으로써,
여러분이 상승 자격을 얻을 수 있다고 생각하게 됩니다.

이 의식 상태에서는 혼자라는 느낌이 있으며, 타인들이나, 물질적인 상황들로부터 위협을 받는다는 느낌이 필연적으로 따라옵니다. 따라서 위협받는 느낌을 해소하기 위해, 어쩔 수 없이 다른 사람들을 포함하여, 여러분이 처한 환경을 통제하려고 합니다. 더 낮은 의식 수준으로 내려갈수록, 타인들을 점점 더 통제하고, 지배하려고 하며, 심지어 통제할 수 없는 사람들은 죽이려고 하는 사람들도 보게 됩니다.

이런 사람들에게는, 그러한 행동이 완벽하게 정당화될 수 있을 뿐만 아니라, 필요한 것처럼 보이게 됩니다. 이들은 그 의식 단계에 해당하는 에고와 자신을 철저하게 동일시하고 있습니다. 따라서 이들은 에고를 통해 인식하는 것을 믿습니다. 이 말은 이들이 자신의 행위가 완벽하게 정당화될 수 있으며, 또한, 필요하다거나, 피할 수 없다고 여긴다는 의미입니다. 가장 낮은 의식 수준에 있는 사람들은 더 높은 어떤 목적 때문에, 자신의 행위가 정당화된다고 철저하게 확신하는 것을 볼 수 있습니다. 분명한 사례로서, 히틀러, 스탈린, 마오 등을 들 수가 있습니다. 이들은 자신이 생각하는 더 좋은 세상을 만들기 위해, 아무리 많은 사람을 죽여도 충분히 정당화될 수 있다고 생각했습니다. 에고에는 구별되는 세 가지 단계가 있음을 알 수 있습니다.

- 48단계 아래로 내려가면, 타인들을 적극적으로 통제하거나 지배하려고 하는 에고를 보게 됩니다. 그런 사람들은 외부에 있는 뭔가와 맞서 싸우고 있습니다. 이러한 단계의 에고는 여러분을 대신하여 적극적으로 의사결정을 하려고 하며, 적어도 의식하는 자아가 의사결정 하는 것을 조종하려고 합니다. 이렇게 하는 이유는 삶에 대해 에고가 특정한 관점을 가지고 있기 때문이며, 이것을 "결핍에

의한 접근 방식"[86]이라고 부를 수도 있습니다. 이 에고는 자신을 분리된 존재로 여기기 때문에, 필연적으로 불완전하다고 느낄 수밖에 없습니다. 따라서 이러한 불완전함을 보완하기 위해서, 에고는 항상 타인들로부터 뭔가를 뺏거나, 다른 사람들과 심지어 신에게까지 호의적인 뭔가를 하게 만듭니다. 이러한 에고는 언제나 외부에서 구원자를 찾지만, 물론, 그러한 구원자는 영원히 찾지 못합니다. 에고는 전 우주가 자신의 멘탈 박스에 따르기를 바라지만, 우주는 거기에 전혀 동조하지 않습니다.

• 48단계와 96단계 사이에 있는 에고는 여러분을 통제하려는 것만큼, 타인들도 공격적으로 통제하려고 들지 않는다는 것을 발견할 수 있습니다. 대부분의 영성인이 이 단계에 있습니다. 이것은 곧 그들이 자신의 내면에 있는 뭔가와 싸우고 있다는 의미입니다.

• 96단계와 144단계 사이에서 우리는 더 미묘한 에고를 발견합니다. 이 단계는 정교한 균형을 유지하기 위해 노력하는 단계입니다. 따라서 타인들을 강제로 성장시키려는 유혹에 빠지지 않고, 본보기를 통해 그들에게 영감을 불어넣어 줌으로써, 타인들의 자유의지를 철저하게 존중합니다. 이와 동시에 자신을 영(Spirit)으로 인식함으로써, 물질계가 자신을 지배할 힘을 가질 수 없도록 균형을 유지합니다.

요점은 에고가 여러분의 인식을 물들이는 필터로 보일 수 있다는 것입니다. 가장 낮은 의식 수준에서 보면, 이러한 인식 필터의 층이 144개나 있습니다. 여기에는 두 가지 의미가 있습니다. 첫 번째는 아이앰 현존에게서 오는 순수한 빛을 직접 경험하기 불가능하다는 의미입니다. 의식하는 자아는 그 단계의 의식과 자신을 동일시함으

---

[86] deficit approach

로써, 자신을 순수의식으로 경험하기가 매우 어려우므로, 의식하는 자아가 현재의 자아감 이상이라는 사실을 알 수가 없습니다. (그래서 일부 사람은 실재하지 않는 자아감을 유지하기 위해, 타인을 죽일 수가 있습니다). 두 번째는 의식하는 자아가 인식하는 것이 실재하는 것이며, 심지어 실재하는 것과 실재하지 않는 것을 자신이 정의할 권리가 있다고 전적으로 확신한다는 것입니다.

일반적으로, 이 마음 상태에서 영적인 스승, 특히 상승 마스터들과의 접촉은 불가능합니다. 그렇다고 이 말이 여러분이 길을 잃었으며, 되돌릴 방법이 없다는 의미는 아닙니다. 하지만 오직 한 가지 방법으로만 배울 수가 있습니다. 상승 마스터들이 말하는 고난의 학교를 통해서만 배울 수 있습니다. 일부 반대하는 것들과 지속해서 맞서 싸움으로써, 배우게 됩니다. 결국에는 "이것들에 맞서 싸우는 것은 이제 지겨울 정도로 경험했다. 틀림없이 이것보다 더 좋은 방법이 있을 것이다. 그리고 삶에는 반드시 그 이상이 있을 것이다."라고 생각하게 되는 상황이 찾아옵니다.

이로 인해, 여러분의 의식은 더 높은 단계로 이동하게 되며, 그 단계에서 또 다른 뭔가와 싸우며, 그러한 경험을 지겨워지도록 하게 됩니다. 결국, 언젠가는 48단계까지 오르게 됩니다. 이 단계에서 직관을 통해 상승 마스터들의 지시를 받아들이는데 마음의 문을 열게 됩니다. 바로 이때, 신과 세상 혹은 사람들을 바꾸는 대신, 자신의 자아감을 변화시켜야 한다는 것을 깨닫기 시작합니다.

계속해서 위로 올라감에 따라, 여러 층의 인식 필터가 떨어져 나갑니다. 이러한 과정은 144단계에 도달할 때까지 지속됩니다. 144단계에 이르러, 남아 있는 마지막 층을 벗겨내고 나면, 더 이상 육체를 유지할 수 없게 되며, 따라서 영적인 세계로 상승합니다.

하지만 96단계에서 중요한 변화가 일어납니다. 왜냐하면, 이 단계에서, 여러분이 아이앰 현존과 수직적으로 하나라는 것을 직접 인식할 수 있기 때문입니다. 이것을 우리는 그리스도 신성의 알파 측면이라고 부릅니다. 이 시점에서, 어느 정도 물질에 대한 마음의 통달을 달성하는 경지에 이릅니다. 왜냐하면, 모든 물질은 일곱 광선으로 만들어졌으며, 여러분이 이러한 광선을 이용하는 방법을 알고 있기 때문입니다.

이제, 문제는 이러한 통달을 어떻게 사용하느냐, 특히 타인들을 어떻게 존중해주느냐 하는 것이 됩니다. 이때, 여러분이 직면하게 되는 유혹은 타인들에게 뭔가를 증명하기 위해, 심지어 그러한 능력을 이용하여, 타인들에게 강요하기 위해, 자신의 힘을 경솔하게 사용하려는 것입니다. 이러한 사실은 예수가 광야에서 40일간의 금식을 마치고 난 후, 악마에게 유혹받는 상황 속에 잘 드러나 있습니다.

> 예수는 96단계보다 위에 있는 사람이 어떤 사람인지,
> 즉, "내 아버지와 내가 하나"가 되는
> 본보기를 인류에게 보여주기 위해서 왔습니다.

96단계에서, 여러분은 그리스도 신성의 오메가 측면, 즉 모든 생명과 수평적으로 하나라는 측면을 배웁니다. 이 말은 이제 여러분이 타인들에게 철저하게 봉사하려고 해야 하며, 이와 동시에 타인들에게 강요하는 것이 비록 여러분이 보기에 그들에게 이익이 된다고 하더라도, 절대로 강요하려고 해서는 안 된다는 의미입니다. 그 대신에, 자유의지의 원리를 철저하게 존중해야 하며, 타인들이 자신의 선택을 통해 성장할 수 있도록 해야 합니다.

실제로, 예수는 96단계 위에 있는 사람이 어떤 사람인지 그 모범

을 인류에게 보여주기 위해 왔습니다. 이러한 이유로, "나와 내 아버지는 하나(수직적인 하나됨[87])"이며, 그리고 "너희가 여기 내 형제자매들 가운데, 지극히 보잘것없는 사람 하나에게 한 것이 곧 내게 한 것이다(수평적인 하나됨[88])"라고 말했습니다.

96단계에서는 모든 생명이 하나라는 것을 직관적으로 느끼며, 더 높은 단계로 성장해 감에 따라, 모든 생명이 하나라는 진실을 직접 인식하게 됩니다. 이때 모든 생명이 분리되어 있다는, 반-그리스도[89] 마음이 만들어낸 인식 필터를 꿰뚫어 볼 수 있습니다. 근본적으로, 분리되어 있다는 것은 가장 큰 거짓말입니다. 상승한 세계에서는 이러한 거짓말을 찾아볼 수가 없으므로, 여러분은 상승하기 전에 반드시 이 거짓말을 극복해야 합니다. 분리의 환영은 오직 물질계에만 존재할 수 있습니다. 왜냐하면, 물질의 밀도 때문에, "모든 것"이 서로 분리되어 있으며, 물질계 역시 신과 분리된 것처럼 보이기 때문입니다.

영혼에 대해, 우리가 앞에서 이야기했던 것을 이것과 연결하여 간략하게 설명하겠습니다. 의식하는 자아가 48단계로 처음 내려왔을 때, 그 단계에서 여러분이 입었던 자아의 일부가 에고였습니다. 모든 존재가 그렇게 하지는 않았지만 48단계 아래로 내려가고자 했다면, 여러분은 더 공격적으로 타인들을 통제하려는 에고의 또 다른 층을 만들어냈을 것입니다. 이 에고는 이제 영혼의 일부가 됩니다. 따라서 에고를 초월할 때까지, 이러한 에고를 이번 생에서 다음 생으로 이어가면서 지니게 됩니다.

---

[87] vertical oneness; 상위 존재와의 하나됨을 의미함. as Above, so below; 위에서와 같이 아래에서도
[88] horizontal oneness; 지구상에서 모든 사람이 신의 몸 일부이고 하나임을 의미함
[89] Anti-Christ; 적-그리스도라고도 함. 분리와 이원성의 의식.

잠재의식

잠재의식은 아주 복잡한 주제이며, 따라서 잠재의식을 간단하게 이해하거나, 다룰 방법은 없습니다. 심리, 자기 계발, 영성 등의 많은 가르침은 여러분이 안고 있는 모든 문제를 아주 쉽고, 간단하게 극복할 수 있도록 도와주는 프로그램이 있다고 말합니다. 하지만 일단 잠재의식을 이해하고 나면, 빠른 해결책이 없는 이유를 알게 됩니다. 잠재의식을 초월하는데 긴 시간이 소요되기는 하지만, 실행 가능한 장기적인 길이 있다는 것을 알게 됩니다.

상승 마스터들의 가르침에 따르면, 물질계의 정체성, 멘탈, 감정, 물질층에 상응하는 잠재의식이 네 층이 존재한다고 합니다. 게다가, 이 층들은 계층적인 구조를 형성하고 있다고 합니다. 이 말은 물질적인 마음속에 존재하는 어떤 것도 감정적인 마음을 비롯하여 상위 마음속에 존재하는 것을 넘어설 수 없다는 의미입니다. 이것이 왜 중요할까요? 자, 삶을 통달하고자 한다면, 자신의 잠재의식을 다스릴 수 있어야 합니다. 그 이유는 많은 사람의 경우, 대부분의 상황에 반응하는 방법을 결정하는 것이 바로 이 잠재의식이기 때문입니다. 하지만 잠재의식은 단지 정교한 컴퓨터에 지나지 않습니다.

컴퓨터 프로그램 만들기

일반적인 삶의 경험을 숙고해 보세요. 어떠한 행동을 충분히 여러 차례 반복하면, 잠재의식에 특정한 "컴퓨터 프로그램"이 만들어집니다. 따라서 의식적인 마음이 관여하지 않아도, 그런 행동을 수행할 수가 있습니다. 한 가지 예가 자전거를 타는 것입니다. 일단 자전거 타는 법을 배우고 나면, 그것을 절대로 잊어버리지 않습니다. 10년 동안 자전거를 타지 않았어도, 일단 자전기를 다시 타면, 잠재의식 컴퓨터 프로그램이 알아서 작동합니다.

여기에서 중요한 점은 어떠한 상황에 충분할 정도로 여러 차례 노출되고, 매번 같은 방식으로 반응하게 되면, 잠재의식 컴퓨터는 유사한 상황에 여러분이 언제나 같은 방식으로 반응하고 싶어 한다는 가정에 따라, 어떠한 프로그램을 만들게 됩니다. 일단 그러한 프로그램이 만들어지면, 그 프로그램은 잠재의식 속에 남아 있으면서, 그것을 행동으로 옮길 상황을 기다리게 됩니다. 그러한 상황이 실제로 발생하면, 여러분이 그 상황에 대해 취해야 하는 반응을 이제 그 프로그램이 넘겨받습니다. 이 프로그램은 여러분의 의식적인 의지력이 작동하지 못하게 하려고, 있는 힘을 다해 모든 것을 하게 됩니다. 이러한 이유로, 아주 많은 사람이 이러한 반응 패턴을 무시할 만한 의식적인 능력이 없다고 느낍니다.

---

*일단 그러한 프로그램이 만들어지면,
그 프로그램은 잠재의식 속에 남아 있으면서,
그것을 행동으로 옮길 상황을 기다리게 됩니다.*

여기에서 정말로 문제가 되는 것은 이러한 프로그램 중 상당수가 과거에, 즉 이전의 생들이나, 어린 시절에 만들어졌다는 것입니다. 예를 들어, 공통된 프로그램을 살펴봅시다. 어린 시절에, 여러분이 권위 있는 인물, 예컨대 폭언을 일삼았던 부모나 선생님에게 노출되었다고 합시다. 여러분은 자신을 방어하지 못한 채, 학대에 시달릴 수밖에 없습니다. 따라서 이 상황에 기초하여, 잠재의식 프로그램이 만들어집니다. 아주 한정된 선택밖에는 할 수 없었던 어린아이에게는 이것이 합리적인 반응이었을 것입니다. 왜냐하면, 큰 소리로 말할 수도, 그러한 상황에서 도망갈 수도 없었기 때문입니다. 하지만 일단 이러한 프로그램이 잠재의식 컴퓨터에 저장되고 나면,

이 프로그램은 생을 이어가면서, 그곳에 남아 있게 됩니다.

따라서 여러분이 어른이 되거나, 아니면 그 이후의 생에서 폭언하는 권위 있는 인물을 만나면, 잠재의식 프로그램이 작동합니다. 따라서 프로그램이 만들어졌던 당시에 여러분이 했던 것과 같은 방식으로 반응합니다. 여기에서 문제는 어린 시절의 아이였을 때보다 성인이 된 여러분에게 더 나은 선택권이 있다는 것입니다. 실제로 큰 소리로 말하거나 도망칠 수도 있지만, 프로그램은 이러한 선택의 토대 위에 만들어진 것이 아니므로, 계속해서 똑같은 반응을 무한정 반복할 수밖에 없습니다.

물론, 마음속에 있는 믿음은 필터와 같은 역할을 하게 되고, 이 필터는 마음을 통해 흐르는 에너지를 채색하거나, 에너지에 특성을 부여할 것입니다. 앞에서 설명했듯이, 낮은 에너지는 다시 아이엠 현존에게로 올라갈 수가 없습니다. 이 말은 그 에너지가 자신의 에너지장에, 네 하위체에 축적된다는 의미입니다. 이제, 여러분은 그 믿음을 통해 특성을 부여한 바로 그 에너지에 의해, 문제를 일으키는 믿음이 장기간에 걸쳐 강화되는 패턴을 보이게 됩니다. 따라서 이 패턴에서 벗어나기 위해, 여러분은 에너지와 믿음 양쪽 모두를 극복해야 합니다. 만약 상승 마스터들이 제공해주는 지식과 도구를 여러분이 가지고 있다면, 이렇게 하기가 아주 쉽습니다. 하지만 그러한 지식을 알지 못한다면, 이러한 오래된 패턴을 깨뜨리기가 매우 어렵습니다.

출구

이러한 패턴을 깨뜨릴 수 있는 유일한 방법은 의식적인 마음을 이용하는 것입니다. 바로 여기에서 대부분의 사람은 효과가 별로 없거나, 실제로 문제만 더 추가되는 접근 방식에 갇히게 됩니다. 이러한 접근 방식은 여러분의 의식적인 의지력을 이용하여, 잠재의식 프로그램을 무시하려고 할 것입니다. 실제로 이것이 가능은 하지만, 대가가 따릅니다.

구체적인 예를 살펴보겠습니다. 어떤 사람의 잠재의식에 특정한 프로그램이 저장되어 있으며, 이 프로그램으로 인해, 이 사람은 자신이 열등하다고 믿는다고 합시다. 어떤 상황이 이러한 믿음을 자극할 때마다, 이 사람은 참을 수 없는 감정적인 고통을 느끼게 됩니다. 이러한 고통을 피할 방법이 없다고 믿기 때문에, 이 사람이 할 수 있는 유일한 선택권은 마음을 무디게 하는 것밖에 없습니다. 그래야 그런 심한 고통을 느끼지 않기 때문입니다. 따라서 이 사람은 마음을 무디게 하려고 술을 마십니다. 이것은 결과적으로 자신의 열등감을 촉발하는 또 다른 상황으로 이어지게 됩니다.

마침내, 이 사람은 계속 술을 먹을 수 없다는 것을 깨닫게 되는 충격적인 경험을 하고는 술을 끊기 위해 확고한 결심을 합니다. 따라서 의식적인 의지력을 이용하여, 술을 먹으려는 충동을 경계하게 되며, 그 이후 충동에 따라 행동하기에 앞서, 이러한 충동을 먼저 무시합니다. 처음에는 힘든 노력이 요구되지만, 얼마 지나지 않아 보다 쉬워지게 됩니다. 그 이유는 이전의 프로그램들보다 우선 작동하는, 새로운 잠재의식 프로그램이 만들어지기 때문입니다.

명백한 약점이라면 처음 프로그램된 것이 잠재의식에 여전히 남아 있다는 것입니다. 새 프로그램은 그 사람이 지금까지 마주친 상황에서는 이전의 프로그램을 압도할 수가 있었지만, 이전의 프로그램이 새 프로그램을 압도할 수 있는 새로운 상황을 만날 때마다, 다시 술에 빠져들게 됩니다.

그렇다면, 다른 접근 방식이 있을까요? 분명히 있습니다. 그것은 잠재의식 프로그램이 제한된 특정 믿음에서 시작된다는 것을 깨닫는 것입니다. 여러분은 이제 의식하는 자아의 능력을 이용하여, 잠재의식의 베일을 벗겨내고, 최초에 프로그램된 것을 점검해볼 수가 있습니다. 이 프로그램이 어떤 것인지 볼 수 있게 되면, 이 프로그램이 어떠한 의사결정에서 비롯되었는지 알 수 있습니다. 그 의사결정이 문제를 일으킨다는 것을 알게 되면, 의식하는 자아의 능력을 이용하여, 그 의사결정을 더 나은 의사결정으로 대체할 수가 있습니다. 그렇게 함으로써 최초에 만들어진 프로그램은 사라집니다.

원래의 결정은 의식하는 자아가 했지만, 이후 그 결정이 의식적인 인식 수준 아래로 내려갔다고 말할 수도 있습니다. 하지만 의식하는 자아는 자신이 의식적으로 인식할 수 있는 범위를 언제든지 확장할 수 있습니다. 의식하는 자아가 어떠한 결정을 했다고 해서 변하는 것이 아니므로, 이렇게 인식 범위를 확장할 수 있습니다. 따라서 의식하는 자아는 자신을 현재의 자아감 밖으로 투사할 수 있는 능력을 결코 상실할 수가 없습니다.

이것은 진실로 실행 가능한 접근 방식입니다. 사실, 이것은 자아 통달을 향해 영원히 전진해 갈 수 있는 실행 가능한 유일한 방법입니다. 또한, 물질계에서 여러분이 처한 상황에 통달하기 위한 기반이 됩니다. 유일한 결점이라면, 이것이 손쉬운 해결책이 아니라는 것입니다. 이렇게 하기 위해서는 시간과 노력도 필요하지만, 무엇보다 잠재의식을 살펴보고, 더 나은 의사결정을 하겠다는 의지가 필요합니다.

잠재의식 프로그램을 초월하기

술을 마시고 열등감에 반응하는 사람의 예를 다시 살펴보겠습니다. 음주는 육체적인 행위이며, 이러한 행위는 육체가 술의 효과를 간절하게 필요하게 만드는 육체의 마음속에 저장된 잠재의식 프로그램으로 촉발될 수 있습니다. 그리고 비록 이러한 욕망을 다루기 어려우며, 물리적인 조치가 필요할 수도 있지만, 이러한 욕망은 애초에 마음의 상위 수준에 저장된 프로그램으로 인해 촉발되었습니다. 마음의 각 수준에 저장된 프로그램은 어떠한 믿음에서 시작합니다. 이러한 이유로 프로그램을 극복하기 위한 더 나은 방법은 그러한 믿음을 인식하고 나서 그러한 믿음을 의식적으로 변화시키는 것입니다.

물질적인 수준에서 보면, 모든 것이 정당화될 수 있거나, 혹은 안정을 취하기 위해 술을 마시는 것도 필요해 보이는 다양한 믿음이 있을 수도 있습니다. 하지만, 그러한 믿음의 밑바닥에는 자신이 무기력하다는 의식, 즉 감정적인 고통에서 벗어날 수 없다는 의식이 깔려 있습니다. 따라서 유일한 해결책은 어떤 것도 경험하지 않는 것입니다. 이러한 사실을 깨닫게 되면, 이러한 프로그램이 감정적인 고통에서 벗어날 수 없다는 믿음에 기반을 두고 있다는 것을 알게 됩니다. 어떤 의미에서 보면, 이것은 맞는 말입니다. 왜냐하면, 육체의 마음 수준에서는 감정적인 고통을 해소하거나, 멈출 수 없기 때문입니다.

하지만 의식하는 자아는 육체의 마음이 아닙니다. 다시 말해, 의식하는 자아는 육체의 마음보다 더 큽니다. 따라서 현재의 단계 너머로 자기 자신을 투사할 수 있는 의식하는 자아의 능력을 활용하면, 실제로 감정층을 어떻게 다루어야 하는지 알 수 있습니다. 의식하는 자아가 자신이 처해 있는 상황을 육체의 마음이라는 필터를 통해 바라보는 한, 감정적인 고통을 피하는 것이 불가능해 보인다고 말할 수도 있습니다. 하지만 의식하는 자아가 자기-의식을 더 높은 수준으로 확장하면, 감정적인 반응들을 완벽하게 변화시킬 수 있습니다.

이것을 다른 방식으로 설명해 보겠습니다. 의식하는 자아가 육체와 동일시하면, 이것은 감정적인 마음을 아래에서 올려다보는 것이며, 이 위치에서는 의식하는 자아가 감정적인 마음을 절대로 변화시킬 수 없습니다. 하지만 의식하는 자아가 위에서 감정적인 마음 속으로 투사할 수 있는 능력을 사용하게 되면, 이제는 같은 수준에서 감정적인 마음을 보는 것입니다. 이 수준에서, 의식하는 자아는 감정 패턴을 바꿀 힘을 가지게 됩니다.

일단 이러한 사실을 인식하고 나서, 감정층에서 고통이 시작된다면, 이제는 베일을 뒤로 밀어내고, 의식적으로 감정체를 살펴볼 수 있습니다. 만약 감정체에서 고통의 원인을 제거할 수 있다면, 더 이상 감정적인 고통을 겪지 않을 것이고, 따라서 마음을 무디게 할 이유도 없습니다.

물론, 이 접근 방식에도 한 가지의 단점이 있습니다. 그것은 의식적으로 감정적인 마음을 살펴볼 때, 그곳에 저장된 감정적인 고통을 만나게 된다는 것입니다. 이로 인해 자신이 두려움을 느끼거나 압도될 수 있습니다. 사실, 많은 사람의 경우에, 뭔가(음주와 같은)가 너무 심한 고통을 일으키기 때문에, 짧은 기간 내에 추가적인 고통을 감내함으로써 장기적인 삶을 변화시킬 의지가 있을 때만, 감정적인 마음속으로 들어가려고 할 것입니다.

하지만 상승 마스터들은 또 다른 선택권을 제공해줍니다. 잠재의식 프로그램은 어떠한 믿음에서부터 시작되며, 이러한 믿음은 마치 시냇물에 바위를 던지는 것과 같습니다. 바위 뒤에 진흙과 돌과 부스러기들이 쌓입니다. 따라서 하류에서 보면, 바위를 볼 수조차 없습니다. 하지만 마음속에 담겨 있는 "부스러기들"은 단지 에너지일 뿐입니다. 이 에너지는 원래 자신의 아이앰 현존에게서 왔지만, 제한된 믿음으로 인해, 진동이 낮아진(특성이 잘못 부여된) 것입니다.

의식하는 자아는 육체의 마음이 아닙니다.
의식하는 자아가 현재 단계 너머로
자신을 투사할 수 있는 능력을 이용하면,
감정층을 다루는 방법을 실제로 알 수 있습니다.

감정적인 마음을 들여다볼 때, 감정 에너지가 쌓인 곳과 먼저 마주하게 됩니다. 따라서 그러한 감정 에너지로 인해, 여러분이 압도당하거나, 또는 에너지 뒤에 숨어 있는 문제의 믿음을 보지 못할 수도 있습니다. 앞에서 설명했듯이, 마스터들은 이 에너지의 진동수를 높이는(그 에너지를 변형하거나, 특성을 다시 부여하는) 도구들, 다시 말해 영적인 에너지를 기원할 수 있는 도구들인 디크리와 기원문을 전해 주었습니다. 디크리와 기원문을 낭송함으로써, 고통을 거의 느끼지 않고도, 감정적인 마음으로 들어갈 수 있으며, 근본적인 믿음을 더욱 쉽게 밝혀낼 수 있습니다.

일단 감정적인 마음에 저장된 제한된 믿음을 밝혀내면, 실제로 그 믿음이 정신적인 마음에서 오는 자극에 기초하고 있다는 사실을 알게 됩니다. 예를 들어, 감정적인 마음은 특정한 상황에서, 자신이 분명히 열등하므로, 자신에 대해 기분 나쁘게 느끼는 것 외에는 다른 반응을 할 수 없다고 믿습니다.

하지만 그 믿음을 조사해보면, 그 믿음은 나쁜 선택권이 전혀 없고 자신이 갇혀 있다는 어떠한 느낌과 결부되어 있다는 것을 알게 됩니다. 그런 다음, 그 믿음이 어디에서 오는지를 조사해보면, 정신적인 마음에서 유래한다는 것을 알게 됩니다. 다시 말하지만, 정신적인 마음속에서 왜곡된 에너지와 마주하게 되면, 이러한 에너지로 인해 감정적인 고통을 느끼는 것이 아니라, 이제는 의심과 혼란을 느끼게 됩니다. 다시 말해, 에너지를 변형시킬 수 있는 특정한 도구들을 사용함으로써, 이 에너지를 해체할 수 있습니다.

결국, 여러분은 정신적인 마음속에 저장된 더 깊은 믿음을 밝힐 수 있습니다. 이 믿음은 보통 우월한 사람들(권위자들)과 현재의 위치에서 절대로 벗어날 수 없는 열등한 두 부류의 사람들이 이 세상에 있다는 세계관과 관련되어 있을 것입니다.

그런 다음, 이 믿음이 어디에서 나오는지 자문해 보세요. 그러면 마음의 가장 높은 수준인 정체성층으로 올라가게 됩니다. 여러분은 이 수준에서 근본적으로 자신이 제한되고 나약한 존재라고 믿게 하는 특정한 믿음을 보게 됩니다. 여러분은 많은 제한을 가진 인간에 불과하다는 믿음을 보게 될 수도 있습니다. 또한, 자신이 낮은 계급에 속하며, 다른 사람들에게 순종해야 한다거나, 아니면 태어날 때부터 근본적으로 결함이 있는 죄인이라고 여기는 믿음을 보게 될 수도 있습니다.

다시 말하지만, 밀도가 아주 높은 무거운 에너지를 만날 수도 있지만, 이러한 에너지도 역시 변형될 수 있습니다. 여러분이 만나게 되는 믿음을 의심하게 되면, 자신이 의식하는 자아이며 아이앰 현존의 확장임을 깨닫게 될 수도 있습니다. 이처럼, 열등감과 우월감이라는 상대적이고 이원적인 기준에 근거하여, 자기 자신을 평가하는 것은 아무런 의미도 없습니다. 여러분은 독특한 존재이며, 독특함에서 비교란 아무런 의미도 없습니다. 또한, 여러분이 인간적인 제한으로 영향을 받을 수 없는 영적인 존재라는 것을 깨달을 수도 있습니다. 따라서 여러분은 죄인이나, 근본적으로 결함 있는 존재로 창조되지 않았습니다.

분명한 것은 문제가 있는 많은 믿음이 마음의 네 층에 있으며,

이러한 믿음이 여러 생애 동안 쌓인다는 것입니다. 여러분은 또한, 오랫동안 축적된 집단의식도 다루어야만 합니다. 그렇지만, 치료 요법 및 자기 계발 기법과 상승 마스터들이 전해 준 도구들과 같이 활용할 수 있는 모든 수단을 꾸준히 활용함으로써, 여러분은 정말로 실질적인 진전을 이룰 수 있습니다. 잠재의식 믿음이 여러 생애 동안 구축된 것이라는 점을 고려하면, 도구들을 꾸준히 활용함으로써, 한 번의 생애에 이러한 믿음을 극복할 수 있다는 것은 참으로 놀라운 일입니다.

에고가 과정을 복잡하게 만드는 방법

에고가 어떻게 작동하는지 알지 못한다고 하더라도, 에고가 이러한 도구를 활용하는 과정을 복잡하게 만든다는 것을 미리 알고 있는 것이 도움이 됩니다. 문제는 기본적으로 에고가 여러분의 의식적인 인식을 피해 숨어 있을 수 있을 때만, 에고가 여러분을 지배할 힘을 가질 수 있다는 것입니다. 그러면, 에고가 숨어 있을 수 있는 가장 좋은 곳이 어디일까요? 물론, 잠재의식 속입니다. 이 말은 에고가 의식 아래의 잠재의식에 머물러 있기를 더 선호한다는 의미입니다.

에고가 여러분을 대신하여 많은 의사결정을 하겠지만, 일부 결정은 오직 여러분만이 직접 할 수 있는 것도 있습니다. 이 점을 명심해야 합니다. 왜냐하면, 에고를 무력화시킬 수 있는 유일한 방법은 여러분이 과거에 하고 싶어 하지 않았던 어떠한 의사결정이 있었고 에고가 여러분을 대신해서 그러한 의사결정을 하도록 여러분이 허용했다는 사실을 깨닫는 것입니다.

에고의 손아귀에서 벗어나는 유일한 방법은 그러한 의사결정을 자신이 하겠다고 의식적으로 결정하는 것입니다. 하지만 여러분이 원래의 의사결정을 하지 않았던 이유는 특정한 상황에서 좋은 의사결정을 할 수 없는 것처럼 보였으므로, 부정적인 감정을 피할 방법이 없었기 때문입니다. 하지만, 적절한 도구들을 사용함으로써 감정 에너지를 중화시킬 수가 있습니다. 그리고 자신의 상위자아와 더 잘 조율됨으로써, 더 많은 선택권을 볼 수 있고 따라서 성장으로 이어지는 의사결정이 언제나 있다는 것을 깨닫게 됩니다.

술을 마시는 사람의 예로 돌아가 보면, 온갖 형태의 현실도피와 관련하여, 중요한 뭔가를 깨닫게 될 수도 있습니다. 에고가 기본적으로 사용하는 거짓말은 잠재의식을 살펴보는 것이 위험하다거나, 불필요하다는 것입니다. 예를 들어, 많은 사람이 감정적인 고통으로 인해 심한 영향을 받고 있으면서도, 이들은 감정을 들여다보면, 더 많은 고통을 느낄 것이라는 에고의 거짓말을 믿고 있습니다. 이로 인해, 그들은 진퇴양난의 상황에 빠지게 됩니다. 왜냐하면, 감정적인 고통을 해결하는 선택권을 알 수 없기 때문입니다. 따라서 어떤 것도 느끼지 않는 것이 이들이 할 수 있는 유일한 선택권처럼 보입니다. 따라서 자신의 마음을 무디게 만들 수밖에 없습니다.

따라서 에고가 이용하는 교활한 거짓말은 고통을 피할 수 있는 유일한 방법은 의식적으로 되지 않아야 한다는 것입니다. 고통을 느끼지 않는 유일한 방법은 어떤 것도 느끼지 않아야 한다는 것입니다. 하지만 실제로 고통에서 영원히 초월하는 유일한 방법은 더 의식적으로 되는 것입니다. 이 해결책의 핵심은 의식하는 자아라고 불리는 것입니다. 왜냐하면, 여러분 존재의 가장 기본적인 특성이 의식하고 인식하는 것이기 때문입니다. 잠재의식에 대해 더 잘 알고 있어야만, 고통을 일으키는 믿음을 제거할 수 있는 것입니다. 이러한 이유로, 상승 마스터들이 제공하는 어징은 **숨겨진 모든** 것이 드러날 때까지 점점 더 의식적으로 되는 길입니다. 왜냐하면, 잠재의식 믿음을 완전히 충분히 인식할 때, 여러분은 그러한 믿음보다 자신이 더 큰 존재라는 것을 알게 되고 그러한 믿음을 초월하기가 더 쉬워지기 때문입니다. 이것은 정말로 아주 간단합니다. 다시 말해, 여러분을 제한하는 모든 것은 거짓입니다. 믿음이 거짓이라는 것을 보게 될 때, 또한, 그러한 거짓말로부터 여러분을 자유롭게 해 주는 진리도 알 수 있습니다. 진리를 보지 않고는, 어떠한 개념이 거짓이라는 것을 결코 알 수 없습니다. 따라서 진리가 여러분을 자유롭게 해 줍니다.

육체의 마음

잠재의식이라는 그림을 완성하기 위해, 상승 마스터들이 육체의 마음이라고 부르는 요소를 살펴볼 필요가 있습니다. "육체의 마음"이라는 이 이름은 육체의 기능과 연관된 마음의 수준을 나타냅니다. 예를 들어, 여러분은 심장을 뛰게 하거나, 세포가 단백질을 생산하라고 의식적으로 말할 필요가 없습니다. 육체를 형성하는 수조(兆) 개의 세포가 하는 기능에 대해, 여러분이 의식적으로 알고 있어야 하며, 이 세포들이 해야 할 일을 일일이 지시해야 한다고 상상해 보세요. 삶을 즐기는 것은 고사하고, 육체를 이용하여 실제로 뭔가를 의식적으로 할 수 있을 만한 주의력이 전혀 남아 있지 않을 것입니다.

따라서 어떤 면에서, 육체의 마음은 단지 엄청나게 복잡한 육체의 기능을 통제하는 슈퍼컴퓨터와 같으며, 자아(Self)가 물질계에서 자신을 표현하기 위해서 사용하는 이동 수단의 역할을 합니다. 공상과학책에서 읽어보았는지 모르겠지만, 문제는 실제로 슈퍼컴퓨터가 자체의 생명을 가진 것처럼 될 수 있다는 것입니다.

요점은 "육체의 마음"이란 여러분이 육체를 사용할 수 있도록 돕기 위해 만들어진 컴퓨터라는 것입니다. 물론, 우리 모두는 이러한 사실을 알지 못한 채 성장했지만, 주의를 기울이지 않는다면, 하인이 실제로 주인이 될 수도 있습니다. 그렇게 된다면, 확실히 여러분은 영적인 성장을 쉽게 이루지 못합니다.

많은 종교적인 가르침과 심지어 일부 영적인 가르침에서, 육체는 악으로 묘사되거나 아니면 적어도 영적인 성장에 걸림돌이 된다고 묘사됩니다. 이것은 상승 마스터들의 가르침이 아닙니다. 상승 마스터들은 육체가 영적인 성장을 하기 위한 이동 수단이며, 우리가 육체를 존중하고, 잘 보살펴야 한다고 가르칩니다. 그렇다고, 육체나 육체의 욕구가 우리의 삶을 움직이도록 해서는 안 됩니다.

---

*육체의 마음은 단지 엄청나게 복잡한
육체의 기능을 통제하는 슈퍼컴퓨터와 같으며,
자아(Self)가 물질계에서 자신을 표현하기 위해서
사용하는 이동 수단의 역할을 합니다.*

이렇게 하려면, 육체를 움직이는 컴퓨터가 실제로는 생각할 수 있는 능력이 없다는 것을 인식해야 합니다. 따라서 컴퓨터는 프로그램을 실행만 할 수 있을 뿐이며, 우리가 의식하는 마음으로 제한을 가할 때까지, 그 프로그램을 계속 실행할 것입니다. 예를 들어, 육체에는 어떠한 기본적인 욕구가 있습니다. 따라서 육체의 마음은 인도주의적이거나 영적인 고려 없이, 그러한 욕구를 충족시키려고 합니다.

육체의 마음에 있는 한 가지 기본적인 욕구는 보호 기능입니다. 따라서 육체의 마음이 다른 인간을 포함하여, 위험해 보이는 것은 무엇이든지 제거하거나 죽인다고 해서 잘못된 것이 아닙니다. 여러분도 일부 독재자나, 깡패 두목이 자신에게 위협이 된다고 생각되는 사람들을 사실 여부도 따져보지 않고 무자비하게 죽이는 것을 볼 수 있습니다. 그 이유는 이들이 자신의 삶을 적어도 이러한 측면에서 육체의 마음이 지배하도록 허용했기 때문입니다.

또 다른 예는 음식입니다. 육체의 마음은 먹을 수 있거나 좋아하는 음식이면 어떤 것이든 먹으려고 하며, 그것도 먹을 수 있는 한, 많이 먹으려고 할 것입니다. 육체의 마음 스스로는 통제할 수가 없습니다. 이러한 이유로, 과식하거나, 몸에 해로운 음식을 먹는 사람들을 보게 됩니다. 이들이 지닌 육체의 마음은 먹는 행위를 계속할 뿐입니다.

또 다른 기본적인 욕구는 번식입니다. 육체의 마음에는 섹스를 얼마나 많이 할 수 있는지에 대한 한계가 없으며, (적어도 남성에게는) 가능한 한 많이 하고 가능한 많은 다른 파트너와 섹스를 하도록 실제로 프로그램되어 있습니다. 따라서 일부 사람은 한 명의 섹스 파트너만 있는 전통적인 방식에서 벗어나 있으므로, 자신들이 세련된 존재라고 여기고 있지만, 이러한 사람들은 단순히 자신들의 삶이 육체의 마음에 의해 움직이고 있다는 것을 깨닫지 못합니다.

어떻게 하면 육체의 마음이 여러분의 삶을 움직이지 못하게 피할 수 있을까요? 그것을 피할 방법은 잠재의식으로 들어가는 과정의 일부로써 일어납니다. 육체의 마음은 여러분의 종이 되어야 합니다. 이 말은 육체의 마음이 음식, 섹스 혹은 안전을 어떻게 다룰지에 대해, 그 범위를 정하는 존재가 바로 여러분이라는 의미입니다. 과거의 어느 시점에서 일부 사람은 이것과 관련하여, 의식적인 결정을 하려고 하지 않았기 때문에, 육체의 마음이 알아서 하도록 권한을 넘겨주었습니다. 하지만 이렇게 한 이면에는 어떠한 믿음이 있습니다. 그 믿음을 밝혀내면, 육체의 마음에서 통제권을 되찾아, 허용하는 범위를 의식적으로 다시 정할 수 있습니다.

 늘 그렇듯이, 열쇠는 여러분의 의식을 키우고 왜곡된 에너지로부터, 네 하위체를 정화하는 것입니다. 일반적으로 우리가 갈망이라고 부르는 것은 감정체를 끌어당기는 자력과 같은 역할을 하게 되며, 육체로부터 나옵니다. 이러한 자력은 왜곡된 에너지가 축적되어 생깁니다. 여러분이 영적인 빛을 기원하고 왜곡된 에너지를 변형시키면, 당연히 갈망도 줄어듭니다. 잠재의식이 작동하는 원리를 더 잘 알게 될수록, 육체의 마음에 있는 갈망에 대항하는 능력도 쌓이게 됩니다. 따라서 원래 계획된 대로, 이 컴퓨터도 영적인 성장을 할 수 있도록 도와주는 종으로 바뀌게 됩니다.

12
자아의 다른 측면들

앞에서 우리는 내면의 경험, 삶의 경험을 변형할 필요성에 대해서 살펴봤습니다. 이 장에서는, 이러한 변형을 이루기 위해서 자아의 여러 요소에 대한 지식을 활용하는 방법에 대해 살펴보겠습니다. 앞에서 간략하게 언급했던, 아이앰 현존의 한 측면을 살펴보면서 시작하겠습니다.

원인체

상승 마스터들의 가르침을 배움으로써, 얻는 놀라운 효과 중 하나는 어떠한 것도 낭비되지 않는다는 것을 깨닫는 것입니다. 우리 삶을 살펴보면, 터무니없는 일과 기분 나쁜 상황들을 너무 자주 겪게 되고, 시간과 에너지를 낭비하는 것처럼 느끼기 쉽습니다. 하지만 아이앰 현존이 여러분의 경험을 어떻게 처리하는지를 이해하고 나면, 어떤 경험이든, 그 경험이 긍정적인 학습 경험으로 바뀔 수 있다는 사실을 알게 됩니다.

그림 12에서, 아이앰 현존을 상징하는 구체의 둘레에 있는 여러

개의 고리[90]를 볼 수 있습니다. 이 고리들은 물질계의 여정을 통해 여러분이 이룬 성취, 즉 영적인 일곱 광선에서 얻은 통달을 상징합니다. 채색된 이미지에서, 하나하나의 고리는 해당하는 광선의 색상을 나타냅니다.

그림 12 – 원인체는 아이앰 현존 주위에 고리의 형태를 이루고 있습니다

이러한 통달은 긍정적인 배움의 경험에서 생겨난 산물입니다. 심지어 실수처럼 보이는 것도 긍정적인 배움의 경험으로 바뀔 수 있다는 것에 주목하기 바랍니다. 여러분이 여기 아래에서 무엇을 하든, 여러분의 현존은 그것에서 배우고, 그러한 교훈을 원인체에 통합합니다.

다시 말해, 여러분이 자신을 제한된 자아와 동일시하면, 여러분은

---

[90] 실제로는 지구와 같은 구체의 형태임

그 자아와 그 자아가 정의하는 제한들에 몰입하게 됩니다. 하지만 비록 이것이 제한된 경험이라 하더라도, 여러분이 하위자아가 아니라는 것을 깨닫게 되면, 그러한 경험마저도 긍정적인 경험으로 바뀌게 됩니다. 여러분은 자신이 제한된 자아보다 더 크다는 사실을 깨닫고 일단 그러한 경험을 충분히 하고 나면, 자신이 이 세상에 있는 어떠한 자아보다 더 크다는 사실을 깨닫게 됩니다.

따라서 삶을 과학적인 실험으로 여기고, 아이앰 현존과 의식하는 자아 사이의 이상적인 관계를 이해하는 것이 현명하다고 할 수 있습니다. 의식하는 자아는 실제로 자유의지를 가지고 있으며, 물질계에서 자신이 인식하는 것에 기초하여 선택합니다. 따라서 자신을 외면의 자아와 동일시하는 한, 의식하는 자아는 이 자아를 정의하는 인식 필터에 따라 의사결정을 할 수밖에 없습니다. 왜냐하면, 의식하는 자아는 이 자아를 통해 모든 것을 보기 때문입니다.

이 말은 의식하는 자아가 자신의 인식에 기반을 두고 의사결정을 하며, 또한, 의사결정에 따른 결과도 그 인식 필터에 근거해서 평가한다는 의미입니다. 따라서 어떠한 의사결정을 내린 인식 필터와 똑같은 필터에 기초하여, 자신을 판단합니다. 예수는 이것을 바로 "외모에 따른 판단"이라고 불렀습니다.

이와는 대조적으로, 현존은 인식 필터를 통해 세상을 보지 않습니다. 현존은 투명하고 명료한 그리스도 마음을 통해서 보며, 여러분이 자신을 평가하거나 혹은 다른 사람들이 여러분을 평가하듯이, 여러분을 평가하지 않습니다. 이러한 이유로, 예수는 우리가 어린아이같이 되지 않으면, 신의 왕국에 들어갈 수 없다고 말했습니다. 신의 왕국이란 의식하는 자아가 자기 자신을 현존의 확장으로 보는 의식 상태를 비유한 말입니다.

이 말은 여러분이 자신을 더 이상 외면의 자아라는 인식 필터를 통해 판단하지 않는다는 의미입니다. 다시 말해, 현존이 보듯이, 여러분도 자신의 선택과 선택에 따른 결과를 본다는 의미입니다. 이것이 바로 우리 모두가 지금까지 노출되어 있으며, 우리 모두를 무기력하게 만드는 심한 죄책감을 초월할 수 있는 유일한 방법입니다.

원인체는 우리가 익힌 모든 긍정적인 학습 경험을 저장하는 저장소와 같습니다. 일단 여러분이 직관을 통해서 이 원인체에 조율하기 시작하면, 과거 생애에서 익혔던 경험들을 활용할 수 있습니다. 이러한 이유로, 많은 영성인이 비록 외면의 마음으로는 옳은 이유를 설명할 수 없지만, 내면에서는 어떤 것이 옳은지 알고 있습니다.

원인체는 여러분이 가지고 있는 우주적인 데이터베이스라고 할 수 있습니다. 그것은 여러분이 지구에서 만나는 모든 상황에서 최선의 결정을 내릴 수 있게 해 줍니다. 따라서 과거의 생애들에서 접했던 유사한 모든 상황에 대한 경험을 여러분이 이용할 수 있게 됩니다. 참고로, 그러한 경험을 이용하기 위해서, 굳이 과거 생애들을 모두 의식적으로 알아야만 하는 것은 아니며, 어떤 것이 올바른지에 대해 내면적으로 알기만 하면 됩니다.

분명히 이것은 의사결정을 하는 데 있어서 현재의 관점에서 여러분이 가지고 있는 지식보다 더 나은 기반이 됩니다. 여러분은 또한, 원인체에 올바른 긍정적인 에너지 저장소를 가지고 있으며, 이 저장소의 문을 여는 방법을 배우면, 그 에너지는 여러분에게 여기 지구상에서 원하는 삶의 환경을 실현할 긍정적인 추진력을 줄 것입니다. 원인체에서 나오는 추진력과 지혜의 결합이 바로 자아(Self)의 진정한 힘이라고 할 수가 있습니다.

그러면, 어떻게 해야 이러한 창조력을 펼칠 수 있을까요? 자, 그렇게 하려면 현존과 여러분이 하나가 되지 못하게 막는 필터부터 반드시 제거해야 합니다. 앞에서 보았듯이, 영혼 또한, 경험과 에너지를 저장하는 저장소 역할을 합니다. 하지만 영혼 속에 저장된 경험은 여러분의 제한된 인식에 그 기반을 두고 있습니다. 또한, 영혼 속에 저장된 에너지도 제한된 믿음과 좌절감에 기반을 둔 왜곡된 에너지입니다.

여러분의 창조력을 펼친다는 것은
현존과 여러분이 하나가 되지 못하게
방해하는 필터를 제거한다는 의미입니다.

영혼 또한, 데이터베이스를 가지고 있습니다. 대부분의 사람은 의사결정을 하기 위해 과거 생애들에서 겪었던 부정적인 경험들을 활용합니다. 이러한 사람들은 대개 감정체에 저장된 특성이 잘못 부여된 감정적인 추진력에 따라 행동합니다. 따라서 이것은 사람들이 왜 두려워하는지 알지도 못한 채, 두려워하는 것에서 도망가는 이유를 설명해줍니다. 그 결과, 언젠가는 밝혀지겠지만, 사람들은 지구 역사의 대부분 기간 동안, 이 행성을 지배하고 있던 부정적인 패턴들을 계속 똑같이 행동으로 옮기고 있습니다.

앞에서 보았듯이, 상승 마스터들은 이러한 오래된 패턴을 초월할 수 있는, 실행 가능한 체계적인 여정을 제시합니다. 의식을 확장하고 네 하위체를 정화해 감에 따라, 여러분은 점차 과거의 타성을 극복할 수 있게 됩니다. 하지만 여러분이 과거의 타성을 의식적으로 살펴보고 영혼 데이터베이스보다는 원인체의 데이터베이스에 기초하여, 의식적으로 의사결정을 해야 한다는 것을 이해할 때, 과거의 타성을 훨씬 더 쉽게 극복할 수 있습니다.

그리스도 자아

다음 그림에서, 무한 8자 형상의 가운데 연결점에 있는 존재가

자아의 다른 측면들 237

바로 그리스도 자아입니다. 이 그리스도 자아는 이원성 속에서 길을 잃은 하위 존재, 특히 의식하는 자아와 아이앰 현존 사이의 중재자입니다.

그림 13 - 그리스도 자아는 아이앰 현존과 하위 존재 사이의 중재자로서, 무한 8자 흐름의 연결점에 있습니다

그리스도 자아는 의식의 48단계 아래로 내려간 존재들에게 보내진 영적인 스승이리고 말할 수 있습니다. 48난계 아래로 내려간 사람들은 너무 물질계에 집중하기 때문에, 자신들이 아이앰 현존과 내면에서 연결되어 있다는 것을 직접 느끼지는 못합니다. 따라서 이러한 사람들은 현존이나, 상승 마스터들로부터 지시를 받을 수가 없습니다.

그리스도 자아는 상승 마스터들에 의해 창조되었으며, 마스터들은 여러분이 어떠한 의식 상태에 있든, 여러분에게 내려가서 접촉할 수 있는 자아를 창조하기 위해, 자신의 에너지 일부를 내려놓기로 했습니다. 이것은 자유의지라는 우주 법칙의 한 측면을 충족하려는 조치였습니다. 자유의지의 법칙에 따르면, 여러분은 어떤 의식이든 원하는 의식으로 내려갈 수 있는 권리가 있지만, 그러한 의식 상태를 초월할 방법을 반드시 가지고 있어야 합니다. 이 말은 현재의 자아감이라는 인식 필터 외부에 있는 참조틀에 언제나 접근할 수 있어야 한다는 의미입니다. 따라서 여러분의 그리스도 자아도 여러분과 함께 내려갑니다. 따라서 여러분이 들으려고만 하면 언제든지, 그리스도 자아는 현재의 의식 단계에서 올라설 방법을 제공해줍니다.

그리스도 자아는 예수라는 이름으로 육화했던, 그리스도로 상징화됩니다. 그리스도 자아는 자아라는 그릇 내부에 존재합니다. 따라서 가슴에 집중하고, 직관적인 재능을 활성화하면, 여러분은 언제든지 그리스도 자아의 소리를 들을 수 있습니다. 예수는 그리스도 자아에 대해 다음과 같이 말했습니다.

- 내가 아버지께 구하겠으니, 그가 또 다른 보혜사를 너희에게 주사, 영원토록 너희와 함께 있게 하시리니 (요한복음 14:16)
- 보혜사 곧 아버지께서 내 이름으로 보내실 성령인 그가 너희에게 모든 것을 가르치고 내가 너희에게 말한 모든 것을 생각나게 하리라. (요한복음 14:26)

그리스도 자아의 조용하고도 작은 소리를 듣기 위해 여러분이 슈퍼맨이 되어야 한다거나 초자연적인 능력이 있어야 하는 것은 아닙니다. 하지만 그리스도 자아는 현재 여러분의 인식 필터를 통해 여러분과 여러분의 삶을 바라보지 않는다는 점에 주목하기 바랍니다.

사실, 그리스도 자아의 목적은 어떤 상황에서든지 현재의 인식 필터에 대한 대안을 제공해주는 것입니다.

그렇다고 이 말이 그리스도 자아가 절대적이거나, 궁극적인 진리를 제공해준다는 의미는 아닙니다. 왜냐하면, 그리스도 자아는 여러분의 현재 인식 필터에 기초하여, 여러분이 받아들일 수 있는 것과 받아들일 수 없는 것을 정확하게 알고 있기 때문입니다. 따라서 그리스도 자아의 목적은 여러분이 현재 인식하는 수준보다 한 단계 위에 있는 참조틀을 여러분에게 제공해줍니다.

점진적인 여정

그리스도 자아는 여러분이 현재의 의식 수준에서 그리스도의 온전한 의식으로, 한 걸음 한 걸음씩 점진적으로 나아가는 여정을 따라가야 한다는 것을 알고 있습니다. 많은 영성인이 바라는 것처럼, 그리고 일부 스승이 가능하다고 주장하는 것처럼, 그리스도 자아는 이 여정이 한 번의 거대한 도약이 되게 하지는 않습니다. 그리스도 자아는 여러분이 다음 단계로 나아간 후 또 그다음 단계로 나아가는 식으로 앞으로 계속해서 나아갈 수 있도록 돕고자 합니다.

이 말은 그리스도 자아가 여러분과 접촉할 수 없는 상황이란 결코 없다는 의미입니다. 여러분은 언제나 그리스도 자아의 소리를 들을 수 있는 선택권이 있습니다. 문제는 여러분이 현재의 인식 필터 너머에 있는 뭔가에 가슴과 마음을 열고자 하는 의향이 있느냐 하는 것입니다. 여러분이 현재의 인식 필터를 넘어서려고 하지 않는다면, 그리스도 자아가 하는 소리를 들을 수가 없습니다. 그 대신 여러분이 듣고 싶어 하는 것을 말해 주는 에고나 대중의식 혹은 거짓 교사들이 하는 큰 소리를 듣게 됩니다. 여러분이 현재 인식하고 있는 것을 확인하고자 하든지, 아니면 현재의 인식을 넘어선 참조틀을 구하고자 하든지, 여러분은 언제나 자신이 구하는 것을 찾을 수 있습니다.

그리스도 자아가
여러분과 접촉할 수 없는 상황이란 결코 없습니다.
여러분은 언제나 그리스도 자아의 소리를 들을 수 있습니다.
문제는 현재의 인식 필터 너머에 있는 뭔가에,
여러분이 가슴과 마음을
열고자 하는 의향이 있느냐 하는 것입니다.

외면의 자아는 우리가 현재 하는 일이나 믿는 것을 언제나 검증하고 싶어 한다는 것을 깨달아야 합니다. 그리스도 자아는 오직 우리가 현재의 상태를 초월할 수 있도록 돕고자 할 뿐이므로, 그와 같은 검증은 절대로 해 주지 않습니다. 이 말은 그러한 믿음을 검증하는 데 집중하면 할수록, 그리스도 자아의 "작고 고요한" 소리를 들을 가능성이 그만큼 줄어든다는 의미입니다.

그리스도 자아는 여러분을 편안하게 해 주려고 노력하지 않습니다. 다시 말해, 그리스도 자아는 여러분이 성장할 수 있도록 돕고자 할 뿐입니다. 에고는 여러분의 성장을 막으려고 하므로, 여러분을 에고의 통제 속에 계속 둘 수만 있다면, 에고는 여러분이 편안하게 느낄 방법을 말해 줄 것입니다. (여러분을 통제하는 데 도움만 된다면, 에고는 여러분을 조종해서 아주 불편하게 만들 수도 있습니다.)

에고는 언제나 그리스도 자아를 대신하려고 한다는 것을 깨닫기 바랍니다. 에고가 그렇게 할 수 있는 한 가지 방법은 여러분의 직관적인 통찰력을 이성적으로 해석하게 만드는 것입니다. 사실, 의식하는 자아가 현존과 직접 연결될 때까지, 에고는 삶에서 그리스도 자아가 당연히 차지해야 하는 자리, 즉 최고의 권위를 가진 자리를 차지하기 위해, 끊임없이 노력하고 있습니다. 이렇게 하려고, 에고는 의심할 여지가 없는 어떠한 믿음을 만들어내게 되며, 그렇게 함으로써 여러분의 마음 주위에 멘탈 박스를 만들게 됩니다. 따라서 많은 사람이 그리스도 자아의 소리를 듣기 위해서, 과감하게 멘탈 박스를 뛰어넘어, 그 너머를 보려고 하지 않습니다. 그리스도 자아는 언제나 여러분을 모든 멘탈 박스 밖으로 인도합니다. 따라서 "절대 오류가 없다."는 에고의 믿음에 도전합니다.

영적인 여정을 걸어감에 따라, 여러분은 점차 그리스도 마음을 입게 됩니다. 이 말은 여러분이 반-그리스도의 마음이 만들어낸 많은 환영을 꿰뚫어 볼 수 있는 비전과 분별력을 가지게 된다는 의미입니다. 이러한 분별력은 여러분에게 고통을 일으키는 이기적인 믿음을 제거하고, 자아(Self)의 순수함을 되찾는 데 도움을 줍니다. 여러분은 그리스도 마음을 통해 먼저 자신의 자아(Self)를 지배할 수 있고, 이후 물질의 세계를 지배할 수 있습니다.

의식하는 자아는 처음에는 그리스도 자아를 외부의 스승으로 여기지만, 점차 여러분은 스승과 더 깊은 일체감을 쌓아가게 됩니다. 이것은 신비 결합으로 이어지게 됩니다. 따라서 여러분은 그리스도의 신부가 되며, 자신의 아이앰 현존과 하나가 됩니다. 그러면, 여러분은 의식하는 자아가 자신의 존재에서 그리스도로서 정당한 자리를 차지하는 것을 받아들이게 됩니다. 이제, 여러분은 살아 있는 그리스도가 됩니다.

그렇게 되면, 여러분은 "위에서처럼, 여기 아래에서도"[91] 존재할 것입니다. 이 말은 이제 여러분의 아이앰 현존이 여러분이 된 초월

---

[91] As Above, so below; (신비주의) 실재의 수준에서 일어나는 일은 다른 모든 수준에서도 같이 일어난다는 의미로 사용함.

하는 현존(I Will Be Presence)을 통해 행동할 수 있다는 의미입니다. 이 세상에서 여러분의 정체감은 자신의 현존에 뿌리를 둔, 영적인 개체성을 반영합니다.

그러면 아래 그림에서, 지구가 다빈치의 "비트루비우스"[92]라는 인간의 발아래에 있는 구체로 상징되는 것처럼, 여러분은 그야말로 지구를 지배하게 됩니다.

그림 14 - 비트루비우스 인간과 지구에 대한 지배권

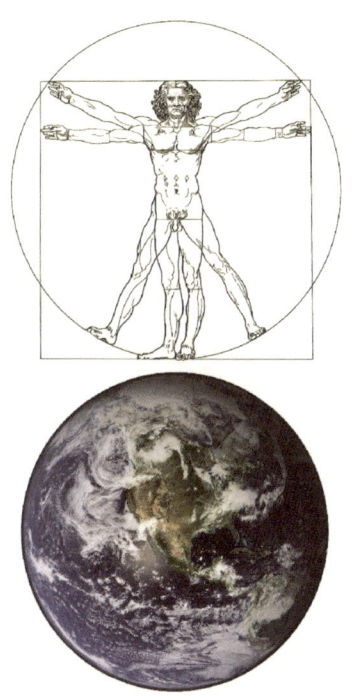

그런 다음 여러분은 예수와 함께 "내 아버지께서 이제까지 일하

---

[92] Vitruvian man

자아의 다른 측면들 243

시니 나도 일한다."라고 주장할 수 있습니다.

여러분의 현재 상태에서 의식하는 자아는 하위자아로 내려와 있으며, 자신을 외면의 자아와 동일시합니다. 이러한 동일시로 인해, 여러분과 자신의 아이앰 현존 사이에 분리 혹은 거리감이 생겨납니다. 그리스도 신성을 성취해 감에 따라, 의식하는 자아는 무한 8자 형상의 연결점으로 올라가고 이제 그리스도 자아가 가지고 있던 자리를 차지합니다. 이로 인해, 거리감이 사라지게 됨으로써, 여러분도 예전의 상태를 초월하게 됩니다. 그림 15에 묘사된 것처럼, 여러분은 이제 "위에서처럼, 여기 아래에서도" 존재하게 됩니다.

그림 15 – 그리스도 신성을 성취해 감에 따라, 의식하는 자아는
무한 8자 형상의 연결점으로 오르고,
지금까지 그리스도 자아가 지니고 있던 자리를 차지합니다

파트 4
영적인 여정에 대한 상세한 고찰

13
삶의 경험을 바꾸기로 선택하기

여러분 존재에 대한 전반적인 묘사를 볼 때, 어쩌면 영적인 여정이 생각했던 것보다 더 복잡하고 상상했던 것보다 더 많은 작업을 요구한다는 것을 알겠습니까? 그렇더라도, 너무 압도되는 느낌을 가지지는 마세요. 앞에서 논의한 것처럼, 여러분의 삶을 개선하는 체계적인 방법이 있습니다. 또한, 이러한 체계적인 방법을 통해, 여러분의 행복에 즉시 영향을 주는 삶의 관점을 바꿀 수도 있습니다.

손쉬운 방법이나 자동적인 구원의 길을 약속하는 영적인 가르침이나 종교적인 가르침이 많이 있습니다. 사실, 유일하고 진정한 여정은 여러분이 진정한 자신을 받아들일 때까지, 자신의 정체감을 체계적으로 다시 구축하는 것입니다. 이 과정을 통해, 여러분의 상위 존재와 자아 사이의 하나됨이 회복됩니다. 이렇게 되기 위해서는 의식적인 작업이 필요합니다. 여러분은 반드시 모든 이원성 믿음과 왜곡된 에너지를 제거하고 네 하위체를 정화해야 합니다. 여기에 손쉬운 해결책이 있습니다.

그 해결책은 의식하는 자아, 즉 자아(Self)가 "자신이 어떤 존재라고 생각하는 것" 그대로 된다는 것을 깨닫는 것입니다. 자아(Self)는 자신이 선택하는 어떤 것이든, 그것과 동일시할 수 있는 능력이 있으며, 즉시 정체감을 바꿀 수도 있습니다. 에고가 네 하위체에 저장된 자기중심적인 믿음과 왜곡된 에너지로 정신적인 감옥을 만들었다고 말할 수도 있습니다. 이 정신적인 감옥은 문에 아주 작은 창이 달린 작은 벽돌 상자라고 생각할 수 있습니다. 그리고, 에고는 자아(Self)를 속여, 그 감옥 안으로 들어가게 한 후, 자아(Self)가 감옥에서 빠져나올 수 없다고 믿게 하는 데 성공했습니다. 따라서 이제 자아(Self)는 에고라는 감옥에서 아주 제한된 관점으로 세상과 자신을 바라봅니다. 이로 인해, 자신이 갇혀 있으며 삶은 고통스럽고 해결책이 없는 것처럼 느껴집니다.

사실, 감옥의 문은 잠겨 있지 않습니다. 자아(Self)는 언제든지 감옥의 문을 열고, 나가기로 결정할 수 있습니다. 이렇게 한다고 해서, 감옥이 사라진다는 의미는 아닙니다. 네 하위체에 대한 통제권을 되찾기 위해서는 자기중심적인 믿음과 왜곡된 에너지를 반드시 원래의 상태로 되돌려 놓아야 합니다. 하지만 일단 감옥에서 벗어나면, 삶에 대한 관점도 극적으로 바뀌게 됩니다.

여러분은 더 이상 제한되거나 갇혀 있다고 느끼지 않고 삶은 더 이상 끝없는 고통의 과정으로 보이지 않을 것입니다. 그러면 다음과 같은 예로부터 내려오는 말에서 진실을 깨닫게 됩니다. "여러분은 영적인 경험을 하는 인간이 아니라, 인간의 경험을 하는 영적인 존재이다." 따라서, 지금 하는 인간의 경험이 마음에 들지 않는다면, 영적인 여정을 따름으로써, 그 경험을 바꿀 수가 있습니다.

여러분은 그리스도 자아를 자신의 참된 정체성을 되찾게 해 주는 안내자로 활용할 수 있습니다. 여러분은 자신이 영적인 존재임을 깨닫고 이를 받아들일 것입니다. 그러면 자신이 누구이고 왜 여기에 존재하는지, 그리고 자신이 이룰 최고의 목표를 어떻게 달성해야 하는지를 아는 데서 오는 자유와 기쁨을 느끼기 시작할 것입니다. 상승 마스터들의 유일한 목표는 여러분이 이러한 영적인 자유를 얻는 데 도움을 줄 수 있는 이해와 도구를 제공하는 것입니다.

여러분이 지금 여기에 존재하는 이유

여기 지구에서 여러분이 성취할 수 있는 최고의 가능성은 자신의 아이앰 현존과 하나됨의 상태가 되는 것입니다. 그러한 상태에 도달할 때, 신과 함께 하는 공동창조자로서 해야 하는 역할을 완수할 수 있습니다. 임계 수치의 사람이 이 하나됨의 상태에 도달할 때만, 그리스도의 재림이 실현됩니다. 그렇게 되면, 이 지구에 신의 왕국이 실현되고 평화와 깨달음의 황금시대가 시작될 것입니다.

여러분은 이 특정한 시기에 황금시대가 실현되도록 돕기 위해서 지구에 오기로 자원했을 가능성이 아주 큽니다. 여러분은 항상 지구에 옳지 않은 뭔가가 있으며, 또한, 뭔가가 빠져 있고, 뭔가가 바뀌어야 한다는 것을 느끼고 있었을 가능성이 매우 큽니다. 여러분은 더 낫거나 더 큰 뭔가에 대한 갈망을 언제나 가지고 있었으며, 잃어버린 파라다이스는 자신의 아이앰 현존과 하나됨을 이루는 것입니다. 따라서 여러분의 개인적인 목표를 달성하고, 세상을 개선하는 열쇠는 예로부터 내려오는 "인간이여, 너 자신을 알라."라는 말을 따르는 것입니다. 이 말의 진정한 의미는 이렇습니다. "인간이여, 그대의 자아(Self)가 신(God)이라는 것을 알라." 여러분의 진정한 자아[93]는 자신의 아이앰 현존이며, 의식하는 자아는 현존의 초월하는 측면입니다.

---

[93] Real self; I AM Presence의 다른 표현

과거에, 여러분은 자신을 제한된 자아와 동일시했습니다. 어떻게 해서 이렇게 하게 되었을까요? 여러분은 의식하는 자아인 자아의 기본 특성을 이용했습니다. 자아는 분리된 존재로 창조되지 않았습니다. 자아는 아이앰 현존과 함께하는 극성으로 창조되었습니다. 다시 말해, 자아는 "초월하는" 측면으로 창조되었습니다. 아이앰 현존은 "나는 ~이다(I AM)"라고 말하지만, 자아(Self)는 "나는 ~이 될 것이다(I Will be)"라고 말합니다. 이 말의 의미는 아이앰 현존은 고정된 중심인 태양이며, 자아는 태양을 중심으로 도는 행성으로 볼 수 있습니다. 따라서 자아는 언제나 움직이고 있으며, 언제나 자신을 초월하고 있습니다.

여러분은 자신이 영적인 존재임을 깨닫고
이를 받아들일 것입니다.
그러면 자신이 누구이고 왜 여기에 존재하는지,
그리고 자신이 이룰 최고의 목표를
어떻게 달성해야 하는지를 아는 데서 오는
자유와 기쁨을 느끼기 시작할 것입니다.

어떻게 해서 자아가 48단계 혹은 그 아래의 낮은 자아감을 입게 되었을까요? 자아는 "나는 그러한 자아가 될 것이다."라고 말했습니다. 그랬더니, 갑자기 자신이 그러한 자아 속에 있게 되었습니다. 하지만, 여러분이 이제는 깨어나서, 다시는 제힌된 자아가 되고 싶지 않고 그 자아가 겪는 고통도 더는 받고 싶지 않다고 합시다. 그러면, 어떻게 해야 그렇게 될까요? 자, 두 가지 잘못된 접근 방식이 있습니다. 하나는 자아를 적(敵)으로 보고서 그것을 없애려고 한다는 것입니다. 다른 하나는 자아를 완벽하게 하거나 높여서 언젠가는 신이 받아들일 수 있게 하려는 것입니다.

이러한 두 가지 극단적인 접근 방식을 넘어선 중도는 하위자아가 실재가 아니며 하위자아가 실재인 의식하는 자아를 지배할 힘이 없다는 것을 깨닫는 것입니다. 따라서 여러분이 해야 하는 것은 의식하는 자아의 기본적인 능력과 연결되는 것입니다. 그 기본적인 능력이란 바로 마음속으로 더 높은 자아를 상상할 수 있는 능력입니다. 그런 다음 "나는 그러한 자아가 되겠다."라고 결정만 하면 됩니다. 바꾸어 말하면, 기존의 하위자아를 완벽하게 하거나 없애려고 하지 말고 의식하는 자아를 더 높은 자아감으로 투사함으로써 단순히 기존의 하위자아를 초월하기만 하면 됩니다.

하지만 이것이 손쉬운 해결책이 아니라는 것을 꼭 알아야 합니다. 왜냐하면, 여러분이 이전의 하위자아를 통해 생성한 에너지를 반드시 변형해야 하기 때문입니다. 또한, 그 자아를 통해서 가졌던 믿음들과 의사결정들을 밝혀내고 그것들을 의식적으로 교체해야 합니다. 그렇게 할 때만, 비로소 낡은 자아를 영원히 초월할 수 있습니다. 하지만 여러분이 할 수 있고 실제로 즉시 일어날 수 있는 일은 자신이 되고자 하는 것이 될 수 있는 자아의 능력을 활용하는 것입니다. 그렇게 함으로써, 여러분은 실로 이것을 깨닫게 됩니다. "나는 고통받는 자아가 아니다. 그러면 나는 누구인가? 나는 틀림없이 그 자아보다 더 큰 존재이다. 따라서 나는 고통에 빠지지 않는다." 바로 그 순간, 여러분은 하위자아와 동일시했던 마법을 풀 수 있습니다. 이 말은 그 자아로 인한 고통을 이제는 개인적으로 심각하게 여기지 않는다는 의미입니다. 고통받는 것은 여러분인 의식하는 자아가 아니라, 하위자아라는 것을 알게 됩니다.

이렇게 함으로써, 얻게 되는 긍정적인 효과는 여러분이 자신과 자신이 처한 상황과 삶에 대해, 즉시 완전히 다른 관점을 얻게 된다는 것입니다. 자신이 언제나 뒤처져 있고 결함이 있다고 느끼는 결핍에 근거한 접근 방식 대신에, 삶을 여행으로 보고 그 여행의 다른 측면들도 즐길 수 있습니다.

변화는 즉시 일어날 수 있습니다

인식에서 이 변화는 실제로 즉시 일어날 수 있지만, 여러분이 이 책을 읽고 있다는 이유만으로는 변화가 일어나지 않을 수도 있다는 것을 깨닫는 것이 중요합니다. 그러한 변화가 일어나지 않는다면, 그 이유는 여러분의 네 하위체에 여전히 왜곡된 에너지가 너무 많고 관심을 끌어당기는 자력의 힘이 너무 강해서, 여러분이 하위자아와 동일시하는 마법을 풀 수가 없기 때문입니다. 이때가 바로 상승 마스터들이 제시하는 점진적인 여정을 따르겠다고 결정해야 할 때입니다.

마스터들은 아주 실용적입니다. 이 지구상에서 일부 영적인 스승들은 스스로 깨어나는 경험을 했다고 주장한다는 사실을 여러분도 알고 있을 것입니다. 이러한 사람들은 지금 설명한 하위자아와 동일시하지 않는 경험은 했지만, 그러한 일이 일어나게 할 만한 뭔가를 한 적이 없다고 생각합니다. 실제로, 일부 스승들은 여러분이 할 수 있는 일이 아무것도 없다고 말합니다.

상승 마스터들은 깨어나는 경험을 하도록 강요하는 기계적인 의례는 없다고 말합니다. 하지만 또한, 마스터들은 의식하는 자아인 자아(Self)의 자연스러운 상태는 순수의식 상태라고 말합니다. 따라서 여러분이 순수의식 상태에 있지 못한 이유는 단지 외면의 자아가 여러분의 의식적인 인식을 끌어당겨서 그 하위자아와 동일시하게 만들기 때문입니다. 따라서 그와 같은 끌어당기는 힘을 줄어들게 하면, 결국 겉보기에 어떠한 의식적인 혹은 기계적인 노력이나 별다른 노력을 하지 않아도 자아(Self)는 필연적으로 원래의 자연스러운 상태로 되돌아갑니다.

어떠한 기계적인 의례도 억지로
깨어나는 경험을 하게 만들지 못합니다.

마스터들은 스스로 깨달았다고 주장하는 사람은 단지 그 사람이 어떠한 과정을 겪었다는 사실을 의식적으로 인지하지 못했을 뿐이라고 말합니다. 그 이유는 그 개인이 과거 생애들에서 많은 단계를 밟았거나, 아니면 체계적인 가르침이나 절차를 따르지 않고도, 실제로 많은 믿음에 의문을 제기했기 때문입니다.

인간의 의식 상태에서 완전히 깨달은 스승으로서, 상승 마스터들은 깨달음이 언제나 과정이라고 말합니다. 그 과정이 어떻게 진행되는지 의식적으로 알게 되면, 현재의 자아감과 동일시하는 상태에서 "자발적으로" 깨어나는 순간을 앞당기기 위해, 여러분은 실제로 많은 일을 할 수 있습니다. 자아(Self)는 자신이 되고자 하는 것이 될 수 있는 능력을 절대 잃지 않았다는 것을 깨닫고서 이 의식하는 자아가 의식적으로 되는 시점을 앞당길 수 있습니다. 따라서, 의식하는 자아는 언제나 현재보다 더 크게 될 수 있습니다.

몰입과 깨어나는 경험

아이앰 현존의 확장이 자아(Self)이고 진정한 자신임을 깨닫게 될 때, 여러분은 자신의 상위자아가 자아를 지구에 육화하도록 보내기로 선택했다는 사실을 알게 됩니다. 이것은 여러분에게 강요된 것이 아니었습니다. 다시 말해, 긍정적인 목적을 위해 여러분이 그렇게 했던 것입니다. 여기에는 두 가지 목적이 있습니다.

• 하나는 여러분이 이 세상에서 자신의 영적인 개체성을 표현하

고 싶어 했습니다. 부분적으로는 자신을 표현하는 순수한 기쁨을 맛보기 위해서이고, 또 한편으로는, 물질 영역을 높이려는 목적을 위해서 그렇게 했습니다. 앞에서 설명했듯이, 자기-의식하는 존재들은 자신이 사는 구체를 높여서 영적인 세계의 일부가 될 수 있도록 도와줌으로써 성장합니다. 우리는 아이앰 현존의 빛과 특성을 우리 하위 존재를 통해 비춤으로써, 우리가 사는 구체를 높이도록 돕고 있습니다.

• 여러분은 이 세상을 자신의 성장을 돕는 방법으로써 경험하고 싶어 했습니다. 우리가 제한된 자아를 입은 다음 그 자아를 넘어서 점차 성장하면, 마침내 우리가 이 세상에 있는 어떤 것으로도 정의될 수 없는 영적인 존재라는 사실을 깨닫게 됩니다. 다시 말해, 우리가 처음에는 제한된 존재라고 생각하지만, 그 후 그 존재보다 더 큰 존재라는 것을 깨닫게 됨으로써, 성장합니다.

어린 시절의 경험을 회상해 보세요. 여러분은 어린 시절에 아마 골목 대장을 무서워했을 수도 있습니다. 왜냐하면, 여러분이 스스로 방어하기에는 너무 약하다고 느꼈고, 따라서 맞을 수도 있다고 생각했기 때문입니다. 또한, 이웃집의 개가 물지도 모른다고 생각했기 때문에, 개를 두려워했을 수도 있습니다. 여러분은 왜 이러한 어린 시절에 두려움과 걱정을 하게 되었으며, 그러한 두려움과 걱정이 실제처럼 보였을까요? 여러분이 성인의 자아감을 가지고 그 시절로 돌아간다면, 당시에 여러분을 두렵게 했던 것들이 이제는 대수롭지 않은 일이 될 것입니다. 따라서 어린 시절의 걱정이 실재하는 것처럼 보였던 이유는 여러분이 자신을 어린아이라고 여겼고, 또한, 특정한 상황에서 나타나는 모든 제한과 자신을 동일시했기 때문이라는 사실을 알게 됩니다.

이제 이것을 전반적인 삶에 적용해 보세요. 여러분은 영적인 존제의 확장이며, 지구에 있는 어떠한 상황으로도 제한될 수 없습니다. 하지만 그러한 인식을 한 상태로 육화하기 위해 내려왔다면, 여러분이 과연 어디에서 배우는 경험을 할 수 있었을까요? 따라서 육화하기 위해 내려올 때, 여러분은 자신이 누구인지 잊어버리는 "망각"의 과정을 거치게 됩니다. 그 대신에, 여러분은 지구에서 보는 진동들과 외부의 상황에 기반을 두고 구축된 정체성을 입습니다. 이러한 일이 어떻게 일어날까요?

앞에서 보았듯이, 순수의식인, 자아(Self) 혹은 의식하는 자아는 원하는 곳이 어디든지 그곳에 자신을 투사할 수 있는 능력이 있으므로, 이러한 일이 일어날 수 있습니다. 따라서 의식하는 자아는 자기 자신을 특정한 자아감 속으로, 즉 어떠한 인간으로 투사합니다. 일단 그 자아의 내부에 있는 한, 자아는 색안경을 쓰는 것과 같은 인식 필터를 형성하게 됩니다. 여러분은 모든 것을 자아라는 인식 필터를 통해서 봅니다. 따라서 자신마저도 그러한 필터를 통해 보게 됩니다. 이 말은 자신이 영적인 존재라는 사실을 "망각"하고, 정말로 자신이 하위자아에 의해 정의된 온갖 제한을 가진 인간이라고 믿고 인식하게 되며, 보는 것이 믿는 것이라고 생각합니다. 이것이 바로 우리가 "몰입 경험"이라고 부르는 것입니다. 왜냐하면, 여러분은 물질계에 완전히 몰입해 있으며, 물질계와 동일시하고 있기 때문입니다.

몰입 경험을 하는 목적은 부분적으로는 영적인 세계와의 대비를 경험할 수 있게 하려는 것입니다. 동시에 영적인 세계에 대해, 그리고 삶이 어떻게 기능하는지에 대해, 매우 유용한 식견을 아이앰 현존에게 제공하기 위한 것입니다. 하지만 진정한 목적은 자기-의식이 성장할 기회를 제공받기 위한 것입니다. 앞에서 말했듯이, 여러분은 점과 같은 자아감으로 시작하지만, 그 자아감을 모든 곳에 존재하는 창조주의 자기-의식으로 확장할 잠재력이 있습니다.

이러한 과정의 시작으로써, 여러분은 자신이 물질우주의 여러 조건에 의해 정말로 제한받고 있다고 믿는 몰입 경험을 하게 됩니다. 하지만 이상적인 시나리오에서는, 물질계가 어떻게 작용하는지 그리고 이 세상에서 여러분의 창조력을 어떻게 사용해야 하는지에 대해, 여러분이 점차 인식을 확장하게 되어 있습니다. 이 말은 여러분이 물질적인 존재가 아니며, 또한, 정해진 상황에 적응하기보다는 자신의 환경을 스스로 창조할 능력이 있다는 것을 점차 깨닫게 되어 있다는 의미입니다. 이러한 과정을 "깨어나는 경험"[94]이라고 부를 수 있습니다. 그 이유는 이 경험을 통해, 여러분이 삶에 대해 아주 독특한 관점을 가지게 되기 때문입니다. 제한된 자아감에서 시작하여, 그러한 자아감을 초월함으로써, 여러분은 생명 그 자체의 목적과 연결됩니다. 그리고 여러분은 그러한 과정을 의식적으로 지배하는 법을 배우게 되어서, 자신의 자아감을 의도적으로 변형할 수 있습니다.

붓다와 예수 그리고 기타 모든 진정한 영적인 스승이 왔던 이유는 정확히 자아감을 의식적으로 변형하는 이 과정을 시범을 통해 보여주기 위해서였습니다. 결론적으로, 지구에서의 삶은 정말 너무 원시적이며 제한되고 심한 고통을 주는 것처럼 보일 수가 있습니다. 하지만 더 높은 관점에서 바라보면, 아무리 원시적인 상황이라 하더라도, 기본적으로 그러한 상황은 개인적인 성장의 과정, 즉 먼저 몰입 경험을 하고 난 후, 그러한 경험과 자신을 동일시하는 상태에서 깨어나는 경험을 함으로써, 진정한 자신을 받아들이는 과정을 겪을 독특한 기회를 제공합니다.

---

[94] awakening experience

> 이상적인 시나리오에서는,
> 물질계가 어떻게 작용하는지
> 그리고 자신의 창조력을
> 이 세상에서 어떻게 사용해야 하는지에 대해,
> 여러분이 점차 인식을 확장하게 되어 있습니다.

자신의 삶을 되돌아보면, 여러분이 피하고 싶어 했던 많은 상황을 경험했다고 느낄 수도 있습니다. 하지만 이것 모두가 여러분이 해야 했던 몰입 경험이라면 어떨까요? 그리고 그러한 경험을 했던 이유가 아무리 어려운 상황이라고 하더라도, 그 상황에서 깨어날 수 있으며, 더 높은 자기-의식으로 나아갈 수 있다는 것을 시범 보이는 것이었다면 어떨까요? 아주 강렬한 몰입 경험에서도 깨어날 수 있다는 것을 증명하기 위해, 여러분이 자발적으로 정확히 그러한 상황을 자원했다면 어떨까요? 아무리 몰입해 있다 하더라도, 여러분은 언제든지 깨어날 수 있습니다.

이것이 삶에 대한 새로운 관점을 여러분에게 주지 않을까요? 이것이 여러분에게 새로운 희망과 목적을 주지 않을까요? 상승 마스터들이 제공해주는 가르침과 도구들을 활용한다면, 여러분이 지구에서 겪었던 모든 제한된 경험을 정말로 놓아버릴 수 있다는 느낌이 들지 않습니까? 일단 뭔가를 놓아버릴 수 있다는 사실을 알게 되면, 그것은 정말 더 이상 그다지 나쁘게 보이지 않을 것입니다. 그렇지 않나요?

상승 마스터들은 체계적인 여정을 제공하며, 그 여정을 걸어감으로써, 어떠한 몰입 경험이든, 그 경험에서 여러분이 깨어날 수 있고 여러분이 이곳에 와서 하기로 했던 것을 계속할 수 있습니다. 다시 말해, 여러분의 영적인 잠재력에 눈을 뜨고, 그런 다음 그러한 잠재력을 표현하는 방법을 시범을 통해서 사람들에게 보여줄 것입니다.

14
카르마에 대한 상승 마스터들의 견해

 대부분의 동양 종교는 카르마라는 개념을 가르치고 있으며, 이 카르마는 그리스도교의 죄라는 개념에 비유될 수 있습니다. 현대의 많은 영성인은 이러한 개념에 대해 잘 알고 있습니다. 그렇다면 카르마에 대해, 상승 마스터들은 뭐라고 말할까요? 영적인 여정이 카르마를 청산하는 것과 관련되어 있지 않을까요?

 상승 마스터들은 카르마의 실체를 확실하게 인정하지만, 카르마는 다양한 수준에서 이해될 수 있다고 합니다. 실제로, 이 개념은 삶을 이해하는 데 많은 도움이 되는 개념입니다. 상승 마스터들의 가르침에 따르면, 인간의 의식 수준이 아주 다양하므로, 단지 하나의 영적인 가르침으로는 모든 사람의 마음에 들 수 없다고 합니다. 결과적으로, 마스터들은 서로 다른 수준의 의식에 적합한 다양한 가르침을 전할 수밖에 없습니다. 따라서 이러한 가르침이 카르마에 어떻게 적용되는지 살펴보겠습니다.

 일부 동양의 종교에 따르면, 카르마가 행위와 관련이 있다고 묘사합니다. 즉 다른 사람을 죽이는 것 같은 특정한 행위를 하면, 니쁜 카르마가 만들어집니다. 그리고 그와 반대되는 행위를 하면, 좋은 카르마가 만들어집니다. 열반에 들기 위해서, 그리고 구원받거나, 상승하기 위해서는, 이번 생애와 지난 과거 생애들에서 쌓은 나쁜 카르마를 청산해야만 합니다. 나쁜 카르마를 청산할 수 있는 한 가지 방법은 사고, 질병 혹은 죽음과 같이 여러분에게 좋지 않은 뭔가가 일어나는 것입니다. 또 다른 방법은 좋은 카르마를 만들어내는 봉사나 자선 같은 행위를 함으로써, 나쁜 카르마를 상쇄하는 것입니다. 대부분의 동양 가르침에서는 카르마를 균형 잡을 수 있는 다른 방법이 있다고 말합니다. 여러 가지 영적인 수행을 통해서 나쁜 카르마를 청산하면 더 높은 세계로 들어가는 자격을 더욱 빠르게 얻을 수 있습니다.

카르마와 행위에 대한 이러한 가르침을 상승 마스터들은 부정하지 않습니다. 예로서, 1930년대에, 성 저메인[95]이라는 마스터는 보라색 화염을 소개한 바가 있습니다. 이 화염은 카르마를 상쇄하는데 아주 적합한 영적인 에너지입니다. 또한, 성 저메인은 앞에서 언급했듯이, 보라색 화염을 기원할 수 있는 많은 디크리도 전해 주었습니다.

하지만 카르마가 행위와 관련되어 있다는 가르침은 카르마가 실제로 의미하는 바를 아주 정확하게 정의하는 것이 아니라는 점에 주목하기 바랍니다. "영혼(soul)"이라는 단어에서 보았던 것처럼, 많은 영적인 가르침이 영혼이라는 개념에 대해 명확하게 정의도 하지 않은 채 이 단어를 사용하고 있습니다. 영혼의 개념처럼 상승 마스

---

[95] Saint Germain; 물병자리 시대의 지도자인 상승 마스터입니다. 또한, 성 저메인은 일곱 번째 영적 광선인 자유의 광선을 대표합니다. 따라서 그는 때때로 "지구를 위한 자유의 신"이라 불립니다. 성 저메인은 지구에서 황금시대를 구현하기 위한 계획을 가지고 있으며, 앞으로 2,000년 동안 중요한 역할을 담당할 것입니다.

터들은 카르마에 대해 더 높은 수준의 이해를 전해 주었습니다

 사실, 마스터들은 인류가 진보함에 따라, 우리가 다양한 단계를 겪게 된다고 말합니다. 구약의 시대 동안, 우리는 실제로 카르마가 행위라는 가르침에 따라 외적인 행위들을 개선하는 입문을 거쳤습니다. 이 수준의 가르침에 따르면, 부정적인 카르마를 생산하는 행위를 피하고, 긍정적인 카르마를 만드는 행위를 실천함으로써, 여러분이 구원받을 수 있다고 합니다. 이러한 사실은 기본적으로 "너희는 이런저런 일을 해서는 안 되고 그렇게 하면 나쁜 카르마를 만들어내지 않을 것이다."라는 십계 율법의 형태로 구약에 표현된 것을 볼 수 있습니다. 또한, "눈에는 눈, 이에는 이"라는 개념도 있는데, 이것은 누군가를 죽인다면, 여러분이 만들어낸 카르마를 상쇄시키기 위해 여러분도 죽어야 한다는 개념에 기반을 두고 있습니다.

 상승 마스터들의 가르침에 따르면, 어떤 수준에 있는 사람들에게는 이러한 접근 방식이 그들이 이해할 수 있는 모든 것이므로 실제로 효과가 있다고 합니다. 그들은 나쁜 카르마를 적게 만들기 위해, 자신의 외적인 행위들을 개선해야 하고, 그렇게 할 수 있도록 동기를 부여할 수 있는 유일한 방법은 만약 그들이 행동을 바꾸지 않는다면, 자신에게 일어날 일에 대한 두려움을 그들에게 주는 것입니다. 따라서 행위를 해서 카르마를 만들 수도 있다는 가르침은 타당하지만, 그렇다고 그것이 전부는 아닙니다.

 예수의 시대였던, 물고기자리 시대[96]에는, 인류가 실제로 카르마에 대한 이해를 더욱더 증진하게 되어 있었습니다. 예수는 우리에게 다른 쪽 뺨마저 내밀고, "계속 되풀이해서" 용서하라고 말함으로

---

[96] the Age of Pisces; 점성학적 주기상의 세차 운동으로, 약 2150년간 지속됩니다. 이전 시대는 물고기자리 시대였으며, 예수가 그 시대의 영적인 주관 마스터였습니다.

써, "눈에는 눈"이라는 구약의 원리를 훨씬 넘어설 수 있다는 것을 알려주었습니다. 또한, 예수는 "신의 왕국이 너희 안에 있다."라고 말했습니다. 이 말은 대단히 심오한 의미가 있습니다. 앞에서 언급했듯이, 여기에 숨겨진 의미는 "신의 왕국"이 어떠한 의식 상태에 대한 비유라는 것입니다. 이것은 단순히 외적인 행위들을 실천한다고 해서, 신의 왕국으로 들어가는 것이 아니라는 의미입니다. 또한, 우리는 의식 상태를 바꿔야 합니다. 다시 말해, 카르마를 청산한다는 것이 단순히 외적인 행위를 개선하는 문제가 아니라, 우리 마음 상태도 개선하도록 요구한다는 것을 가르쳐주기 위해서 예수가 왔던 것입니다.

오늘날의 지식을 이용하면 우리는 한 걸음 더 나아갈 수 있습니다. 앞에서 언급했던 것들에 기초해서, 우리 행동은 언제나 우리 의식과 잠재의식에 저장된 여러 조건으로부터 생겨난다는 것을 알 수 있습니다. 즉, 우리가 의식적인 마음으로 행하는 의사결정에 따라, 어떠한 행위를 하게 됩니다. 하지만 그 의사결정은 중립적이지도 자유로운 의사결정도 아닙니다. 왜냐하면, 그러한 의사결정은 우리의 인식에 기반을 두고 있기 때문입니다. 우리가 인식하는 것은 있는 그대로의 진실이 아닙니다. 다시 말해, 우리가 인식하는 것은 마음 내부에서 만들어진 정신적인 이미지입니다. 이러한 정신적인 이미지는 마음이라는 만화경 속에 있는 에너지와 믿음에서 생겨난 산물입니다. 여기에 근거하여, 우리는 이제 카르마를 세 가지 형태로 분류할 수 있습니다.

물리적인 카르마

모든 것은 에너지로부터 만들어졌기 때문에, 단지 행위를 통해서만 카르마가 만들어진다는 전통적인 관점에서 한 걸음 더 앞으로 나아갈 필요가 있습니다. 모든 것이 에너지라면, 이는 곧 우리가 하는 모든 행위를 에너지로 한다는 의미입니다. 바꾸어 말하면, 물리적인 행위를 할 때조차도, 실제로 우리가 하는 것은 에너지 자극을 만들고 그 자극을 외부로 내보내는 것입니다. 다시 말해, 그 자극을 우주로 보내고 있는 것입니다.

알베르트 아인슈타인은 우주가 "시공간 연속체"[97]라고 불리는 것으로 만들어졌다고 말합니다. 또한, 그는 이러한 연속체가 폐쇄계[98]를 형성할 수 있다고 말했습니다. 예를 들어, 아인슈타인의 이론에 따르면, 우주선을 타고 지구를 떠나서 같은 방향으로 계속 나아가면, 결국에는 반대 방향에서 출발지점으로 돌아오게 된다고 합니다. 그 이유는 여러분이 닫힌 시공간 순환 체계 내에 있으며, 이곳에서 벗어날 수가 없기 때문입니다.

카르마가 어떻게 작동하는지를 이해하는데, 이 개념이 도움이 될 수 있습니다. 지구 행성은 더 큰 에너지장, 혹은 에너지의 연속체 중 보이는 일부에 불과합니다. 이미 설명한 바와 같이, 이러한 연속체에는 네 개의 층, 즉 에테르, 멘탈, 감정 및 물질층이 있습니다. 따라서 여러분이 누군가를 죽이는 특정한 행위를 한다고 합시다. 그 행위로 인해, 에너지 자극이 만들어지고 이 자극은 여러분이 사는 에너지 순환 체계로 보내집니다. 그런 다음, 이 에너지는 네 개의 층을 통해 순환하고 어느 시점이 되면, 반대편 방향에서 원래의 지점으로, 즉 물질층으로 돌아옵니다.

카르마 에너지 자극이 돌아오면, 이 자극은 여러분의 삶에서 사고, 질병, 혹은 죽음과 같은 어떠한 사건들을 일으킬 수 있습니다.

---

[97] space-time continuum; 시공(時空) 연속체
[98] closed loops; 외부와의 에너지 교환이 일어날 수 없는 체계

카르마를 믿지 않는다면, 그러한 사건들을 설명하기 어렵습니다. 여러분이 크리스천이라면, 그것이 원죄에 따른 신의 벌이라고 말하겠지만, 그러한 설명으로는 대부분의 영성인을 만족시킬 수 없습니다. 여러분이 물질주의자라면, 이 사건이 전적으로 무작위의 사건들로 인해 일어난 결과라고 말할 수 있습니다. 두 경우 모두, 그러한 일을 피하기 위해서 여러분이 뭔가를 할 수 있기 때문에, 안심해도 되지 않을까요? 그러한 사건을 피하고자, 이제 뭔가를 할 수 있으므로, 카르마를 받아들이는 것이 여러분에게 도움이 됩니다.

카르마가 이전의 생애들에서 여러분이 우주 순환 체계 속으로 보낸 에너지 자극이라는 사실을 이해하고 나면, 그 에너지 자극이 한 바퀴 돌아서 제자리로 돌아와, 여러분의 삶에서 좋지 않은 사건을 일으키기 전에, 그 에너지 자극을 상쇄시킬 수 있는 뭔가를 할 수 있다는 것을 알게 됩니다. 여러분이 무엇을 할 수 있을까요? 신이 부여한 공동창조 능력을 사용하여, 낮은 주파수의 에너지를 중화하는 법을 배울 수 있습니다.

과학에 의하면, 에너지는 파동처럼 움직이는 어떤 형태의 진동이라고 합니다. 가시적인 예로서, 쓰나미(tsunami)를 들 수 있습니다. 이 쓰나미는 바다를 가로질러 이동하는 파동입니다. 반대 방향으로 움직이는 파동을 만들어낼 수 있다면, 이 두 개의 파동이 만나서 서로를 상쇄시킬 것입니다. 두 개의 파동이 만날 때, 이 파동은 과학자들이 간섭무늬[99]라고 부르는 것을 만들어냅니다. 하나의 파동이 또 다른 파동의 진동과 만나면, 간섭무늬는 완전히 잔잔해질 수 있습니다. 이것은 하나의 파동이 다른 파동을 상쇄한다는 의미입니다.

이러한 원리가 영적인 수행을 통해 카르마를 청산할 수 있다는

---

[99] interference pattern; 두 개 이상의 파동이 중첩하여 생기는 무늬

개념의 밑바탕이 됩니다. 이 수행을 통해 높은 주파수의 에너지 파동이 만들어지고 이 파동은 우주의 네 층으로 보내집니다. 이 파동은 밖으로 나가면서 과거의 생애들에서 만들어져 돌아오는 카르마 파동과 만납니다. 여러분이 충분히 높은 주파수의 에너지를 내보내면, 돌아오는 카르마의 에너지 파동이 물리적인 사건을 일으키기 전에 중화할 수 있습니다. 다시 말해, 돌아오는 카르마가 물질계로 내려오기 전에, 에테르층, 멘탈층 그리고 감정층에서 그 카르마를 중화할 수 있습니다.

> 카르마는 에너지 자극이며,
> 이 자극이 한 바퀴 돌아서 제자리로 돌아와,
> 여러분의 삶에서 좋지 않은 사건을 일으키기 전에,
> 여러분은 그 에너지 자극을 중화할 수 있습니다.

이것은 물론, 훌륭한 가르침입니다. 이제, 우리가 해야 할 일은 보라색 화염의 기원과 같은 영적인 수행을 하는 것입니다. 그러면 우리는 과거의 어떤 나쁜 카르마에서 벗어날 것입니다. 그래야 오래도록 행복하게 살아갈 수 있습니다. 그렇지 않나요? 자, 천천히 살펴봅시다.

정신적인 카르마

상승 마스터들은 카르마가 물리적인 요소, 즉 우주로 보내진 에너지 자극이 있는 것은 확실하지만, 이것이 카르마에 대한 모든 것은 아니라고 가르칩니다. 카르마에는 또한, 정신적인 요소도 있으며, 정신저인 요소를 해결하지 않고는 진정으로 카르마를 벗어날 수 없습니다. 그 이유는 원인을 바꾸지 않고는 결과를 피할 수 없기 때문입니다. 무엇이 과거의 생에 카르마 자극을 만들어서, 우주로 보냈을까요? 그것은 그 당시의 생애에 우리가 가지고 있던 의식 상태였습니다. 이 말은 "내가 과연 그 카르마 자극을 내보냈던 당시의 의식 상태를 초월했는가?" 하는 것이 진짜 문제라는 의미입니다.

그러면, 카르마란 무엇일까요? 아마 서구에서도 많은 영성인이 카르마를 인정하지만, 그리스도교에서 말하는 "죄의 유산" 때문에, 나쁜 카르마를 어떠한 형태의 처벌로 보는 경향이 있습니다. 영적인 세계에 사는 어떠한 존재도 인간을 처벌하고 싶어 하지 않으며 상승 마스터들은 카르마에 대해 아주 다른 견해를 가지고 있습니다. 신이 인간에게 자유의지를 주었기 때문에, 신이 굳이 인간을 처벌할 필요가 없다는 것을 마스터들도 잘 알고 있습니다.

신은 여러분이 "자유의지를 어떤 식으로 행사해야 하느냐"에 대해서는 어떠한 지침도 가지고 있지 않습니다. 왜냐하면, 신은 여러분이 배우기를 바랄 뿐이고, 자유의지를 행사하는 방법을 통해 배울 수밖에 없도록 우주가 만들어졌다는 것을 잘 알고 있기 때문입니다. 어떻게 이런 일이 일어날까요? 그렇게 되는 이유는 마터 빛이 그 위에 투사되는 어떤 정신적인 이미지든, 그 형태를 취하게 되어 있기 때문입니다. 따라서 여러분이 어떤 것을 선택하든, 자신이 선택한 결과를 경험할 것입니다.

우주의 존재 목적은 우리가 자기-의식을 확장할 수 있는 무대를 제공해주기 위해서입니다. 우리는 공동창조 능력을 행사함으로써 성장합니다. 그와 같은 공동창조 능력을 행사하기 위해서는, 먼저 정신적인 이미지를 만들어서, 그 이미지에 감정이라는 추진력을 불어넣어, 우주로 내보내야(마터 빛 위에 투사해야) 합니다. 하지만 이렇게 했는데도 불구하고 어떠한 변화도 일어나지 않는다면, 우리가 어떻게 배울 수 있겠습니까? 따라서 우리가 그 빛 위에 투사한 이미지를 마터 빛이 물리적인 형태나 사건으로 그려내기 때문에, 우리가 배울 수 있습니다. 바꾸어 말하면, 카르마는 처벌이 아니라 배울 기회라고 할 수 있습니다.

여러분은 자신의 정체성 및 멘탈 마음에 저장된 내용물에 근거하여, 정신적인 이미지를 만들어냅니다. 그 이미지에 감정 마음에 들어 있는 에너지를 불어넣음으로써, 그 이미지를 순수한 정신적인 자극으로, 혹은 물리적인 행동으로 투사합니다. 마터 빛이 여러분이 내보낸 것을 반영하는 물리적인 상황을 여러분에게 되돌려줄 때, 여러분은 자신이 보낸 것을 평가할 기회를 가질 수 있습니다. 돌아오는 것이 마음에 들지 않으면, 단순히 내보내는 것을 바꾸면 됩니다. 그러면, 우주 거울은 확실히 여러분이 거울 속으로 투사하는 새로운 이미지를 그려내는 상황을 반사할 것입니다.

신이나 상승 마스터들이 여러분을 심판하거나 처벌할 이유가 없다는 것을 이제 알겠습니까? 여러분은 마음에 들지 않는 물리적인 상황을 만들어내는 정신적인 이미지를 계속해서 내보냄으로써, 자신을 벌하고 있는 것입니다. 하지만 이것에 대해, 상승 마스터들은 여러분을 비난하지 않습니다. 마스터들은 단순히 여러분이 더 좋은 상황을 만들어내도록, 언제나 도울 준비가 되어 있습니다. 여기에서 주목해야 할 점은 여러분이 마음의 문을 열고서 되돌아오는 것을 변화시키기 위해, 밖으로 내보내는 것을 반드시 바꾸겠다고 받아들이는 특정한 수준에 도달할 때까지는, 마스터들이 여러분을 절대로 도울 수 없습니다. 마스터들은 여러분의 행위에 따른 결과로부터 여러분을 보호하지 않습니다. 그들은 여러분이 행위를 바꾸도록 도울 것이고 그러면 그 결과는 반드시 변하게 됩니다.

카르마의 수렁에서 벗어나기

문제는 물론, 여러분이 여러 생애에 걸쳐 나쁜 카르마를 만들어 냈다면, 이러한 카르마가 5분 이내에 바뀔 수 있다고 기대해서는 안 된다는 것입니다. 과거에 지은 카르마의 결과로써, 물리적인 상황이라는 짐을 계속 짊어지고 있는 상태에서, 어떻게 마음속에 저장된 내용물을 바꿀 수가 있겠습니까? 카르마라는 수렁에 빠져 혼란스러운 상황과 끊임없이 싸우고 있으면서, 어떻게 영적인 성장에 대해 걱정할 수 있겠습니까?

상승 마스터들은 이러한 상황에 대해 잘 알고 있습니다. 정확하게 말하면, 이러한 이유로 성 저메인이 보라색 화염에 대한 지식을 전해 주기 위해 우주적인 시혜를 요청했습니다. 성 저메인은 돌아오는 카르마로 인해 사람들이 너무 많은 부담을 짊어지면, 지속해서 더 많은 카르마를 만들어내는 자신의 의식 상태를 변화시킬 만한 여력이 남아 있지 않으리라 판단했습니다.

성 저메인은 많은 사람이 카르마의 나선에, 탈출할 수 없는 영적인 딜레마에 빠졌다고 보았습니다. 그들은 과거 생애에 카르마 자극을 내보냈고, 이번 생애에 이러한 자극이 되돌아왔습니다. 이러한 카르마는 되돌아와서 사람들의 삶에 어떤 사건을 일으키고 이러한 사건이 일어날 때, 사람들은 카르마 자극을 내보냈을 당시와 같은 의식 상태에 기초하여 반응합니다. 예를 들어, 어떤 사람이 과거의 생애에 누군가를 죽였다고 합시다. 이에 따른 카르마가 그 사람의 삶에 어떠한 위협의 형태로 되돌아옵니다. 그러면, 그 사람은 이러한 위협에 다른 사람과 맞서 싸우는 방식으로 반응함으로써, 카르마의 나선이 계속 이어집니다.

성 저메인은 사람들을 이와 같은 심각한 카르마에서 벗어날 수 있게 하면, 자신의 의식 상태를 점검하고 의식을 변화시킬 수 있는 충분한 주의를 기울일 수도 있을 것이라고 추론했습니다. 물론, 사람들이 이러한 카르마의 유예(猶豫)를 활용하여, 자기 성찰에 몰두한다는 보장은 없으며, 새롭게 얻은 자유를 즐기려고 할 수도 있습니다. 이러한 이유로, 성 저메인은 보라색 화염에 대한 지식을 제공해주기 위해, 우주 위원회로부터 특별한 시혜를 얻어야만 했습니다. 이 보라색 화염은 여러분을 카르마의 내적인 측면으로 데려다주며, 그곳에서 여러분은 카르마를 실제로 변형할 수 있습니다.

카르마의 원인

여러분이 다른 사람을 죽일 수 있는 방법은 단 한 가지밖에 없습니다. 그렇게 하기 위해서는 분리의 환영에 눈이 멀어서, 자신을 분리된 개별적인 존재로 보고, 또한, 다른 사람들 역시 분리된 존재라고 믿을 수 있어야 합니다. 그래야 자신에게 영향을 주지 않고도 타인을 죽일 수 있다고 믿을 수 있게 됩니다.

하지만 이렇게 믿기 위해서는 먼저 자신에 대한 특정한 이미지를 반드시 받아들여야 합니다. 일단 이러한 분리된 자아라는 인식 필터 속으로 발을 들여놓으면, 그러한 인식 필터를 이용하여, 분리된 자아라는 자아-이미지를 지속해서 자신에게 투사합니다. 따라서 여러분은 지속해서 자신이 분리된 존재라는 것을 투사하게 되는데, 이 말은 여러분이 혼자이고 신으로부터 버림받았으며 제한적인 힘만이 있고 자신이 외적인 환경의 희생양이라는 것을 지속해서 투사한다는 의미입니다. 따라서 "외부 어딘가에" 존재하는 뭔가가 항상 여러분의 삶을 통제하고 있는 것입니다.

따라서 카르마는 실제로 분리된 자아라는 인식 필터를 통해서 삶을 인식하는 사람들에 의해 만들어지게 된다는 것을 이제 알 수 있습니다. 이러한 분리된 자아를 통해, 많은 정신적인 이미지가 만들어지며, 그런 다음 마음의 힘을 통해, 그 이미지들이 에너지 자극으로 바뀝니다. 이러한 자극 중 일부는 타인들에게, 혹은 세상으로 보내집니다. 하지만 이러한 자극 중 일부는 내면으로 보내지고 자신에게 투사됩니다. 이것이 바로 여러분의 마음속에 머물러 있는 내면의 카르마가 됩니다.

일단 이러한 사실을 이해하고 나면, 영적인 기법을 이용하여 돌아오는 카르마를 상쇄하는 것이 영적인 자유를 향해 나아가는 길에서 만나는 특정한 단계에 불과하다는 것이 명확해집니다. 진정으로 자유롭게 되려면, 단지 돌아오는 카르마에서 벗어나는 것만으로는 충분하지 않습니다. 여러분은 최초의 자극을 만들어낸 인식 필터에서 벗어나야 합니다. 분리된 자아를 초월하지 않는다면, 여러분은 계속 더 많은 카르마를 만들어낼 뿐입니다. 따라서 윤회의 굴레에서 벗어날 수 없습니다.

이것은 마치 버는 돈보다 지출하는 돈이 더 많은 상태에서 대출금을 상환하려는 것과 같습니다. 수입보다 지출해야 하는 돈이 더 많다면, 어떻게 대출금을 상환할 수 있겠습니까? 진정으로 카르마를 더 이상 만들어내지 않을 때만, 카르마를 청산할 수 있습니다. 그렇게 되기 위해서는 오직 자신의 근원과 단절된 분리된 존재라는 환영에서 벗어나야만 합니다.

자동으로 카르마를 청산할 방법은 없습니다

소수의 사람만 이해하고 있는 미묘한 진실에 주목하기 바랍니다. 영적인 자유에 이르는 진정한 방법은 분리의 환영을 초월하는 것입니다. 영적인 가르침을 받아들이고, 영적인 기법을 실천한다고 해서, 자동으로 영적인 자유에 이르는 것은 아닙니다. 영적인 자유에 이르는 길은 여러분이 의식을 확장하고 의식적인 의사결정을 함으로써, 여러분이 반드시 통과해야만 하는 과정입니다. 따라서 영적인 여정을 세 단계로 요약할 수 있습니다.

• 가장 낮은 단계는 어떠한 행위를 하면, 자신에게 일이날 일에 대한 두려움을 통해서 물리적인 행위를 개선하는 단계입니다. 이것은 구약(舊約)의 수준으로서, "너희는 ~을 해서는 안 된다." 그리고 "눈에는 눈"이라 문구로 표현됩니다.

• 다음 단계는 부정적인 행위들을 삼가야 할 뿐만 아니라, 더 나은 사람이 되어야 한다고 인식하는 단계입니다. 이것은 종종 물고기자리 시대라고 불리는 신약(新約)의 수준입니다. 문제는 이것이 여러분을 외부의 종교 혹은 영적인 가르침에서 말하는 기준에 따라 좋은 사람이 되어야 한다고 생각하는 막다른 길로 인도할 수 있다는 것입니다. 예를 들어, 좋은 카르마를 생성하는 일을 실천하면, 나쁜 카르마를 상쇄시킬 수 있다고 생각할 수도 있습니다.

• 다음 단계는 도래하고 있는 물병자리 시대[100]의 단계로, 근본적으로 의식을 변화시켜야 하며, 분리의 환영에서 벗어나야 한다는 것을 인식하는 단계입니다. 정말로 문제가 되는 것이 분리된 자아임을 깨닫는 것입니다. 분리된 존재라는 환영으로 인해, 사람을 죽이는 것과 같은, 나쁜 카르마가 만들어집니다.

많은 영성인은 분리된 자아를 나쁜 짓을 절대로 하지 않는 영적인 인격체로 바꾸려고 노력함으로써, 나쁜 카르마를 보완하려고 했습니다. 하지만 분리된 자아를 통해서 했던 나쁜 짓을 보상하기 위해, 이렇게 하는 것은 근본적으로 분리된 자아를 이용하는 것입니다. 이런 식으로는 절대로 문제가 해결되지 않습니다. 분리된 자아

---

[100] Aquarian Age; 물병자리 시대는 점성학적 주기상의 세차 운동으로, 약 2150년간 지속됩니다. 이전 시대는 물고기자리 시대였으며, 예수가 그 시대의 영적인 대표 마스터였습니다. 물병자리 시대의 주관 마스터는 상승 마스터 성 저메인입니다.

는 절대로 영적인 세계로 상승할 수 없습니다.

진정으로 자유롭게 되려면, 단지 돌아오는 카르마에서 벗어나는 것만으로는 충분하지 않습니다. 여러분은 최초의 자극을 만들어낸 인식 필터에서 해방될 필요가 있습니다.

따라서 이것은 어떠한 외부 가르침에 따라서 분리된 자아를 좋게 보이도록 하는 문제가 아닙니다. 이것은 분리된 자아를 초월하는 문제입니다. 즉 분리된 자아를 죽게 하는 문제이며, 따라서 진정한 자아[101]가 내려왔던, 당시의 순수의식으로 돌아가는 문제입니다. 오직 이러한 순수의식을 통해서만, 좋은 카르마든 나쁜 카르마든 카르마를 만들지 않고 피할 수 있습니다.

이러한 개념을 이해하면, 비로소 카르마에 대한 더 높은 깨달음으로 나아갈 수 있습니다. 카르마란 분리된 자아를 통해 투사하는 모든 자극을 말합니다. "그러한 자극이 세속적인 기준에 따라, 좋으냐 아니면 나쁘냐"는 중요하지 않습니다. 사실, 선과 악이라는 개념은 분리된 자아와 그 자아의 이원적인 사고로 인해 생기는 산물에 불과합니다. 영적인 여정에서 나쁜 카르마를 만들지 말고 좋은 카르마를 만들어야 구원을 받을 수 있다고 믿어야 하는 단계가 있습니다. 하지만 다음 단계로 넘어가면, 비록 좋은 카르마라고 하더라도, 특히 이로 인해, 자신이 타인들보다 더 낫다고 느낀다면, 상승에 오히려 방해된다는 것을 깨닫게 됩니다.

분리된 자아를 통해 행하는 모든 일은 카르마를 만들어냅니다. 하지만 분리된 자아를 초월하면, 좋은 카르마든 나쁜 카르마든, 카르마를 만들지 않고도 행동을 할 수 있습니다. 이것이 바로 영적인 자유입니다. 이제 우리는 카르마에 대한 더 높은 관점을 이해할 수

---

[101] Real self; I AM Presence

있게 되었습니다. 여러분은 실제로 과거 생애들에서 카르마 자극을 만들었으며, 그 자극들은 결국 여러분에게 돌아올 것입니다. 이러한 자극이 물리적인 사건으로 돌아오기 전에, 영적인 기법을 사용하여, 이 에너지 자극을 소멸시킬 수 있습니다.

하지만 분리 의식에서 생겨난 모든 환영을 제거하고 마음을 자유롭게 해 주는 작업도 또한, 필요합니다. 이러한 환영은 마음이라는 만화경에 들어 있는 채색된 유리 조각들을 형성하고 그 조각들이 남아 있는 한, 아이앰 현존에서 내려오는 빛은 채색될 것입니다. 이 말은 에너지 자극이 마음의 네 층에 저장된 내용물에 의해 채색된 채, 계속 외부로 보내진다는 의미입니다.

바꾸어 말하면, 마음의 네 층에서 환영을 정화해서 깨끗해질 때까지는, 계속 카르마를 만들 수밖에 없다는 의미입니다. 따라서 상승 마스터들이 제공하는 여정은 여러분이 과거 및 현재의 모든 카르마를 초월하도록 도와주는 여정입니다. 이 여정을 따름으로써, 여러분은 카르마 나선에서 벗어날 수 있습니다. 따라서 카르마 나선은 더 이상 강화되지 않을 것입니다.

카르마와 일곱 광선

지금까지 살펴본 것처럼, 에너지 자극을 내보냄으로써, 카르마가 만들어지지만, 그 자극을 우리가 만드는 것은 아닙니다. 우리는 에너지를 창조할 수가 없습니다. 우리가 할 수 있는 일은 단지 아이앰 현존에게서 오는 에너지와 우리 위에 존재하는 상승 마스터들에게서 오는 에너지에 특성을 부여하는 것입니다. 이 에너지는 일곱 영적인 광선의 형태로 옵니다.

일곱 광선 각각은 특정한 형태의 에너지 진동을 가지고 있습니다. 하지만 각 광선은 힘, 지혜 혹은 사랑과 같이, 각기 다른 특성이 있습니다. 카르마를 만든다는 것은 두 가지 측면이 있습니다. 첫째는 일곱 광선 중 어느 하나의 순수한 에너지 진동수를 임계 수치 이하로 떨어뜨린다는 의미입니다. 그렇다면, 어떻게 에너지의 진동수를 떨어뜨릴까요? 정신적인 이미지를 만들어냄으로써 그렇게 합니다. 정신적인 이미지는 여러분의 마음속에 있는 필름과도 같습니다. 순수한 에너지가 필름을 통과할 때, 그 에너지는 필름에 의해 채색되고 진동수가 떨어지게 됩니다.

그러면, 필름은 어떻게 만들어질까요? 이러한 필름은 특정한 환영을 받아들여서 만들어집니다. 그러한 믿음은 일곱 광선 중 어느 하나의 순수한 특성을 왜곡합니다. 예를 들어, 첫 번째 광선의 특성 중 하나는 힘입니다. 이 힘은 순수한 창조력으로 모든 생명을 높이려고 합니다. 하지만 지구를 살펴보면, 많은 사람이 이러한 순수한 형태의 힘을 왜곡했다는 것을 알 수 있습니다. 사람들은 다른 형태의 생명을 파괴하거나 통제하기 위해, 힘을 사용할 수도 있습니다. 아니면, 자신을 돋보이게 하고 타인들을 끌어내리기 위해서 힘을 사용할 수도 있습니다.

따라서 일곱 광선의 특성을 왜곡함으로써 만들어지는 특정한 환영을 받아들일 때, 카르마가 생성됩니다. 이 말은 과거에 만든 카르마를 청산하고, 더 많은 카르마를 만들지 않기 위해서, 이러한 환영을 반드시 극복해야 한다는 의미입니다. 그래야만 일곱 광선의 순수한 특성을 알 수 있고 활용할 수 있습니다.

여러분의 신성한 계획

상승 마스터들이 제공하는 여정의 궁극적인 목표는 여러분이 상승할 자격을 얻도록 하는 것입니다. 이 말은 여러분이 상승하면 육화해서 다시는 지구로 돌아올 필요가 없다는 의미입니다. 상승에 필요한 요구 사항 중 하나는 카르마를 균형 잡는 것입니다. 하지만 여러분의 아이앰 현존이 의식하는 자아를 육화하여, 내려보내기로 결정했을 때, 긍정적인 목적으로 그렇게 했음을 깨닫는 것이 중요합니다. 여러분은 단순히 지구에서 카르마를 만들어내고, 그 카르마를 균형 잡은 후, 지구를 떠나기 위해 여기에 온 것이 아닙니다. 여러분이 여기 온 목적은 영적인 빛이라는 선물을 가져오기 위해서이고, 그 빛은 지구와 물질우주를 높이도록 돕습니다. 따라서 여러분이 이러한 목적을 달성하기 전에는 정말로 상승하고 싶어 하지 않을 것입니다.

마스터들의 가르침에 따르면, 우리 각자에게는 개인적인 상담자 역할을 하는 다수의 상승 마스터가 배정되어 있다고 합니다. 육화하기 전에, 우리는 다음 육화를 준비하기 위해 상담자들과 만나, 특정한 계획을 수립한다고 합니다. 이 계획을 종종 신성한 계획[102]이라고 부릅니다. 이 계획은 아주 구체적입니다. 이 계획에는 우리가 어디에 태어날지, 부모는 누가 되고, 자녀는 누가 될지, 누구와 결혼하고, 어떤 사람과 관계를 맺을지, 어떤 교육을 받고 어떤 종류의 영적인 활동에 참여할지가 포함된다고 합니다.

물론 신성한 계획은 개괄적이며, 이 계획은 우리의 자유의지에 따라 달라질 수 있습니다. 또한, 이 계획은 우리가 신성한 계획을 망각하고 그 계획을 다시 발견해야만 하는 현실에 기초하여 만들어집니다. 하지만 많은 영성인이 우리가 살아가는 데는 특정한 목적이 있으며, 해야 하는 일들, 만나야 하는 사람들, 배워야 하는 교훈들이 있다는 것을 직관적으로 느끼고 있습니다. 우리가 마음의 네

---

[102] Divine plan: 이번 육화 중에 우리가 수행하고자 세웠던 계획. 이것은, 우리가 지구에 가져오려는 영적인 선물과, 하고자 원하는 경험과, 우리가 배우고자 하는 교훈과 균형 잡아야 할 카르마를 포함합니다.

층을 정화함으로써 직관을 키울수록, 신성한 계획에 대해 더 많이 이해하게 됩니다.

각자의 신성한 계획은 저마다 독특하다는 사실을 깨닫는 것이 중요합니다. 따라서 영성인들이 다른 사람들에게 어떻게 삶을 살아야 한다고 조언을 하고 싶을 때 그것은 사람들에게 별로 도움이 되지 않습니다. 여러분 외면의 마음으로는 타인들의 신성한 계획이 어떤 것인지 전혀 알 수 없습니다. 그 이유는 신성한 계획은 말로 들을 수 있는 무언가가 아니라, 진정으로 내면에서 찾아내야 하는 것이기 때문입니다. 이것이 바로 예수가 우리에게 외모로 판단하지 말라고 했던 이유 중 하나입니다. 때로는 타인들이 옳지 않아 보이는 행위를 하는 것처럼 보이지만, 많은 경우에, 그들은 이것이 자신의 신성한 계획 일부임을 직관적으로 느끼고 있습니다. 따라서 그러한 행위가 외부인들에게 어떻게 보이느냐는 중요하지 않습니다. 여기에 대해 몇 가지 예들을 살펴보겠습니다.

신성한 계획은 전반적으로 현재의 생에 초점이 맞추어지고 상승을 향해 가는 개인적인 여정에서 여러분이 어디에 있느냐에 따라 많이 좌우됩니다. 여기에는 몇 가지 일반적인 시나리오가 있습니다.

• 일부 사람은 아주 많은 카르마를 짊어지고 있으므로, 현실적으로 이번 생에 상승할 자격을 얻을 수 없습니다. 따라서 이러한 사람들은 카르마를 균형 잡는 데 집중합니다. 이 말은 이들이 영적인 가르침이나 활동에 참여할 필요조차 없다는 의미입니다. 이들에게는 카르마를 가진 사람들을 만나는 일이 더 중요할 수도 있습니다. 이 때문에, 이들이 마치 영적인 사람이 아닌 것처럼 보일 수도 있거나 아니면 다른 사람들과 종종 갈등을 일으키기도 하지만, 정확하게 말하면 이들은 신성한 계획에 근거하여, 자신들이 해야 하는 일을 하고 있을 뿐입니다.

• 일부 사람은 상승 자격에 근접해 있지만, 균형 잡아야 하는 카르마를 여전히 많이 가지고 있는 예도 있습니다. 따라서 이 사람들의 관심은 가능한 한 가장 빠른 방법으로 카르마를 균형 잡는 데 초점이 맞추어집니다. 이 때문에, 이러한 사람들은 영적인 가르침이나 기법에 종종 마음이 끌리게 되며, 영적인 기법을 부지런히 실천해야 한다는 강한 충동을 느낍니다. 이러한 사람들은 사회를 떠나, 적어도 당분간 은둔 상태로 사는 것이 좋을 수도 있습니다. 하지만 많은 카르마를 균형 잡아야 하는 사람들은 겉보기에 무질서해 보이는 삶을 살 수도 있습니다. 이러한 사람들은 다수의 배우자, 몇 개의 직업이나 직종을 가질 수도 있으며, 심지어 국가에서 국가로, 많이 이동할 수도 있습니다. 이들은 카르마로 연결된 사람들을 가능한 한 많이 만나지만, 단지 필요한 일을 하고 있을 뿐입니다.

• 일부 사람은 상승 자격에 근접해 있지만, 상승하기 위해 이들이 해야 하는 주요한 일은 카르마를 균형 잡는 것이 아니라, 자신의 독특한 재능을 표현하는 것일 수도 있습니다. 이러한 사람들에게는 세상을 등지는 것이 효과적이지 않습니다. 이들은 타인들이나 사회와 어울려야 하며, 그래야 자신의 빛과 재능을 표현할 수 있습니다. 이러한 사람 중 일부는 영적인 가르침을 찾아낼 수도 있지만, 상당수의 사람은 영적인 활동에 관여하지 않습니다. 그들은 자신의 재능을 사회로 가져오기 위해, 자신이 해야 하는 일을 정확하게 하고 있습니다.

• 일부 사람은 상승할 준비가 되어 있지 않지만, 전통적인 종교를 뛰어넘는 방식으로 영적인 여정에 참여할 준비가 되어 있습니다. 따라서 이러한 사람들은 영적인 가르침을 배우는 데 초점을 맞추며, 그렇게 함으로써 이해를 증진할 수 있습니다.

• 일부 사람은 상승에 근접해 있지만, 이번의 생을 마칠 때, 실제

로 상승할 수 있는지는 자신의 심리에 들어 있는 강박관념을 해결하느냐에 달린 경우도 있습니다. 따라서 이러한 사람들의 주요 관심사는 영적인 가르침이 아니라, 개인적인 심리 상태입니다. 이러한 사람들은 영적인 가르침들을 배우고 기법들을 실천하거나, 아니면 다양한 형태의 치료 요법에 종사할 수도 있습니다. 심지어 이러한 사람들은 요법 치료사가 되거나, 스스로 치유할 수도 있습니다. 왜냐하면, 타인들이 치유될 수 있도록 돕는 것이 자기 자신을 치유할 방법이기도 하기 때문입니다. 이러한 사람들은 분리된 자아의 밑바닥에 있는 근본적인 환영을 밝혀낼 때까지, 자신의 심리에 있는 여러 층에 대해 작업을 하고 싶어 합니다. 바로 그 순간, 그들은 자신의 재능을 가져오는 데 집중할 자유가 생겨서, 커다란 전환을 경험하게 됩니다.

가능한 시나리오 중 몇 가지 시나리오에 따르면, 우리는 타인들을 판단할 수 없을 뿐만 아니라, 자신도 판단해서는 안 된다고 합니다. 많은 영성인이 이번 생에서 많은 진보를 이룰 수 있는 잠재력이 있지만, 그렇게 하기 위해서는 몇 가지 단계를 거쳐야 합니다. 예를 들어, 많은 사람이 카르마 상황에 연관된 채로 삶을 시작합니다. 이들은 상당한 시간이 지나간 후에야, 비로소 영적인 여정을 찾아내게 되며, 초기에는 만사를 제쳐두고, 영적인 가르침을 배우고 기법을 실천하는데 전념하는 것이 옳습니다. 바꾸어 말하면, 당분간은 사회를 떠나는 것이 옳다는 말입니다.

하지만 어느 정도 카르마를 청산하고, 심리에 있는 어떠한 상황을 해결하고 난 후에는, 사회로 복귀하는 것이 좋습니다. 이제 여러분은 자신의 재능을 표현할 준비가 되어 있으며, 계속해서 세상과 격리되어 있다면, 재능의 표현은 이루어질 수가 없습니다.

많은 영성인은 자신의 카르마와 심리적인 상처를 가능한 한 빨리 극복하기로 결정했습니다. 이러한 이유로, 때로는 예전과 아주 달리 무질서해 보이는 삶을 살아가게 됩니다. 우리가 종종 가족 구성원들에게 미친 것처럼 보이는 일을 해야 하는 이유를 합리적으로 설명할 수 없는 경우가 종종 있습니다. 하지만 근본적인 이유는 카르마를 청산하기 위해, 혹은 심리에 있는 어떠한 콤플렉스를 직면하기 위해서, 이렇게 해야만 하기 때문입니다.

상승 마스터들이 제공하는 여정에 대해 더 잘 알게 됨으로써, 여러분은 더욱더 빨리 카르마를 균형 잡고 필요한 교훈을 배우며 심리 문제를 해결할 수 있습니다. 이 말은 여러분이 삶을 되돌아보고 신성한 계획을 추진하기 위해서, 자신이 해야 했던 일을 정확히 해왔다는 것을 깨닫는 지점에 도달할 수 있다는 의미입니다. 이제 여러분은 훨씬 더 보람 있고, 재미있는 단계로 나아갈 준비가 되어 있습니다.

결론적으로 여러분의 신성한 계획은 강과 아주 흡사합니다. 강은 멈춰 있지 않으며, 여러분이 최고의 잠재력을 성취하기 위해서는, 강이 자아라는 바다를 향해 굽이쳐 흐르듯이, 여러분도 강과 함께 기꺼이 흐를 의지가 있어야 합니다.

상승: 궁극적인 목표

앞에서 말했듯이, 상승은 우리 인간이 영적인 여정을 걸어가는 궁극적인 목표입니다. 하지만 상승 자격을 얻기 위해서는, 많은 요구 사항이 반드시 충족되어야 합니다. 이러한 요구 사항 중 하나가 바로 카르마입니다. 마스터들은 이전 시대에는 상승하기 전에 카르마를 100% 균형 잡아야 했다고 말합니다. 지금은 시혜가 베풀어져서 카르마의 51%만 균형 잡아도 상승할 수 있다고 합니다. 이러한 시혜가 주어진 데에는 몇 가지 이유가 있습니다.

이것을 이해하기 위해서 현재 지구가 두 개의 영적인 시기 혹은 두 개의 시대 사이의 전환기에 있다는 것을 생각할 필요가 있습니다. 앞에서 언급했듯이, 지난 2000년은 물고기자리 시대[103]라고 불렸으며, 앞으로의 2000년은 물병자리 시대[104]라고 불립니다. 이러한 시대는 춘분점 세차운동[105]을 따르지만, 한 시대를 다음 시대와 분리하는 정확한 경계선이 단순히 별들의 움직임에 의해서 결정될 수는 없습니다. 지구에 존재하는 모든 것은 자유의지의 지배를 받게 되어 있습니다. 따라서 임계 수치의 사람들이 자신의 의식을 새로운 사고방식으로 바꿈으로써, 집단의식이 바뀔 때까지는, 다음 시대로의 전환은 일어나지 않습니다.

더욱 쉽게 상승하도록 시혜가 주어진 한 가지 이유는 집단의식이 더 쉽게 바뀔 수 있도록 돕기 위한 것입니다. 개인이 상승 자격을 얻게 될 때, 이로 인해 집단의식을 끌어올리는 자력이 만들어집니다. 예수가 "만약 내가 지구에서 들리면, 모든 사람을 내게로 이끌겠노라."라고 했던 말씀이 바로 이것을 설명해줍니다.

또 다른 이유는 한 시대의 끝에, 지난 시대에 상승하기로 되어 있는 일정한 수의 사람들이 있기 때문입니다. 이 사람들이 카르마를 100% 균형 잡는데 근접해 있지 않다면, 이러한 사람들에게는 카르마의 51%만 균형 잡아도 상승할 수 있다는 시혜가 분명히 이들이 상승할 수 있는 현실적인 유일한 희망이 될 수 있습니다. 위에서 언급했듯이, 이러한 사람들은 자신의 카르마 51% 이상을 균형 잡으려는 목표에 도달하기 위해서, 목표 지향적으로 되고 필요한 모든 것을 다하는 것이 맞습니다.

---

[103] the Age of Pisces
[104] the Age of Aquarius
[105] precession of the equinoxes

하지만 모든 영성인이 똑같이 집중해야 한다는 말은 아닙니다. 많은 사람에게 있어서, 지금은 상승할 시기가 아니거나, 혹은 상승하기 전에 카르마의 100%를 균형 잡는 것이 더 중요할 수 있습니다. 마스터들은 51% 카르마만 균형 잡아도 실제로 상승할 수 있지만, 그래도 남아 있는 카르마는 반드시 균형 잡아야 한다고 가르칩니다. 왜냐하면, 영적인 세계에서 카르마를 균형 잡기가 여기에 육화해 있을 때보다 더 힘듭니다. 또한, 카르마를 균형 잡는 데에만 신경을 쓸 것이 아니라, 상승에 필요한 다른 조건에 관심을 집중하는 것이 더 중요할 수도 있습니다.

앞에서 언급했듯이, 여러분은 지구에서 카르마를 만들고 이러한 카르마를 청산하고 난 다음, 상승하기 위해서 여러분이 여기에 온 것이 아닙니다. 여러분은 여기에서 배우고 자신의 신성한 재능을 표현하기 위해서 왔습니다. 따라서 지금 물고기자리 시대에서 물병자리 시대로 넘어가는 전환기에, 정말로 여러분이 상승할 시기가 아니라면, 원하는 것을 배우고 가져오고자 하는 선물을 전해 줄 때까지, 여러분은 상승하고 싶어 하지 않을 것입니다.

---

*여러분이 지구상에 있는 어떤 것이라도
피하고자 한다면 상승할 수 없습니다.*

단순한 사실은 상승하기 위해서는 외적으로 충족시켜야 하는 요건들도 - 카르마를 균형 잡고, 여러분의 선물을 전해 주는 것도 - 있지만, 내면의 요구 사항도 또한, 있습니다. 외적인 요구 사항을 모두 충족하고 상승으로 이어지는 출입구 앞에 여러분이 서 있다고 합시다. 그 출입구를 통과하면 상승하지만, 통과하기에 앞서 여러분

은 반드시 어떠한 의사결정을 해야 합니다. 이러한 의사결정 가운데 한 가지는 반드시 지구와 지구에 존재하는 모든 것과 모든 사람을 놓아버리고 영원히 떠나겠다는 결정입니다.

따라서 문제는 이것입니다. "여러분이 지구를 놓아버리고 영원히 떠날 준비가 되어 있습니까? 혹은 이 지구에서 하고 싶어 하거나, 경험하고 싶어 하는 것이 아직도 남아 있습니까?" 다시 말하지만, 상승은 여러분에게 강요될 수 있거나, 강요될 성질의 것이 아닙니다. 선택은 여러분이 하는 것이며, 이 행성에서 삶이 제공해주는 것을 충분히 얻었다고 느낄 때만, 그러한 의사결정을 할 수 있습니다.

그렇다고 상승이 일종의 도피 수단이라는 의미는 아닙니다. 여러분이 지구상에 있는 어떤 것이라도 피하고자 한다면 상승할 수 없습니다. 따라서 여러분은 반드시 이 행성의 삶에서 평화로움을 이루는 상태에 도달해야 합니다. 무언가로부터 도망가려는 것이 아니라, 삶을 긍정적인 방식으로 받아들여야 합니다. 그럼에도 불구하고, 경험하고 싶어 하는 것을 모두 충분히 경험했다고 느낀다면, 여러분은 정말로 더 높은 단계로 나아갈 준비가 되어 있는 것입니다.

결론적으로, 영적인 여정을 걷는 진정한 목표는 이 행성에서 평화롭게 살고, 이 행성에서 뭔가를 경험하고자 하거나 뭔가를 하고 싶어 하는 자신의 바람을 평화롭게 이루는 상태에 도달하는 것입니다. 여러분은 그러면 뭔가를 더 이상 경험하고 싶지 않고 더 이상 뭔가를 변화시키려고 하지도 않습니다. 여러분은 완전히 평화로운 마음으로 이 행성에 체류했던 날들을 바라보고, 사랑하는 마음으로 이 행성을 남겨두고 떠나게 될 것이며, 그것과 똑같은 사랑으로 더 높은 존재의 형태를 받아들일 수 있습니다. 따라서 내면의 평화는 상승 마스터들이 제공하는 여정을 걷는 진정한 목표라고 말할 수 있습니다.

15
상승 마스터들이 필요한 이유

상승 마스터들의 가르침에 따르면, 지구에 사는 인간은 144단계의 서로 다른 의식 중 어느 한 단계에 속한다고 합니다. 가장 낮은 수준에 있는 사람들은 극도로 이기적이며, 자신이 인식하는 것이 유일하고 참된 것이라고 절대적으로 확신합니다. 144번째 수준은 상승하기 전에 도달할 수 있는 가장 높은 단계이며, 이 단계는 주관적인 모든 인식 필터를 초월한 수준으로, 사물을 있는 그대로 봅니다. 따라서 역설적으로 가장 낮은 의식을 가진 사람들이 지구에서 가장 높은 지위에 있다고 확신하지만, 실제로는 이들이 가장 많이 속고 있는 사람들입니다. 144번째 단계에 있는 사람들은 모든 생명이 하나라는 비-이원적 진실을 알고 있으므로 현실적으로도 겸손합니다.

의식의 144단계에 대한 가르침을 충분히 이해하고 나면, 인간이 하는 행동의 모든 측면을 설명할 수 있습니다. 예를 들어, 의식의 48단계 아래로 내려갈 때만, 확실히 이기적이고 다른 형태의 생명에 대해서 무감각한 행위들을 저지를 수 있습니다. 가장 낮은 단계로 더 깊이 내려갈수록 점점 더 이기적으로 되지만, 반드시 분명한 형태로 이기적으로 되는 것은 아닙니다.

더욱 낮은 단계에 있는 의식은 이원성 환영으로 인해 완전히 눈이 멀어 있습니다. 이것은 이러한 사람들이 선과 악을 정의할 수 있는 권리와 능력이 자신에게 있다고 믿는다는 의미입니다. 명백한 사례로서, 역사적으로 가장 무자비한 독재자들인 히틀러와 스탈린 그리고 마오[106]를 들 수 있습니다. 이들은 자신의 세계관이 절대적인 진실에 기초하고 있으므로, 수백만 명의 사람들을 죽인다고 해도 완벽하게 정당화된다고 철저하게 확신했습니다. 바꾸어 말하면, 의식이 낮을수록 목적이 수단을 정당화할 수 있으며, 하나의 관점만이 옳고 나머지 모든 관점이 틀렸다고 더 철저하게 확신합니다.

여정을 시작하는 방법 이해하기

상승 마스터들은 새로 창조된 자기-의식하는 존재가 가장 낮은 단계로 육화하지는 않는다고 가르칩니다. 그 대신에, 새로 창조된 존재는 처음에 의식의 48단계로 육화합니다. 이 단계에서, 이 존재는 두 가지 선택권이 있습니다. 96번째 단계를 향해 위로 올라가는 길을 선택하거나, 아니면 가장 낮은 단계를 향해 아래로 내려가는 길을 선택할 수 있습니다.

이것을 설명하기 위해, 다시 지구 행성을 극장에 비유해 봅시다. 극장 공연에는 연기할 수 있는 역할이 많이 있습니다. 예를 들어, 영웅, 악당, 상인, 사랑하는 사람 혹은 기타 많은 역할을 할 수 있습니다. 이러한 많은 역할은 크게 두 가지 범주로 나눌 수 있습니다. 즉, 여러분을 위로 이끌어주는 것과 아래로 내려가게 하는 것입

---

[106] Mao; 모택동

니다. 하지만 이 두 개의 카테고리를 충분히 이해하기 위해, 48단계에서 가지고 있는 자아감을 자세하게 살펴볼 필요가 있습니다.

어떤 존재가 48단계로 처음 내려올 때, 이 존재는 아주 국소화된 혹은 점(點)과 같은 자아감을 가지고 있습니다. 이 존재는 자신을 개별적인 존재로 인식하며, 자신이 개별적인 의지를 가진 다른 존재들로 둘러싸여 있다고 여깁니다. 또한, 이 존재는 자신이 "단단한" 물질로 만들어진 환경에서 살고 있으며, 따라서 자신과 물질이 직접 서로 연결되어 있다는 것을 인식하지 못합니다. 하지만 여기에 아주 중요한 차이점이 있습니다. 새로운 존재는 자신을 단절되거나 분리된 존재로 여기지 않습니다. 새로운 존재는 내면적으로 그리고 직관적으로 자신보다 더 큰 뭔가와 연결되어 있다고 느낍니다. 이 "뭔가"란 바로 이 존재의 아이앰 현존을 가리키지만, 이 존재가 현존을 직접 인식하지는 못합니다. 단지, 실재하는 뭔가와 연결되어 있다는 내면의 느낌만을 가지고 있을 뿐입니다.

이러한 연결감은 대단히 중요합니다. 왜냐하면, 이러한 연결감으로 인해, 새로운 존재는 독특한 참조틀을 가질 수 있기 때문입니다. 이 존재는 자신의 마음을 초월한 뭔가가 정말로 존재하며, 궁극적인 의미에서 그러한 뭔가가 실제로 있다고 느낍니다. 이러한 느낌 덕분에, 이 존재는 마음 내부에서 진행되는 것을 평가하기 위한 참조틀을 가지게 됩니다. 바꾸어 말하면, 여러분이 참조틀을 가지고서 마음의 바깥에 실재하는 뭔가가 있음을 알게 되면, 마음속에 저장된 내용물과 자신을 절대로 동일시할 수 없습니다. 비유하자면, 지구라는 극장에서 연기할 때, 여러분은 자신이 맡은 역할과 결코 완벽하게 동일시할 수 없다는 말입니다. 여러분은 자신이 맡은 역할보다 더 큰 존재라는 사실을 알고 있으므로, 그 역할을 초월하거나 그만둘 잠재력이 있습니다. 다시 말해, 여러분이 그 역할에 무한정 갇혀 있지 않다는 것을 알고 있습니다.

마음을 넘어서는 뭔가와 연결되어 있다는 이러한 내면의 느낌은 여러분이 영적인 스승에게 마음의 문을 열어놓고 있다는 의미입니다. 상승 마스터들의 가르침에 의하면, 새로운 생명흐름이 처음 육화해서 내려올 때, 이 존재는 현재 지구에서 보이는 환경 속으로 죽든지 살든지 알아서 하라는 식으로 던져지지 않는다고 합니다. 이와는 반대로, 새로운 생명흐름은 먼저 보호받는 환경으로 내려가며, 그곳에서 상승 마스터들로부터 직접 안내를 받습니다. 아주 많은 종교에서 찾아볼 수 있는 것처럼, 잃어버린 파라다이스에 관한 이야기들은 이러한 환경을 가리키며, 에덴동산에 관한 이야기가 하나의 예라고 할 수 있습니다.

새로운 생명흐름은
먼저 보호받는 환경 속으로 내려가며,
그곳에서 상승 마스터들에게 직접 안내를 받습니다.

에덴동산의 이야기 속에 나오는 "신(God)"은 상승 마스터인 로드 마이트레야[107]였으며, 각 나무는 어떠한 특정한 영적인 입문을 상징했습니다. 에덴동산의 "신"은 아담과 이브에게(모든 생명흐름을 상징) 하나의 열매만을 제외하고, 모든 열매를 먹어도 된다고 말했다는 것을 아마 여러분도 기억하고 있을 것입니다. 이 말의 진정한 의미는 다음과 같습니다.

---

[107] Lord Maitreya; 에덴동산으로 불린 신비 학교의 지도자인 상승 마스터. 그는 위대한 입문자로 간주하는데, 그의 입문들은 명확하지 않기 때문에, 우리는 종종 시험받고 있음을 알 수 없습니다. 로드 마이트레야는 우주적 그리스도의 사무국을 유지하고 있습니다.

이상적인 시나리오

새로운 생명흐름은 상승 마스터의 지도하에 자신을 찾아갑니다. 이상적으로는, 그 생명흐름이 상승 마스터들이 제공하는 여정을 따르는 것입니다. 이러한 여정은 생명흐름이 일곱 단계의 입문을 거치도록 설계되어 있습니다. 그렇게 함으로써 생명흐름은 의식의 48단계에서 96단계로 올라갑니다. 마스터들은 이것을 "일곱 베일의 여정"[108]이라고 부릅니다. 왜냐하면, 일곱 개의 각 단계가 영적인 세계에 대한 여러분의 비전을 흐리게 하는 베일처럼 보일 수 있기 때문입니다. 한 단계의 입문을 통과하면, 영적인 세계에 대해 더 선명한 비전을 얻습니다. 또한, 자신의 공동창조 능력에 대해서도 더 잘 알게 되고, 자아(Self)의 힘을 최대로 실현할 수 있는 상태에 좀 더 가까이 다가갑니다.

일곱 단계는 일곱 영적인 광선에 대응됩니다. 앞에서 보았듯이, 전체 물질우주는 영적인 에너지로 만들어졌으며, 이러한 영적인 에너지가 일곱 광선의 감소 요인들에 의해 진동수가 낮아진 것입니다. 48단계에서 입문의 여정을 걸어가기 시작할 때, 첫 번째 광선에서 시작합니다. 그리고 54단계에 도달할 때까지 중심 광선은 첫 번째 광선입니다.

하지만 단계마다, 알파와 오메가가 있습니다. 따라서 48단계에서는 알파가 첫 번째 광선이고, 오메가도 또한, 첫 번째 광선입니다. 49단계에서는 알파가 첫 번째 광선이고, 오메가는 두 번째 광선입니다. 이런 식으로 계속 진행되어, 55단계에서는 두 번째 광선이 알파가 되고, 오메가는 첫 번째 광선이며, 이런 식으로 일곱 광선을 차례로 통과하게 됩니다.

---

[108] Path of the Seven Veils; 일곱 영적인 광선의 입문들을 통과하는 여정

96단계에 도달할 때까지 이런 식으로 계속 이어지며, 96단계에 이르면 이제 일곱 광선 모두를 알게 되고, 광선들을 통합하는 더 높은 수준을 달성하게 됩니다. 이 말은 어느 하나의 광선에 대해서도 불균형하지 않고 일곱 광선 모두에 대해 어느 정도 통달을 이룬다는 의미입니다. 예를 들어, 96단계에서는 첫 번째 광선에 대해서는 아주 강력하지만, 두 번째 광선의 지혜나 세 번째 광선의 사랑과는 균형을 이루지 못하는, 독재자와 같은 특징을 가지지 못합니다.

이러한 균형과 통합은 여러분이 96단계에서, 특별한 입문을 맞을 준비가 되어 있다는 의미입니다. 에덴동산의 이야기에서는 이러한 입문이 "금단의 열매"로 상징화되어 있습니다.

금단의 열매와 인간의 추락에 대한 이해

에덴동산의 이야기에서, "신(영적인 스승)"은 아담과 이브에게 하나의 열매만 제외하고, 모든 열매를 먹어도 된다고 말했습니다. 이 말은 입문자들이 일곱 광선의 모든 입문(열매)에 참여할 수 있다는 것을 상징합니다.

금단의 열매는 특별한 입문을 나타내며, 에덴동산의 이야기에서 아담과 이브는 이 열매를 먹으면, 반드시 죽을 것이라는 말을 들었습니다. 뱀이 이브에게 "너희는 절대 죽지 않는다."라고 말하면서, 열매를 먹도록 유혹했다는 것을 아마 여러분도 기억할 것입니다. 그 후 이브는 열매를 먹었으나, 죽지 않고 파라다이스에서 추방되었습니다. 그러면, 동산의 신이 아담과 이브에게 거짓말을 했고 뱀이 옳았다는 것일까요? 자, 이 문제는 성경에서 볼 수 있는 것보다 더 깊은 이해가 필요합니다.

앞에서 언급했듯이, 상승 마스터인, 로드 마이트레야는 에덴동산의 이야기에 나오는 신비 학교의 교장이었습니다. 마이트레야는 "영적인 자유에 이르는 열쇠"[109]라는 책에서 인간의 추락에 대해 아주 자세히 설명했습니다. 따라서 여기에서 전해 줄 내용은 144단계에 근거한, 요약된 형태입니다.

"일곱 베일의 여정"을 걷는 새로운 생명흐름은 결코 성자가 아니라는 사실을 이해하는 것으로 시작합시다. 이러한 존재는 매우 국소화된 정체성을 가지고 있으며, 입문을 통과하고, 지혜와 기술을 습득해감으로써, 분명하게 자신을 높이는 데 집중합니다. 이 존재는 개별적인 존재로서 이렇게 하며, 심지어 신비 학교에 있는 다른 존재와 경쟁의식을 가질 수도 있고 다른 존재들보다 더 잘하려고 하거나 아니면 스승의 눈에 더 잘 보이려고 할 수도 있습니다.

이것은 지극히 자연스러운 것이며 허용이 됩니다. 왜냐하면, 그렇게 하는 것이 우리가 통상적으로 이기심이라고 부르는 것이 아니기 때문입니다. 이것은 정말로 개별적인 존재로서 잘하려고 하는 열망입니다. 신비 학교에 있는 존재들은 스포츠의 팀과 아주 유사한 그룹별 환경에서 배웁니다. 스포츠팀의 각 구성원은 자신의 능력을 완벽하게 가다듬기 위해 노력하지만, 팀의 이익을 위해 함께 일해야 합니다. 따라서 개인의 능력을 향상하는 과정은 일곱 광선의 입문을 통과하는 여정과 같습니다.

이상적인 시나리오에서, 생명흐름은 자신보다 더 큰 뭔가와 연결되어 있다는 내면의 감각을 유지하고, 심지어 이러한 느낌을 키워 나갑니다. 여정에서 성장해 감에 따라, 생명흐름은 원칙적으로 스승 및 같은 환경에 있는 다른 학생들과도 연결되어 있다는 느낌을 키

---

[109] Master Keys to Spiritual Freedom; www.morepublish.com 또는 아마존에서 영문책 구매 가능.

워갑니다. 이러한 내면의 연결감은 자기-의식하는 모든 존재가 더 큰 존재의 확장이라는 근본적인 진실에 근거하고 있고 더 큰 존재 또한, 더욱더 큰 존재의 확장이며, 이런 식으로 계속 올라가서, 결국 자신은 창조주의 확장이라는 결론에 도달합니다. 따라서 겉으로 보이는 모든 것의 이면에는, 모든 생명이 하나라는 근본적인 진실이 있습니다.

지구와 같은 행성은 우주를 구성하는 단위이며, 여기에 육화하는 모든 생명흐름은 보이지 않는 생명의 그물[110]에 연결되어 있습니다. 따라서 개별적인 존재로서, 여러분이 행하는 모든 것은 필연적으로 전체에게 영향을 미치고 여러분이 그러한 전체의 일원이므로 자신에게도 또한, 영향을 미칩니다. 따라서 단순히 자신에게 영향을 끼치지 않고 다른 사람에게 뭔가를 할 방법은 없습니다.

앞에서 우리는 이 지구 행성을, 할 수 있는 역할이 많은 극장에 비유했습니다. 여러분이 전체와 연결되어 있다는 내면의 감각이 있다면, 어떤 역할은 연기하고 싶지 않을 것입니다. 간단히 말해, 타인들에게 피해를 주면서, 자신의 이득을 도모하는 악당 연기는 하고 싶지 않을 것입니다.

방금 살펴보았듯이, 다른 사람에게 피해를 주면서, 동시에 자신에게는 이익이 되는 행위를 하기는 정말로 불가능합니다. 모든 생명은 연결되어 있습니다. 따라서 만약 생명의 어떠한 일부에게라도 해를 끼친다면 자신도 해를 입게 됩니다. 이제 다음과 같은 미묘한 점에 대해 곰곰이 숙고해 보기 바랍니다. 즉, 자신이 해를 입지 않고 타인을 해칠 수 없지만, 자신에게 이익이 되면서 동시에 타인을

---

[110] web of life; 생명체의 존재 양식이 서로 관계가 있음을 거미줄과 같은 표현으로 나타내는 말.

해치는 행위를 할 수 있다고 믿을 수는 있습니다.

하지만, 이러한 환영을 어떻게 해서 믿을까요? 자, 여러분이 더 큰 전체와 연결된 개별적인 존재라고 자신을 보는 동안에는 그렇게 하기가 불가능합니다. 외부에 존재하는 뭔가와 연결되어 있다는 것을 알고 있는 한, 여러분은 전체 중 일부라는 내면의 지식을 가지게 됩니다. 따라서 다른 사람을 끌어내림으로써, 자신을 끌어올릴 수 있다는 환영을 믿기 위해서는 반드시 다른 의식, 다른 자아감으로 들어가야만 가능합니다.

정확히 말하자면, 이것이 바로 상승 마스터들이 "분리 의식"이라고 부르는 것이며, 이것이 정말로 "금단의 열매"인 것입니다. 또한, 예수가 "죽음"이라고 불렀던 것이 바로 이것입니다. 이 죽음이라는 말은 영적으로 죽은 상태를 의미합니다. 예를 들어, 한 번은 예수를 따르고 싶어 했던 한 젊은 남자가 예수에게 다가와, 아버지의 장례부터 먼저 치르겠다고 허락을 요청했습니다. 예수는 "죽은 자들의 장례는 죽은 자들에게 맡겨두라."고 말했습니다. 분명한 것은, 아버지의 장례를 치르던 사람들이 육체적으로 죽어 있는 상태가 아니었으므로, 논리적으로 보면 예수는 이들이 영적으로 죽어 있다고 생각했다는 결론에 이르게 됩니다. 이러한 이유로, 예수는 "내가 온 것은 모두가 생명을 얻게 하고, 더 풍성히 얻게 하려는 것이다."라고 말했습니다.

이제, 여러분은 "애초에, 금단의 열매가 왜 동산에 있었을까?"라고 물어볼 수 있습니다. 그 이유는 금단의 열매가 자유의지와 불가분의 관계에 있기 때문입니다. 창조주는 우리가 자기-의식을 키울 수 있는 유일한 방법이 완벽한 자유의지를 가질 때만 가능하다는 것을 알고 있습니다. 우리는 선택을 하고, 선택의 결과를 지켜봄으로써 성장합니다. 하지만 우리에게 자유의지를 줄 수 있는 유일한 방법이 있는데, 그것은 우리가 상상할 수 있는 무엇이든 그것을 선택할 기회를 주는 것입니다. 만약 할 수 없는 선택이 있다면, 우리의 의지가 진정으로 자유롭다고 할 수 없습니다. 또한, 자기-의식을 궁극적인 단계로 성장시킬 수도 없습니다.

> 창조주는 우리가 자기-의식을 키울 수 있는
> 유일한 방법이 완벽한 자유의지를 가질 때만
> 가능하다는 것을 알고 있습니다.
> 우리는 선택을 하고,
> 선택의 결과를 지켜봄으로써 성장합니다.

이제 우리가 할 수 있는 선택에는, 기본적으로 두 개의 카테고리가 있다는 개념으로 돌아가 보겠습니다. 하나는 우리가 전체 중 일부라는 자기-의식에 기초한 선택들이며, 나머지 하나는 우리가 분리되고 단절된 존재라는 자기-의식에 기초한 선택들입니다. 우리가 어떻게 해야 후자와 같은 선택을 할 수 있을까요? 우리가 연결된 존재라는 자기-의식을 유지하고 있는 동안에는, 그렇게 할 수가 없습니다. 따라서 그러한 선택을 하기 위해서는, 자신을 단절된 존재로 인식하는 의식의 전환이 일어나야만 가능해집니다. 이 말은 이전의 자아감이 죽고, 새로운 자아감으로 태어나야 한다는 의미입니다.

상승 마스터들은 에덴동산의 이야기가 절대로 모든 측면에서 정확하다고 말하지는 않지만, 상징적인 측면에서는 도움이 된다고 말합니다. 따라서 에덴동산의 신은 금단의 열매를 먹으면, 확실히 죽게 된다고 말했을 때, 서로 연결된 존재로서의 자아감이 죽는다는 의미에서 보면 정말로 거짓말을 했던 것은 아닙니다. 그 대신에, 자신을 분리되고 단절된 존재로 여기게 됩니다. 영적인 존재로서의 여러분은 죽고, 단절된 존재로서 다시 태어납니다. 분리된 존재란 영적으로는 죽어 있습니다. 왜냐하면, 자신을 더는 "생명의 그물"의 일부로 인식하지 않기 때문입니다. 하나인 생명의 일부가 아니라, 생명에서 분리되는 것입니다. 어떻게 해서 이런 일이 일어날까요?

교활한 논리에 대한 이해

여러분이 자신을 더 큰 전체와 연결된 존재로 인식하는 한, 자신의 마음 밖에서는 말할 것도 없고 물질의 세계보다 더 높은 세계에도 궁극적인 진실이 존재한다는 것을 알게 됩니다. 인식이 바뀌어, 자신을 분리된 존재로 여기게 될 때, 여러분은 이러한 내면의 참조틀을 상실하게 됩니다. 따라서 이제는 에덴동산에서 뱀으로 상징되는 환영을 쉽게 받아들일 수 있게 됩니다. 이러한 환영으로 인해, 궁극적인 진실을 스스로 충분히 정의할 수 있으며 영적인 세계의 참조틀은 필요치 않다고 믿을 수 있습니다. 여러분은 이 세상에서 권위를 가지고 있는 종교, 정치 철학 혹은 과학적 물질주의와 같은 것에 의지하거나, 아니면 여러분이 개인적으로 실재한다고 정의하는 믿음에 의지할 수도 있습니다.

미묘한 차이에 주목하세요. 종교나 영적인 스승을 따른다고 하더라도, 여러분은 이 세상에서 나온 참조틀에 여전히 의지하고 있습니다. 사실, 상승 마스터들의 가르침이 말로 표현되면, 그러한 가르침조차 외적인 참조틀이 될 수 있습니다. 마스터들에 따르면, 48단계에서 96단계로 이어지는 영적인 여정을 걸어가는 데 필요한 것은 이 세상에서 나온 참조틀에 의지하지 않는 것이라고 합니다. 그 대신, 내면의 참조틀을 확장하여, 자신의 상위 존재들과 상승 마스터들과 직접 직관적으로 연결되어야 한다고 합니다. 해야 할 일에 대해, 외부의 스승에게 말을 듣는 것과 내면의 스승에게 내면의 안내를 받는 것 사이에는 근본적인 차이가 있습니다. 주요한 차이는 내면의 스승은 에고나 외부의 권위에 의해 조종되지 않는다는 것입니다. 이러한 이유로 내면의 스승은 마음속에 있는 환영에서 벗어날 수 있는 유일한 방법입니다. (또 다른 주요한 측면은 상승한 스승은 여러분에게서 어떤 것도 필요로 하지 않으므로, 사리사욕을 채우지 않는다는 것입니다.)

에덴동산의 이야기에서, 뱀은 이브에게 금단의 열매를 먹으면, 죽지 않고 오히려 신처럼 선과 악을 알게 된다고 말했습니다. 이 말은 자신을 분리된 존재로 여길 때, 자신이 곧 신이며 선과 악 그리고 실재와 비실재를 정의할 수 있는 능력과 권위를 가지고 있다고 생각하게 된다는 사실을 상징적으로 나타냅니다. 이러한 이유로, 독재자는 어떤 사람들을 인간 이하로 정의할 수 있는 권한을 정말로 자신이 가지고 있다고 믿습니다. 이 말은 인간 이하의 사람들을 몰살해도 완벽하게 정당화될 수 있다는 의미입니다. 바꾸어 말하면, 교활한 마음이 지닌 의식, 즉 이원적인 마음 상태는 글자 그대로 어떤 것이든 정당화할 수 있습니다. 이와는 대조적으로, 자신이 더 큰 실재와 연결되어 있다고 여긴다면, 대량학살과 같이 정당화될 수 없는 것들이 있다는 것을 쉽게 알 수 있습니다.

금단의 열매는 분리된 존재로서
자신을 보는 것에 대한 상징입니다.
즉, 자신이 곧 신이며, 선과 악
그리고 실재와 비실재를 정의할 수 있는
권한이 있다고 생각한다는 의미입니다.

자아(Self)가 자신을 더 큰 전체 중 일부라고 인식하는 한, 자아는 전체의 힘에 어느 정도 접근할 수 있습니다. 다시 말해, 자아는 영(Spirit)의 힘을 이 세상 속으로 흐르게 할 수 있는 열린 문으로서 봉사할 수 있습니다. 하지만 분리된 자아 속으로 발을 들여놓게 되면, 영의 힘에 접근할 수가 없습니다. 따라서 오직 물질 스펙트럼에 이미 존재하는 에너지만 이용할 수 있습니다. 이 말은 여러분이 이제 다른 사람들과 끊임없이 경쟁하는 상황에 놓이게 된다는 의미입니다. 영적인 에너지는 무한하지만, 물질 에너지는 유한합니다. 세계의 역사가 분명하게 보여주듯이, 사람들이 한정된 양을 놓고 서로 차지하려고 싸워야 한다면, 필연적으로 투쟁을 할 수밖에 없습니다. 따라서 자아의 힘을 진정으로 펼치기 위해서는 지금이라도 자신을 자아로, 즉 전체 중 일부로 인식함으로써, 영(Spirit)의 무한한 힘을 이용할 수 있어야 합니다.

어떻게 해서 추락하게 되었는가?

이제, 이상적인 시나리오로 돌아가도록 합시다. 새로운 존재는 48단계에서 시작해서, 일곱 광선의 입문에 참여하는 여정을 걸어감으로써, 이 존재는 일곱 광선 모두에 대해 어느 정도 통달을 이루는 96단계를 향해 오릅니다. 이것은 정확히 무엇을 의미할까요? 자, 앞에서 설명한 것처럼, 물질우주에 있는 모든 것은 일곱 광선에서 나오는 에너지로 만들어졌습니다. 따라서 어떤 행위를 할 때마다, 여기에는 두 개의 요소, 즉 추진력과 방향이 있습니다. 여러분은 에너지를 사용함으로써, 어떠한 행동을 할 수가 있습니다. 이러한 에너지를 여러분이 직접 만들어낼 수는 없지만, 여러분의 마음이 열린 문이 됨으로써, 일곱 광선 중 하나 이상의 광선 에너지를 흐르게 할 수 있습니다. 따라서 여러분은 하나 또는 그 이상의 광선 에너지에 방향을 부여함으로써 행동하게 됩니다.

에너지를 사용하는 방법에는 두 가지가 있습니다. 이타적인 목적과 이기적인 목적입니다. 이것은 인간이 이기적인 뭔가를 할 때도 일곱 광선 중 어느 하나의 광선 에너지를 가지고 그렇게 한다는 의미입니다. 하지만 이기적인 행위를 하기 위해서는 반드시 하나 또는 그 이상의 광선을 왜곡해야 하며, 이후 이 왜곡된 에너지를 이용해서 분리된 자아를 높이게 됩니다. 각 광선에는 특정한 진동이 있습니다. 모든 생명을 높이고자 할 때, 여러분이 사용하는 에너지는 특정한 수준 이상에 머물게 됩니다. 이 말은 이 에너지가 다시 영적인 세계로 올라가서 증식되어, 여러분에게 다시 보내진다는 의미입니다. 하지만 이기적인 행위를 하게 되면, 에너지 진동수가 임계 수준 아래로 떨어집니다. 이 말은 왜곡된 에너지는 물질 스펙트럼에 남아 있을 수밖에 없으며, 이 에너지는 진동수를 높일 때까지 여러분이 짊어지고 다녀야 하는 짐이 된다는 의미입니다.

이상적인 시나리오에서, 생명흐름은 일곱 광선 에너지를 이기적인 목적으로 사용하지 않으면서 이러한 에너지를 이용하는 방법을 배웁니다. 그렇다고 이 말이 에너지의 왜곡에 대해, 생명흐름이 전혀 알지 못한다는 뜻은 아닙니다. 생명흐름은 일곱 광선의 왜곡에 대해서도 실제로 배웁니다. 다시 말해, 단순히 생명흐름은 진동이 낮아진 에너지를 사용하지 않는다는 말입니다. 그렇게 함으로써, 생명흐름은 48단계 아래로 내려가지 않고, 96단계를 향해 계속 올라갑니다.

이상적인 시나리오에서, 생명흐름은 96단계에 도달하고 이 단계에서 생명흐름은 금단의 열매, 즉 뱀같이 교활한 의식으로 상징되는 입문을 통과할 준비가 됩니다. 바꾸어 말하면, 일곱 광선에 통달하면, 이 생명흐름은 자신이 창조력을 어떻게 사용해야 하는지를 정의할 수 있는 권리를 가진 신(神)으로 된다는 환영을 꿰뚫어 볼 준비가 됩니다.

이 시점에서, 그 생명흐름은 이 입문을 잘 통과할 준비가 갖추어집니다. 왜냐하면, 일곱 광선의 긍정적인 특성과 왜곡에 대해 이미 배웠기 때문입니다. 따라서 이 생명흐름이 내면의 연결감을 상실해서 연결된 존재가 죽고 분리된 존재로 다시 태어날 가능성은 거의 없습니다.

바꾸어 말하면, 이러한 이상적인 시나리오는 생명흐름이 반드시 거쳐야 하는 교활한 마음, 즉 이원성 의식이라는 입문과 유혹을 더욱 쉽게 통과하기 위해서 특별히 설계되었습니다. 따라서 이 생명흐름은 마음속의 현실을 스스로 정의할 수 있는 능력과 권리를 가지고 있다는 말에 속지 않고도 뱀을 직면할 수 있습니다. 말하자면, 죽지 않고도 금단의 열매를 먹을 수 있습니다.

하지만 생명흐름들은 완전한 자유의지가 있으므로, 96단계에 도달하기 전에, 금단의 열매를 먹을 수 있습니다. 이 말은 생명흐름이 일곱 광선에 대한 왜곡을 아직 모두 습득하지 못했으며, 따라서 이러한 왜곡 중 어느 하나에 필연적으로 속을 가능성이 크다는 의미입니다. 하지만 그 생명흐름은 그것이 왜곡이 아니라, 미덕 혹은 진실이라고 생각하게 됩니다.

따라서 금단의 열매는 아직 96단계에 도달하지 못한 학생들에게만 금지되었던 것입니다. 이 말은 스승이 준비되었다고 인정하기도 전에, 일부 학생이 준비되었다고 속아서 추락이 일어났다는 의미입니다. 바꾸어 말하면, 이러한 학생은 자신이 스승보다 더 잘 알고 있다고 생각했습니다.

생명흐름이 준비되기 전에 금단의 열매를 먹게 되면, 연결된 존재는 확실히 죽고 분리된 자아로 다시 태어납니다. 따라서 이 생명흐름은 더 큰 실재와 내면에서 연결되어 있다는 것을 느끼지 못합니다. 이 말은 이 생명흐름이 더 이상 영적인 스승에게 마음의 문을 열지 않는다는 의미입니다. 그 대신, 이 생명흐름은 자신이 직접 스승이 되었기에, 신비 학교라는 환경에서는 이제 배울 수가 없습니다. 따라서 이 생명흐름은 "파라다이스에서 추방당하게" 되며, 영적인 스승에게 직접 도움을 받지 못한 채, 이제는 스스로 배울 수밖에 없습니다. 그 대신, 생명흐름은 분리된 존재로서 자신의 선택에 따른 결과를 직접 경험하고 배울 수밖에 없습니다. 이것이 바로 상승 마스터들이 "고난의 학교"라고 부르는 것입니다.

깨달은 스승의 안내를 받음으로써 배우는 것이 아니라, 이제는 자신의 정신적인 이미지와 일치하는 물질 환경을 경험함으로써 배우게 됩니다. 그러한 정신적인 이미지는 여러분이 분리된 존재라는 환영에 근거하고 있습니다. 결국, 다른 사람들, 물질계, 심지어 신과 맞서 싸워야 한다고 믿게 되기 때문에, 여러분의 삶은 필연적으로 투쟁의 연속이 될 수밖에 없습니다. 이것이 바로 붓다가 "윤회의 바다"[111]라고 불렀던 것입니다. 붓다는 "삶이 고통"이라는 것이 가장 으뜸가는 진리라고 말했지만, 더 깊은 의미는 분리 의식 속에 있을 때, 삶이 고통스럽게 된다는 의미입니다.

---

*깨달은 스승의 안내를 받음으로써 배우는 것이 아니라,
이제는 자신의 정신적인 이미지와 일치하는
물질 환경을 경험함으로써 배우게 됩니다.*

따라서 결론적으로, 의식의 48단계와 96단계 사이의 길을 걸어가

---

[111] Sea of Samsara; 이 세상에서 윤회를 거듭하면서 겪는 고통의 바다를 말함

면서, 여러분은 언제든 뱀과 같은 교활한 유혹에 속을 가능성이 있습니다. 여러분이 속으면, 48단계 아래로 추락합니다. 추락하게 되는 단계는 추락하기 전에, 여러분이 올라갔던 단계에 상응하는 단계가 됩니다. 예를 들어 58단계에서 추락한다면, 48단계에서 10단계 아래인 38단계로 추락합니다. 96단계에서 추락한다면, 1단계로 추락합니다.

이것은 역사적으로 최악의 독재자 중 일부가 사람들의 마음을 빼앗아 자신을 맹목적으로 따르게 할 수 있는 뛰어난 능력이 있었던 이유를 부분적으로 설명해줍니다. 이와 같은 능력을 갖춘 사람은 높은 단계에서 추락했으므로, 이들이 추락했던 단계보다 아래에 있는 존재들을 쉽게 설득할 수 있습니다. 어떤 사람이 96단계에서 추락한다면, 이 사람은 96단계 아래에 있는 대부분의 사람보다 더 뛰어날 뿐만 아니라, 이들을 압도할 수도 있습니다.

교활한 마음에 대한 세밀한 관찰

앞으로 나가기에 앞서, 여러분이 교활한 유혹이나 뱀의 입문에 준비가 되기도 전에 이것을 맞이하는 것이 어떤 의미인지 살펴보겠습니다. 앞에서 보았듯이, 의식의 48단계와 96단계 사이의 여정은 개인적인 자아를 높이는 과정입니다. 이 말은 자신을 높이는 것이 자신의 책임이며, 타인들에 대해서는 여러분에게 책임이 없다는 의미입니다.

하지만 에덴동산의 이야기에 나오는 뱀을 살펴보면, 뱀이 이브에게 적극적으로 영향을 끼치려고 했던 것이 분명해 보입니다. 따라서 뱀의 의식은 다른 존재들의 자유의지에 적극적으로 영향을 끼치려고 하는 유혹을 상징하고 있습니다. 기본적인 사실에 주목하기 바랍니다. 자기-의식을 지닌 모든 존재는 개별적인 존재들이며, 완벽하게 자유로운 개별적인 의지를 부여받았습니다. 여러분은 진실로 원하는 것은 무엇이든지 선택할 수 있는 권리가 있습니다. 왜냐하면, 신의 법칙에 따라 자신이 선택한 것에 대해 반드시 그 결과를 경험해야 하기 때문입니다.

> 뱀의 의식은 다른 존재들의 자유의지에
> 적극적으로 영향을 끼치려고 하는
> 유혹을 상징하고 있습니다.

하지만 비록 여러분의 선택이 타인들에게 영향을 끼친다고 하더라도, 여러분이 원하는 어떤 선택이든 할 수 있는 한 가지 방법이 있습니다. 이것은 다른 사람의 선택에 영향을 미치려고 하는 것과는 근본적으로 다른 것입니다. 이것이 미묘하게 보일 수도 있지만, 영성인들이 이해해야 하는 가장 중요한 사항 중 하나입니다. 그 이유는 자신과 타인들의 자유의지를 철저하게 존중해주지 않으면, 틀림없이 여러분은 뱀의 유혹에 빠질 수밖에 없기 때문입니다.

이에 대한 예로써, 어떤 사람이 누군가를 죽이기로 결정한다고 가정해 봅시다. 이것은 분명히 죽임을 당하는 사람에게 영향을 미치는 행위입니다. 하지만 가해자는 그러한 행위에 대해 개인적으로 책임을 져야 합니다. 따라서 가해자를 찾아낸다면, 사회는 그 사람에게 책임을 물을 것입니다. 이제, 가해자가 또 다른 사람을 죽이기로 결정한다고 가정해 보세요. 하지만 그 사람을 직접 죽이지 않고, 제삼자를 조종하여, 다른 사람을 죽이려고 합니다. 그러면, 어떤 사람의 마음을 조종하는 행위는 어떤 사람의 육체를 죽이는 것과는 근본적으로 다른 것입니다. 그 사람의 마음을 조종하는 행위는 그 사람의 자유의지를 직접 침해하는 것입니다. 정확하게 말해, 뱀 같은 교활한 의식이 목표로 삼고 있는 것이 바로 이처럼 마음을 조종하는 것입니다.

여러분은 어떤 형태의 경험을 하고 싶나요?

지구가 극장이라는 개념으로 다시 돌아가도록 합시다. 극장에는 여러분이 연기할 수 있는 역할이 많이 있습니다. 자신을 연결된 존재로 인식하는 한, 결코 연기하고 싶지 않을 몇 가지 역할이 있을 것입니다. 따라서 전체 중 일부라는 자기-의식이 있을 때는, 몇 가지 경험은 지구에서 할 수가 없습니다. 예를 들어, 전투에 능숙해서 어떤 적이든 물리칠 수 있는 위대한 전사(戰士)가 되는 경험은 할 수 없습니다.

생명흐름이 지구를 바라보며, 전사가 되어 적과 싸우는 경험을 하고 싶어 할 수는 있습니다. 이러한 경험을 하기 위해서 이 생명흐름은 반드시 "연결된 존재"가 죽고, 새로운 자기-의식을 지닌 "분리된 존재"로 다시 태어나야만 합니다. 이렇게 할 때만, 생명흐름은 자신이 해를 입지 않고, 타인들을 죽일 수 있다고 믿을 수 있습니다.

이제, 미묘하지만, 아주 중요한 차이점에 주목하세요. 전사의 역할을 연기하는 것은 타인들의 자유의지를 침해하는 것이 아닙니다. 많은 생명흐름이 타인들과 싸우는 것이 어떤 것인지를 경험하고 싶어 하는 선택을 한다면, 이러한 생명흐름들은 모두 어떠한 역할을 연기하겠다고 선택하는 것입니다. 분명하게 말해, 싸울 상대가 존재하지 않는다면 전사가 될 수 없습니다. 따라서 양쪽이 똑같은 선택을 한다면, 이들 가운데 어느 쪽도 상대방의 자유의지를 침해하는 상태가 아닙니다. 다른 나라를 공격하는 군대가 그 나라 주민들의 자유의지를 침해하고 있는 것처럼 보일 수도 있습니다. 하지만 그

주민들이 분리 의식 속에 있기로 선택했다면, 비록 이들이 의식적으로 알지는 못한다고 하더라도 이들은 공격을 불러들이고 있는 것입니다.

따라서 이제 의식의 48단계 아래로 내려가면, 이기적인 행위를 하게 되는 마음 상태로 들어가게 된다는 것을 알 수 있습니다. 환영으로 인해, 정말로 눈이 멀게 됩니다. 왜냐하면, 자신은 해를 입지 않고도, 타인들을 죽일 수 있다고 믿기 때문입니다. 하지만 이러한 환영은 뱀 같은 교활한 마음이 아닙니다. 그것은 단지 무지일 뿐입니다.

뱀 같은 교활한 마음은 무지와는 다릅니다. 이것을 고의적인 무지 혹은 순수하지 못한 무지라고도 부를 수 있습니다. 뱀 같은 교활한 마음은 단순히 자신을 해치지 않고도 남을 해칠 수 있다고 믿게 만드는 것이 아닙니다. 교활한 마음은 여러분의 이기적인 행동이 정당하다고 믿게 만듭니다.

역사적인 예로써, 중세의 십자군을 봅시다. 여기에 그리스도의 추종자들이라고 주장하는 한 무리의 사람들이 있다고 합시다. 물론, 그리스도는 우리에게 다른 쪽 뺨마저 내밀고, 대우받고 싶은 대로 타인들을 대하며, 악에 저항하지 말라고 가르쳤습니다. 하지만 십자군들은 크리스천들을 죽임으로써 신의 일을 하고 있다고 생각했던 무슬림을 죽이는 것이, 그리스도의 가르침을 따라 신의 일을 하는 것이라고 해석했습니다.

> 뱀 같은 교활한 마음은
> 단순히 자신을 해치지 않고도
> 남을 해칠 수 있다고 믿게 만드는 것이 아닙니다.
> 교활한 마음은 여러분의 이기적인 행동이
> 정당하다고 믿게 만듭니다.

이제 이것을 역사를 통해 우리가 보아왔던 몇몇 전사 그룹, 즉 바이킹을 비롯하여 훈족의 아틸라[112] 무리와 비교해 보세요. 훈족과 십자군 둘 다 도시를 공격하고, 남자와 여자 그리고 어린아이들을 막론하고 무자비하게 죽였으며, 보이는 귀중품은 닥치는 대로 도둑질했습니다. 하지만 훈족과 바이킹이 이렇게 했던 이유는 약탈에 대한 욕망과 전쟁의 명예 때문이었지만, 십자군은 그리스도와 신의 대의를 받들기 위해 이렇게 했다고 주장합니다.

이제 사고방식에서의 차이점을 살펴보도록 합시다. 바이킹은 단지 싸움을 하고 싶어 했을 뿐이며, 자신들의 행위를 정당화하려는 정교한 철학적 명분은 없습니다. 하지만 십자군은 자신이 보기에 타인들을 죽이는 것이 정당화될 수 있을 뿐만 아니라, 심지어 하늘에서 이에 대한 보상이 주어진다는 철학적인 틀을 가지고 있습니다. 성전(聖戰)을 하다가 죽는다면, 십자군은 틀림없이 하늘나라로 가게 된다고 믿었습니다. 정확하게 말하면, 이처럼 정당화된다는 생각이 바로 뱀 같은 교활한 마음입니다. 사실, 이것은 지구의 세속적인 권위가 선과 악을 정의할 수 있는 권한이 있다는 추론에 기초하고 있습니다. 따라서 중세 시대의 사람들은 그리스도의 직접적인 말씀을

---

[112] Attila the Hun; 아틸라는 훈족의 왕이며, 현재 헝가리 거점의 왕국을 세워 주변의 게르만족과 동고트족 등을 굴복시켜 동쪽으로는 카스피해에서 서쪽으로는 라인강에 이르는 광활한 지역을 통치함.

무시하고, 다른 크리스천들을 죽이는 것은 악(惡)이지만, 무슬림을 죽이는 것은 선(善)이라고 정의할 수가 있었던 것입니다. 뱀 같은 교활한 마음은 언제나 분열시키고, 인간을 두 개의 부류로 나누었으며, 따라서 모든 생명이 하나라는 더 심오한 진실을 부정하고 있습니다.

48단계에서 96단계로 여정을 걷는 동안, 일곱 광선의 긍정적인 특성을 이용하여, 여러분은 자신을 끌어올리고 자신의 마음을 다스릴 수 있는 능력을 갖추게 되어 있습니다. 이러한 입문의 핵심 요소는 예수가 설명했던 요구 사항, 즉 "너희는 뱀같이 지혜롭고, 비둘기같이 순결하라."라는 요구를 충족하는 것입니다. 이 말은 자신과 모든 생명을 높이기 위해, 일곱 광선의 긍정적인 특성들을 이용하는 것은 완벽하게 정당화되지만, 타인들의 자유의지에 영향을 미치기 위해서 일곱 광선을 이용하는 것은 결코 정당화되지 못한다는 것을 배우게 된다는 의미입니다. 은밀하게 혹은 공공연하게 어떤 식으로든 다른 사람의 의지에 강요하는 행위는 결코 받아들일 수 없다는 것을 배우게 됩니다. 설득하거나 본보기가 되어 영감을 불어넣으려고 할 수는 있지만, 강요하거나 조종하려고 해서는 절대로 안 됩니다.

하지만 이 여정을 걸어감에 따라, 여러분은 끊임없이 뱀의 유혹에 직면하게 되며, 이러한 유혹이 작동하는 방식은 다음과 같습니다. 여러분이 진리의 광선인 다섯 번째 광선을 배우고 있다고 합시다. 여러분은 진리의 긍정적인 특성을 이해하게 되며, 따라서 지구상에 있는 모든 문제는 사람들이 진리를 보지 못하고, 다양한 거짓말을 믿는 데서 생겨난다는 것을 분명하게 알 수 있습니다.

뱀은 이제 귓속말로, 여러분이 보는 진리를 다른 모든 사람이 받아들이게 할 수만 있다면, 세상의 모든 문제가 저절로 해결된다고 속삭일 것입니다. 여기에 관심을 보이면, 뱀은 그다음 유혹, 즉 이 행성에 있는 모든 문제를 해결하는 것이 정말로 바람직하며, 심지어 신을 위해서도 바람직하다고 유혹합니다. 이러한 유혹을 또다시 꾸짖지 않는다면, 세 번째 유혹이 있을 것입니다. 다시 말해 신의 목적을 완수하기 위해, 여러분이 아는 궁극적인 진리를 다른 사람들이 받아들이게 하려고, 어느 정도의 무력을 행사하는 것이 확실히 정당화될 수 있을 뿐만 아니라 필요하다고 유혹합니다.

이것은 종교적이든, 정치적이든 혹은 물질주의적이든 오로지 하나의 진정한 사고체계만이 존재하며, 이러한 사고체계를 받아들이도록 사람들에게 강요하는 것이 정당화될 수 있다는 믿음으로 이어집니다. 다시 말해, 타인들의 이익을 위해 그들에게 강요하는 수단은 틀림없이 신의 궁극적인 대의를 성공시키려는 목적에 의해 정당화된다고 생각합니다.

더 깊은 진실은 자유의지는 개별적이며, 다른 사람의 자유의지에 강요할 수 있는 권한은 아무도 가지고 있지 않다는 것을 여러분이 타고난 감각으로 알고 있다는 것입니다. 하지만 뱀은 동산에 있던 모든 동물 중 가장 교활했으며, 교활했던 뱀의 마음은 타인들의 자유의지에 적극적으로 영향을 미치려고 하는 행위를 아주 교묘하게 정당화합니다. 이렇게 하기 위해서는 사랑이 아니라, 힘에 기초한 방식으로 하나 이상의 광선들의 특성을 이용해야 합니다. 이러한 사고방식에서 이 행성에서 볼 수 있는 가장 잔혹한 행위들이 생겨났습니다. 왜냐하면, 궁극적인 대의를 위해 싸우고 있다면, 정당화될 수 없는 행위란 존재하지 않기 때문입니다. 수백만 명의 남성과 여성 그리고 아이들을 가스실에 몰아넣고 죽였던 것도 단지 최종적인 해결책이라는 비전을 향해 가는데 필요했던 조치였을 뿐입니다.

지구는 이상적인 시나리오에 도달하지 못했습니다

현재 상황을 완벽하게 이해하려면, 오늘날 지구 행성이 이상적인 시나리오에 훨씬 미치지 못하고 있다는 사실을 깨달아야 합니다. 앞에서 언급한 것처럼, 먼 과거에는 여러 생명흐름의 물결이 이원성으로 추락하지 않고도 지구에 집단으로 육화했었습니다. 하지만 어느 시점에서 많은 생명흐름이 이원성으로 추락하게 되었습니다. 그 이후부터, 지구는 처음 영적인 여정을 걷는 특정한 생명흐름들만 수용하는 학교가 될 수 없었습니다.

에덴동산에 뱀이 왜 있었는지에 대한 의문으로 돌아가 봅시다. 이제 이것을 두 단계로 이해할 수 있습니다. 가장 일반적인 의미에서, 뱀은 이원성 의식을 상징합니다. 다시 말해, 이원성 의식은 분리된 자아를 끌어올리기 위해, 여러분의 힘을 이용하여, 다른 사람들을 조종하려는 유혹입니다. 여러분이 진리를 정의할 수 있다고 믿어야만, 이렇게 할 수가 있습니다. 따라서 이기적인 행위가 궁극적으로 타당성과 정당성이 있는 것처럼 보입니다. 바꾸어 말하면, 이러한 마음 상태로 인해, 여러분이 이기적인 행위들을 할 수 있으며, 동시에 그러한 행위가 충분히 정당화될 수 있다고 느낍니다.

하지만 보다 구체적으로 정의하자면, 뱀은 이미 지구에 육화하기 전에 이원성 의식으로 들어갔던 생명흐름들을 상징한다고 볼 수 있습니다. 이러한 추락은 여기 지구에서 이전의 시대에서도 일어났을 수 있지만, 최초의 생명흐름들이 추락했던 이전의 시대 이래로 이 행성은 주요한 전환점을 통과하고 있습니다. 지구는 새로운 생명흐름들에게 적합한 학교가 아니라, 다른 환경에서 이미 추락한 생명흐름들에게 일종의 두 번째 기회를 제공해주기 위한 장소가 되었습니다. 이 생명흐름들은 현재 물질우주의 다른 행성에 존재했을 수도 있지만, 이전의 구체에서 추락한 생명흐름들일 수도 있습니다.

앞에서 언급했듯이, 이전에 여섯 구체가 있었으며, 네 번째 구체부터 일부 존재들이 추락했습니다. 이렇게 추락한 천사들, 혹은 존재 중 일부는 지구에 육화할 수 있도록 허용되었으며, 이들은 세계 역사에서 뚜렷하게 두각을 나타내는 지도자들이었습니다. 하지만 한 가지 단순한 사실에 주목하기 바랍니다. 새로운 생명흐름들이 추락한 생명흐름들과 섞이는 것이 가혹하게 보일 수도 있습니다. 하지만 새로운 생명흐름들은 이러한 점을 염두에 두고 창조되었으며, 새로운 생명흐름들이 추락하는 것을 방지하기 위해, 상승한 스승들은 할 수 있는 모든 것을 했습니다. 심지어 오늘날까지도, 상승 마스터들은 추락한 모든 생명흐름이 48단계 아래에서 위로 이어지는 유일하고 참된 여정으로 돌아올 수 있게 하려고, 할 수 있는 모든 노력을 하고 있습니다.

오늘날 영적인 여정을 걷는 의미

지금까지 우리가 보았던 것은 지구가 엘로힘이 가지고 있던 원래의 계획보다 지금 훨씬 낮은 상태에 있으며, 따라서 이 행성에 육화 중인 동안 여러분이 영적인 여정을 따르기가 훨씬 더 어렵다는 것입니다. 그렇다고 이것이 불가능하지는 않습니다. 우리와 같은 상황에서 시작했지만, 오늘날에는 상승 마스터가 되어 있는 많은 존재가 이것을 증명해 주고 있습니다. 그럼에도 불구하고, 뱀과 같은 교활한 의식에 의해, 삶과 사회의 모든 측면이 교묘한 방식으로 영향을 받고 있다는 사실을 이해하는 것이 중요합니다. 이러한 의식은 이기적인 동기를 선의(善意)나 필요한 것으로 위장함으로써, 그러한 동기를 정당화하려는 의식입니다.

신제루 이 말이 무엇을 의미할까요? 그것은 "현재 우리가 어떤 영적인 단계에 있느냐"와는 관계없이, 우리 모두는 뱀 같은 교활한 마음과 직면하게 된다는 의미입니다. 따라서 영적인 여정을 걷는 데 있어서, 꼭 필요한 부분은 뱀 같은 교활한 의식을 인식하고, 그러한 거짓말들을 꿰뚫어 볼 수 있는 방법을 배우는 것입니다. 마스터들은 이것을 "그리스도의 분별력"[113]이라고 부릅니다.

어떻게 해야 이렇게 될 수 있을까요? 자, 뱀 같은 마음을 사용해서는 뱀 같은 마음을 넘어설 수 없습니다. 알베르트 아인슈타인이 말했듯이, 문제를 만들어낸 의식과 같은 의식으로는 문제를 해결할 수가 없습니다. 사실, 미묘한 진실은 여러분이 뱀 같은 교활한 마음을 실제로 이길 수 없다는 것입니다. 왜냐하면, 뱀 같은 교활한 마음속에는 언제나 선악(善惡)과 같이 두 개의 상반되는 것이 있기 때문입니다. 교활한 마음에게는 선이 악을 이길 수 있는 것처럼 보이지만, 그리스도의 마음은 양극성이 상호관계 속에서 창조되며, 두 극성 모두가 비실재임을 알고 있습니다. 따라서 여러분이 악하다고 여기는 것에 저항할수록, 이원성 투쟁의 늪으로 점점 더 깊이 빠져듭니다. 따라서 궁극적으로 어떠한 결과도 얻을 수 없습니다.

뱀 같은 교활한 마음에 대한 기본적인 진실은 그것이 선택적인 인식 필터를 형성한다는 것입니다. 교활한 마음을 통해 창조된 자아 속으로 발을 들여놓게 되면, 진실의 어떠한 측면도 볼 수 없습니다. 그 이유는 분리된 자아가 창조됨으로써, 특히 분리된 자아의 행위를 반박할 수 있는 진실의 어떠한 측면이 걸러지기 때문입니다. 그러한 측면이 걸러지면, 분리된 자아는 자신의 행위를 언제나 정당화할 수 있습니다. 왜냐하면, 자신의 행위에 의문을 제기할 수가 없기 때문입니다. 이러한 인식 필터로 인해, 어떤 사람들은 선하게,

---

[113] Christ discernment; 분리와 이원성의 의식을 통해 형성된 수많은 환영을 꿰뚫어 볼 수 있는 능력. 또한, 눈에 보이는 모든 현상 배후에 있는 근본적인 하나됨을 볼 수 있는 능력이기도 합니다.

어떤 사람들은 악하게 보입니다. 따라서 선(善)한 대의를 이루기 위해서는, 악(惡)한 사람들을 죽이는 것도 정당화될 수 있다고 생각합니다. 하지만 사실, 이러한 인식 필터가 여러분이 항상 뭔가와 싸우고 있다는 사고방식에 여러분을 계속 가둡니다.

그러면, 어떻게 해야 여기에서 탈출할 수 있을까요? 자, 뱀 같은 교활한 마음으로 인해, 여러분이 선과 악을 정의할 수 있는 권한과 능력이 있다고 믿게 됩니다. 이것을 믿는 한, 뱀 같은 교활한 환영에서 결코 벗어날 수 없습니다. 왜 그럴까요? 여러분이 정의한 선과 악이 궁극적으로 옳다고 믿는 한, 여러분은 언제나 선(善)의 편에 서게 되며, 악과 싸우지 않으면 안 된다고 생각하기 때문입니다. 따라서 악과 싸워, 최후의 승리를 차지할 때까지, 여러분은 투쟁을 피할 수 없습니다. 하지만 역사가 증명하듯이, 악을 물리칠 최후의 승리란 결코 없습니다. 왜냐하면, 악과 싸우는 행위 그 자체가 어떠한 저항(카르마)을 만들어내며, 이러한 저항이 다음번에 나타날 악의 모습을 만들기 때문입니다. 따라서 돈키호테가 풍차와 싸웠던 것처럼, 여러분은 언제나 어떠한 형태의 악과 싸울 뿐입니다. 그 이유는 악마의 형태를 만들어내는 것이 바로 자신의 인식 필터이기 때문입니다.

진정으로 빠져나올 수 있는 유일한 방법은 여러분이 개인적인 마음을 초월한 뭔가와 자신이 연결되어 있다고 여기는 원래의 의식 상태로 돌아가는 것입니다. 그렇게 되면, 이것이 바로 분리된 자아라는 교활한 환영에서 점차 자신을 끌어올리는데 사용될 수 있는 생명줄, 참조틀이 됩니다. 정확하게 말하자면, 바로 이것이 일곱 광선의 여정을 통해서 상승 마스터들이 우리에게 제공해주는 것입니다.

이 여정은 누구나 따를 수 있으며, 심지어 48단계 아래에 있는 사람들도 따를 수 있습니다. 하지만 48단계 아래에 있으면서 이 여정을 따르기는 실제로 훨씬 더 어렵습니다. 왜냐하면, 마음속으로 자신이 진실을 정의할 수 있다는 환영을 여전히 믿고 있기 때문입니다. 이처럼 이원성 베일 뒤에 서 있으면, 마치 늪에 빠진 것처럼 여러분의 마음은 빠져나오지 못합니다.

상승 마스터들은 우리 모두가 인간의 수수께끼,
즉 분리된 자아라는 늪을 벗어날 수 있도록 돕기 위해
신이 보내 준 생명줄입니다.

늪에 빠져서, 움직이면 움직일수록 더 깊이 빠지게 된다는 것을 아마 여러분도 알고 있을 것입니다. 이원성 의식에서 혼자의 힘으로 빠져나올 수 있다고 생각할수록, 환영 속으로 더 깊이 빠져듭니다. 어떻게 하면 늪에서 빠져나올 수 있을까요? 누군가가 움켜쥘 수 있는 뭔가를 던져주고, 그것을 빠져나올 수 있는 지렛대로 삼을 수 있을 때까지 여러분이 가만히 있어야 합니다. 마찬가지로, 뱀과 같은 교활한 마음이라는 정신적인 늪에 빠지면, 여러분이 무엇을 하든 이로 인해, 더 깊이 빠질 뿐입니다. 여러분의 마음을 넘어선 곳에서 오는 생명줄을 받을 수 있도록 마음을 최대한 진정시켜야 합니다. 그런 다음 생명줄을 잡고 더 높은 의식 단계로 올라서야 합니다.

상승 마스터들은 우리 모두가 인간의 수수께끼, 즉 분리된 자아라는 늪을 벗어날 수 있도록 돕기 위해 신이 보내 준 생명줄입니다. 상승 마스터들도 늪에 직접 빠져본 경험이 있으며, 그들도 입문의 여정을 걸었으므로 여러분을 늪에서 빠져나오게 인도해 줄 수 있습니다. 오늘날, 상승 마스터들은 오랜 시간에 걸쳐 검증되고, 입증된 같은 여정을 우리에게 제공해주고 있습니다.

물론, 여러분에게 자유의지가 있으며, 상승 마스터들은 그러한 자유의지를 언제나 존중합니다. 여러분이 혼자 힘으로 이원성 의식에서 벗어날 수 있다고 계속 믿으면, 마스터들은 뒤로 물러나서 스스로 만든 시련을 통해, 여러분이 그 길을 충분히 경험할 때까지, 끈기 있게 기다릴 것입니다. 여러분이 내면의 입문 여정에서 마음과 가슴의 문을 여는 그 순간, 상승 마스터들은 여러분에게 생명줄을 던져줄 뿐만 아니라, 여러분이 더 높이 이끌려 올라갈 수 있도록 여러분의 노력을 증식할 것입니다. 그것은 진실로 멋진 입문의 여정이며, 이 여정을 걷다 보면, 여러분은 개인적으로 지구에서 경험할 수 있는 모든 것을 뛰어넘는 상승 마스터들의 사랑을 경험할 것입니다.

파트 5
일곱 광선 소개

16
일곱 광선 소개

앞에서 보았듯이, 여러분이 행하는 모든 일은 에너지, 특히 일곱 영적인 광선의 에너지로 하는 것입니다. 따라서 자아의 창조력을 완전히 펼치기 위해서는 각 일곱 광선에 대한 통달이 필요합니다. 마찬가지로, 여러분이 과거에 행한 모든 일도 일곱 광선의 에너지로 이루어졌습니다. 따라서 카르마를 청산하고 과거에서 벗어나기 위해서는 일곱 광선의 에너지를 불러와야 합니다. 카르마는 특정 광선의 에너지를 낮은 진동으로 오용해서 만들어진 것이며, 카르마를 청산하는 자연스러운 방법은 그 광선의 순수한 에너지를 기원하는 일입니다. 높은 에너지는 낮은 에너지를 변형시키고 다시 본래대로 회복시킬 수 있습니다.

또한, 우리는 각 광선에 어떤 특성이나 속성이 있다는 것을 보았습니다. 이러한 특성을 이해하면, 그 광선의 에너지를 왜곡하지 않고도 그 광선을 표현할 수 있습니다. 또한, 모든 왜곡된 광선의 속성들을 꿰뚫어 보아야만 광선의 에너지를 왜곡하면서 카르마를 만드는 일을 멈출 수 있습니다. 따라서 일곱 광선을 알아가는 일이야말로 개인의 성장과 영적인 성장에 이르는 주된 열쇠입니다. 또한, 자아(Self)의 창조력도 일곱 광선을 통해서 나옵니다. 따라서 이러한 광선에 대해 배우는 것이 개인적인 성장을 가속할 수 있는 확실한 방법입니다.

분명히 모든 사람은 이번 생과 이전 생들에서 일곱 광선에 대해 이미 어느 정도 익숙하며 통달에 이르렀습니다. 하지만 그 광선들을 의식적으로 생각하지 않으면, 여러분은 자신의 원인체에 저장된 경험과 추진력을 끌어내는 방법을 배울 수 있습니다. 여러분은 자신이 어느 광선에 강한 추진력이 있고, 어느 광선에 추진력이 부족한지 발견할 수도 있습니다. 또한, 자신이 현재 어떤 광선에 주력하고 있는지 안다면, 48단계에서 96단계 의식 사이에서 어디쯤 있는지 느낌이 들게 됩니다.

이 책은 시리즈로 구성된 책 중 첫 번째 책입니다. 또한, 이 책은 상승 마스터들이 제공하는 "일곱 광선의 여정"에 대한 소개를 하게 되어 있습니다. 시리즈의 두 번째 책은 일곱 초한이 직접 전해 주는 가르침을 포함해서 일곱 광선에 대해 더 자세하게 설명할 것입니다. 또한, 여기에는 장기간에 걸쳐 일곱 광선의 빛을 기원하는 특별한 수행도 포함됩니다. 이러한 수행을 마치고 나면, 개인적인 여정의 현 단계에서 여러분이 배우는 광선에 대해 훨씬 더 향상된 직관력을 가지게 됩니다. 그다음에는 이러한 직관력을 이용하여, 시리즈로 이어지는 책 중에서 고를 수 있습니다. 각 책은 어느 하나의 광선에 대해 심층적으로 배울 수 있도록 만들어져 있습니다. 이 장의 목적은 일곱 광선에 대해, 개괄적으로 설명하기 위한 것이며, 따라서 광선과 광선의 특성에 대해 파악할 수 있습니다.

광선의 특성들

다음에 소개할 각 단락은 광선을 이해하도록 도와줍니다. 예를 들어 여러분은 각 광선의 색에 대해 배우게 되며, 이는 마음을 통해 흐르는 광선의 빛을 심상화하는 법을 배우는 데 중요합니다. 여러분이 배울 광선의 색상은 눈으로 보이는 무지개색에 대응하지만, 영적인 광선의 실제 색상은 더 에테르적이고(영묘하고) 투명합니다. 그 색은 매우 순수하며, 대개 전기를 띠면서 진동하는 특성을 보입니다.

각 광선에 봉사하는 세 주요 마스터들에 대해서도 배우게 됩니다. 그들은 다음과 같습니다:

· **엘로힘(Elohim)**. 엘로힘은 광선의 창조적인 에너지를 물질 스펙트럼으로 방출하는 역할을 담당하고 있습니다. 엘로힘은 한 광선의 창조적인 감독자라고 할 수 있습니다. 특정한 광선의 에너지 흐름을 증가시키려면 엘로힘에게 요청하세요.

· **대천사(Archangel)**. 어떤 광선의 에너지를 엘로힘 수준에서 우리 수준으로 전달해 주는 역할을 하는 마스터입니다. 달리 말해 대천사는 우리의 스펙트럼에서 그 빛이 실제로 어떤 일을 할 수 있도록 빛의 진동수를 낮춰줍니다. 예를 들어, 여러분은 자신의 에너지장을 보호하고 봉인하거나 치유해 달라고 대천사에게 요청할 수 있습니다.

· **초한(Chohan)**. 각 광선을 담당하는 교사로서 봉사하는 마스터입니다. 따라서 여러분은 초한에게 광선의 긍정적인 속성들을 배우고 광선의 왜곡을 초월하도록 도와 달라고 요청할 수 있습니다.

광선과 차크라

여러분은 자신의 육체를 에워싸고 있는 에너지장을 이미 인식하고 있을지도 모릅니다. 그러나 육체와 에너지장, 즉 오라(aura)와의 실제적인 관계를 이해하는 것이 중요합니다. 앞에서 보았듯이, 물질계에 존재하는 모든 것은 더 높은 에너지로 만들어졌으며, 다만 진동수가 낮아졌을 뿐입니다. 이 말은 우리가 학교에서 배운 것 중 일부는 단지 옳지 않다는 의미입니다.

예를 들어, 여러분은 아마 선생님이 종이 위에 약간의 쇳가루를 올려놓고 자석을 종이 밑에 갖다 대는 것을 보았을 것입니다. 자석으로 인해, 쇳가루가 보이지 않는 자기장에 맞춰 마치 굽이치는 것 같은 모습으로 정렬되는 것을 볼 수 있습니다. 이렇게 되는 이유가 자석으로 인해, 자석 주위에 보이지 않는 에너지장이 만들어지기 때문이라고 들었을 것입니다.

이러한 개념은 상대성 이론 및 양자 물리학과 맞지 않습니다. 올바른 개념은 자석이 장(場)을 만들어내는 것이 아니라, 장(場)이 자석을 만들어낸다는 것입니다. 바꾸어 말하면, 물리적인 자석은 더 큰 에너지장 중에서 밀도가 가장 높은 부분이라는 것입니다. 이러한 인식에 기초하여, 여러분의 정신적인 이미지를 조정하는 것이 여러분의 창조력을 펼치는 열쇠가 됩니다.

육체 주위에 에너지장이 있다는 것은 사실이지만, 육체가 이러한 에너지장을 만들지는 않습니다. 육체는 네 하위체인 에테르체, 멘탈체, 감정체 그리고 육체로 구성되는 더 큰 에너지장 중에서 밀도가 가장 높은 부분에 해당합니다. 육체가 생기를 띠고 활동할 수 있는 것은 영적인 에너지의 흐름을 받아들이고 있기 때문이며, 영적인 에너지는 세 상위체를 통해 내려오면서 진동수가 낮춰집니다.

이렇게 진동수가 낮춰지는 현상은, 대개 차크라라고 부르는 에너지장의 일곱 센터를 통해 일어납니다. 차크라는 영적인 영역과 물질 영역 사이에 놓인 입구라고 생각할 수 있습니다. 차크라들은 일종의 양방향 교류 장치인데, 즉 여러분은 차크라를 통해 에너지와 지식을 받아들이고, 아이앰 현존은 차크라를 통해 여러분으로부터 느낌과 경험을 받아들입니다.

그림 16 - 정화된 형태의 차크라들

일곱 개의 주요 차크라 각각은 일곱 광선 중 하나에 대응됩니다. 그림 16에서 볼 수 있는 것처럼, 차크라들은 척추를 따라 정렬되어 있습니다.

특정 광선을 인식하고 통달하기 위해서는 그에 대응하는 차크라를 사용해야 합니다. 예를 들어 목 부위에 있는 차크라는 목 차크라(throat chakra)라고 부릅니다. 이 차크라는 첫 번째 광선에 대응하며, 힘의 중심[114]이라고 부르기도 합니다. 따라서 자신의 힘을 강화하려면 목 차크라에 대한 의식이 더 증진되어야 하며, 힘을 표현하기 위해 목 차크라를 어떻게 사용하는지를 알아야 합니다. 목 차크라는 영적인 빛을 기원하는 발언을 할 때 사용되는 부위입니다.

차크라는 특정 광선의 에너지가 흐르는 열린 문의 역할을 해야 합니다. 그러나 여러분이 광선의 에너지를 오용할 때, 그 광선에 대응하는 차크라에 낮은 에너지가 축적되기 시작합니다. 그러면 점차 차크라가 막혀버리고, 축적된 낮은 에너지는 그 차크라를 통해 높은 에너지가 흘러오는 것을 방해합니다. 낮은 에너지는 차크라가 정상적인 방식으로 회전하는 것을 막으며, 그 결과 차크라는 많은 에너지를 전달하거나 전송할 수 없게 됩니다. 많은 사람에게 있어서, 차크라를 통해 흐르는 에너지는 극소량에 불과하며, 이로 인해 그들의 창조적인 힘은 심하게 제한을 받습니다. 따라서 자아(Self)의 힘을 최대로 펼치기 위한 핵심 열쇠는 차크라를 정화하고 균형 잡는 것이라고 할 수 있습니다.

이 시리즈의 두 번째 책에서, 여러분은 7개월 동안 영적인 광선의 빛을 기원하는 수행을 하게 됩니다. 이러한 수행은 모든 차크라를 조율하는 데 도움을 주기 위해 설계되었습니다. (이러한 수행은 www.transcendencetoolbox.com에 게재된 디크리를 사용하여, 언제든지 시작할 수 있습니다). 특정한 광선을 위한 수행을 해나가면

---

[114] power center; 역사적으로 대부분의 지도자들은 첫 번째 광선인 목 차크라가 발달한 경우가 많다고 함

여러분이 기원하는 에너지가 차크라에서 막힌 부분들을 말끔히 정화해 줄 것입니다. 광선의 긍정적인 특성과 왜곡된 양상을 알게 되면, 차크라를 통해 에너지를 변질시켜 온 여러분의 잘못된 신념들을 초월할 수 있게 됩니다. 이런 그릇된 신념들은 차크라에 끼어 있는 유리 조각처럼, 빛을 낮은 진동으로 채색해 버립니다.

 차크라에 관해 얘기하는 많은 영적인 가르침이 있다는 점에 주목하세요. 여러분은 이미 그 몇몇 가르침을 알고 있을지도 모릅니다. 다양한 가르침에서 일곱 차크라에 대해 다양한 색상이 알려져 있는데, 이러한 색상은 여기에서 말하는 색상과 다를 수도 있습니다. 그러나 이에 대해 염려하지 마세요. 이 책에서 말하는 색은 단순히 각 차크라에 대응하는 영적인 광선의 색입니다.

첫 번째 광선 소개

색상: 전기를 띤 파란 색

해당 차크라: 목 차크라

엘로힘: 헤라클레스(Hercules)와 아마조니아(Amazonia)

대천사: 미카엘(Michael)과 페이쓰(Faith)

초한: 마스터 모어(Master More)[115]

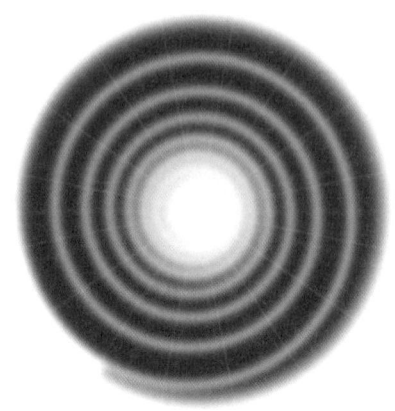

첫 번째 광선의 순수한 특성

전통적으로 힘과 의지의 광선으로 알려져 있습니다. 그러나 더 깊이 이해한다면 첫 번째 광선은 창조적인 추동력입니다. 이는 자신을 표현하려는 욕구이며, 실험 결과를 미리 알 수 없더라도 기꺼이 실험하려는 능동적인 의지입니다. 또한, 삶과 함께 흐르며 모든 경험으로부터 배우려고 하는 의지입니다. 첫 번째 광선은 모든 것이 중요하고 삶이 흥미로우며 개인이 진정으로 긍정적인 변화를 이

---

[115] 엘 모리야, 모리야, 마스터 M, M, 바푸로도 알려짐

룰 수 있다는 감각을 불러일으킵니다. 또한, 첫 번째 광선은 자기 자신만을 높이는 대신 전체를 높이기 위해 일하려는 의지의 문을 열어주는 열쇠입니다.

첫 번째 광선의 왜곡

창조적인 의지의 왜곡은 미지에 대한 두려움이며, 다른 사람들을 비롯해 자신의 환경을 통제하기 위해 힘을 남용하려는 의지로 나타납니다. 결과가 예측되거나 보장되지 않는 활동에 참여하기를 두려워함으로써, 명백히 창조력을 억압하게 됩니다. 첫 번째 광선의 속성을 왜곡하는 사람들은, 결과를 통제하려는 욕구에 바탕을 두면서 흔히 타인들과 다양한 권력 다툼에 휘말립니다. 또한, 그들은 자기 삶의 관점에 따르지 않는 사람들을 심하게 비판하고 비난하게 됩니다.

첫 번째 광선의 속성이 왜곡되면, 항상 자기 초월을 지향하는 생명력을 억누르려 하며, 대신 분리된 자아와 그 자아가 세상에서 가질 수 있다고 생각되는 것을 보호하려 합니다. 그 결과 다른 사람들에 대해 소유 의식을 갖게 되며, 이는 지구 행성에서 갈등을 일으키는 주된 원인 중 하나입니다. 좀 가벼운 경우에는 창조적으로 사는 것을 두려워하면서 무력감을 느낍니다. 정말 아무것도 중요하지 않다고 느끼며, 한 개인이 변화를 가져올 수 없는데 왜 힘들게 노력해야 하는지 알지 못합니다.

두 번째 광선 소개

색상: 황금색

해당 차크라: 크라운 차크라

엘로힘: 아폴로(Apollo)와 루미나(Lumina)

대천사: 조피엘(Jophiel)과 크리스틴(Christine)

초한: 마스터 란토(Master Lanto) 또는 로드 란토(Lord Lanto)

두 번째 광선의 순수한 특성

두 번째 광선은 전통적으로 지혜, 깨달음, 자아에 대한 앎의 광선으로 알려져 있습니다. 더 깊은 수준에서, 분리된 자아는 실재가 아니며 분리는 환영임을 깨닫도록 힘을 부여해 주는 광선입니다. 두 번째 광선을 통해 모든 생명이 하나라는 근원적인 진실을 체험할 수 있습니다. 그 어느 것도 무소부재한 창조주와 분리되어 존재할 수 없기 때문입니다. 더 높은 이해를 향해 마음을 여는 것도 두 번째 광선의 특성이며, 이를 통해 많은 다양한 표현들이 모두 하나됨이라는 근원적인 실재를 가리키고 있다는 깨달음을 얻게 됩니다.

두 번째 광선의 왜곡

두 번째 광선의 왜곡은 모든 것을 알고 궁극적인 진리를 알고 있다고 생각하는 거짓 지혜입니다. 이러한 환영은 이원성이라는 주된 환영에 근거하고 있습니다. 즉 "실재"가 분리된 부분들로 나누어질 수 있으며, 분리된 마음은 무엇이 진실이고 거짓인지 결정할 수 있는 권리와 능력이 있다는 것입니다. 두 번째 광선의 왜곡은 절대적으로 자신이 옳다고 확신하는 사람, 특히 광신적인 사람에게서 볼 수 있으며, 다른 사람들을 강제로 복종시키려고 하는 사람에게도 나타납니다. 또 다른 왜곡은 지성주의로서, 지성주의에 사로잡힌 사람들은 개념을 초월하고 언어로 표현할 수 없는 영을 직접 체험하지 못한 채로 어떤 개념에 대해 찬반의 논쟁을 벌입니다.

세 번째 광선 소개

색상: 핑크색

해당 차크라: 가슴 차크라

엘로힘: 헤로스(Heros)와 아모라 (Amora)

대천사: 차무엘(Chamuel)과 채리티(Charity)

초한: 베네치아의 폴(Paul the Venetian)

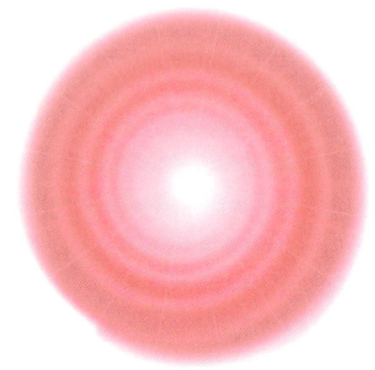

세 번째 광선의 순수한 특성

전통적으로, 세 번째 광선은 사랑과 연민, 자비 그리고 아름다움에 대한 음미와 이타심의 자리로 여겨졌습니다. 그러나 더 깊은 견지에서 보면, 세 번째 광선은 균형의 자리입니다.

사랑은 삶에서 균형을 잡아주는 힘으로 볼 수 있습니다. 즉 두 가지 기본적인 창조의 힘인 확장하려는 외향적인 힘(남성적인 혹은 아버지의 추진력)과 수축하려는 힘(여성적인 혹은 어머니의 추진력) 사이에서 균형을 이루어 주는 힘입니다. 두 힘 사이에 균형이 이루어지지 않으면, 두 힘 중 하나는 극단으로 치닫게 됩니다. 불균형한 상태에서 창조되는 모든 것은 지나치게 확장되어 산산조각이 나거나, 아니면 충분히 확장되지 못해 결실을 보지 못하고 결국 수축을 통해 자멸하게 됩니다.

세 번째 광선의 순수한 특성으로 인해 여러분은 무조건적인 실재, 즉 이원성 마음이 만든 양극단을 초월한 하나의 실재를 경험할 수 있습니다. 따라서 상세한 설명을 듣지 않아도, 어떤 것이 이원적인지 느낄 수 있습니다. 여러분은 가슴 속에서 신과 실재의 조건 없는 본질을 체험하고 있으므로, 자연히 조건적인 것은 옳지 않다고 느끼게 됩니다.

세 번째 광선의 특성은 모든 생명이 하나라는 내면의 깊은 느낌으로 이어지게 되며, 이를 통해 어떤 것이 옳은지(모든 생명을 높이는지), 아니면 옳지 않은지(일부 생명만 높이고 다른 생명은 끌어내리는지) 분별할 수 있는 능력이 생기게 됩니다. 비록 마음으로 그 이유를 설명할 수 없다 해도, 세 번째 광선을 통해 여러분은 무엇이 옳은 행위인지 알 수 있습니다. 또한, 바로 이러한 세 번째 광선의 특성을 통해, 뭔가가 이기적인 욕구로 추진되고 있다는 것을 인식할 수 있게 되며, 이로 인해 스스로 균형을 유지할 힘을 가지게 됩니다.

세 번째 광선의 왜곡

세 번째 광선의 기본적인 왜곡은 균형의 결핍이며, 이러한 결핍은 많은 미묘한 방식으로 표현될 수 있습니다. 그 한 가지 방식은, 많은 사람이 사랑이라고 부르지만, 사실은 다른 사람들을 통제하고 소유하려는 욕구입니다. 이런 방식이 극단에 치우치면, 통제되기를 거부하는 사람들을 저벌하고 파괴하려는 욕망과 증오로 표현될 수 있습니다. 예를 들어, 많은 사람이 사랑에 빠지고 난 후에는 자신이 사랑한다고 주장했던 대상에 대한 소유욕을 드러내기 시작합니다.

또 다른 왜곡은 목적이 수단을 정당화할 수 있다는 확고한 믿음입니다. 자신이 좋아하는 더 훌륭한 대의명분이 있으면, 이 대의명분을 달성하기 위해서 타인들을 강요하거나 죽이는 행위도 정당화될 수 있다고 믿는 것입니다. 이러한 왜곡된 형태의 사랑으로 인해 인류 역사에서 가장 잔혹했던 행위들이 저질러졌습니다. 광신으로 인해 인생관의 균형을 잃은 사람들보다 더 설득하기 힘든 사람들은 없습니다. 광신은 신에 대한 그들의 사랑을 보여주기 위해 다른 사람들을 죽여야 한다고 믿게 만들기 때문입니다.

네 번째 광선 소개

색상: 빛나는 흰색

해당 차크라: 베이스 차크라

엘로힘: 아스트레아(Astrea)와 퓨리티(Purity)

대천사: 가브리엘(Gabriel)과 호프(Hope)

초한: 세라피스 베이(Serapis Bey)

네 번째 광선의 순수한 특성

전통적으로, 네 번째 광선의 특성은 순수함, 희망 그리고 자기 수양으로 알려져 있습니다. 하지만 더 깊은 수준에서 보면, 네 번째 광선은 영(Spirit)과 육체 및 물질세계 사이를 연결하는 연결점입니다. 네 번째 광선의 수준에서 제기되는 도전은, 물질세계가 자신의 영(Spirit)을 지배하도록 허용하여, 이 세상에서 자신을 표현하는 데 제약을 받을 것인가 하는 것입니다. 문제는, 물질세계의 현재 상황이 실재하며 영원하고 변할 수 없는 것이라고 믿을지, 아니면 현재 조건을 넘어서 어머니 요소인 물질계를 가속함으로써, 자신의 창조력을 펼치도록 할지 여부입니다.

 네 번째 광선의 속성들은 물질세계에 나타나는 외형들이 실재이고 영구적이라는 환영에 갇히지 않게 해 줍니다. 따라서 저급하고 육체적이며 세속적이거나 혹은 인간적인 욕망을 충족하려는 끝없는 순환에 빠지지 않을 수 있습니다. 그 대신에, 이 세상을 자기-의식의 성장을 위한 도구로 봅니다. 이 말은 이러한 목적에 도움이 되지 않는 활동들을 쉽게 피할 수 있다는 의미입니다. 하지만 여기에서 더 깊이 이해해야 하는 것은 자기-의식의 성장이 모든 인간적인, 혹은 육체적인 활동을 피하는 문제가 아니라, 그러한 활동을 영성화하는 문제라는 것을 깨닫게 됩니다.

 영적인 여정에서 극복해야 하는 중요한 환영은 영적인 세계와 물질계 사이에, 그리고 영적인 활동과 물질적인 활동 사이에 구분이 있다는 생각입니다. 그 대신에, 하나가 되어 있는 상태에 머물러 있으면서도, 여러분이 하는 모든 행위가 영적인 활동이 되게 할 수 있습니다. 이렇게 함으로써, 전체 물질우주의 진동수를 더 높은 단계로 가속하여, 물질우주가 영적인 세계의 영원한 일부가 될 수 있게 하려는, 원래의 목적을 충족할 수 있습니다.

네 번째 광선의 왜곡

 전통적으로, 네 번째 광선에 대한 왜곡은 순수하지 못하거나 무질서로 여겨집니다. 하지만 더 깊은 단계에서 보면, 네 번째 광선의 왜곡은 현재 상황이 실재하며, 마땅히 그렇게 되어야 한다거나 우리의 능력으로는 변화시킬 수 없다는 인식입니다. 이 세상이 영적인 세계와 분리되어 있으며, 심지어 이 세상은 악마의 것이고 이 세상을 변화시키려 하지 말고 내버려 두어야 한다는 생각입니다.

심지어, 자신이 이 세상에서 영적인 사람이 될 수 있는 권리가 없거나, 혹은 자신이 영적인 힘을 이 세상에 표현할 권리조차 없다고 믿을 수도 있습니다. 그 대신에, 현재 상황을 받아들이고, 여기에 적응해야 한다고 생각하게 됩니다. 궁극적인 왜곡의 사례로서, 심지어 자신이 단지 물질적인 존재이며 물질우주의 산물이어서, 흙에서 나와 흙으로 돌아간다고 믿을 수도 있습니다. 물론, 이 마음 상태로는 더 높은 상태로 가속할 가능성이 전혀 없습니다. 생명 그 자체가 더 높은 상태로 가속하는 힘이기에, 이러한 환영은 예수가 "죽음"이라 부른 영적인 사망의 상태입니다.

다섯 번째 광선 소개

색상: 에메랄드그린

해당 차크라: 제3의 눈 차크라

엘로힘: 사이클로피아(Cyclopea)와 버지니아(Virginia)

대천사: 라파엘(Raphael)과 성모 마리아(Mother Mary)

초한: 힐라리온(Hilarion)

다섯 번째 광선의 순수한 특성

전통적으로 다섯 번째 광선의 특성은 진리와 비전으로 알려져 있습니다. 그런데 무엇에 대한 비전일까요? 다섯 번째 광선은 예수가 "네 눈이 온전하면, 온몸이 빛으로 가득하리라."라고 설명하신 것처럼 이원성에 물들지 않은 온전한 비전의 자리입니다." 온전한 비전은 곧 단일한 눈의 비전[116]이며, 이원성 너머를 보는 그리스도의 비

---

[116] single-eyed vision; 이원성으로 채색되지 않는 비전. 제3의 눈 비전이라고도 함. 바이블에 나오는 single eye는 제3의 눈을 의미함

전입니다. 이것은 물질세계의 "진리"에 대한 어떤 표현도 진리의 영보다 못하다는 깨달음을 토대로 합니다. 따라서 진리를 경험하려면 모든 외적인 표현 너머를 보아야 합니다.

그렇게 할 때, 모든 분리는 실재가 아님을 깨닫고 모든 생명을 끌어올려야 한다는 것을 알게 됩니다. 항상 생명의 일부를 낮춤으로써 다른 일부를 높이려 하는 이원성의 거짓을 즉시 알아보고 꿰뚫어 볼 수 있는 그리스도의 분별력이 생깁니다. 에덴동산의 이야기는 이원성에서 나오는 거짓말의 전형을 보여줍니다. 뱀은 이브에게 "너는 절대로 죽지 않을 것이다."라고 하며 이브의 의식에 의심의 요소를 주입했습니다. 다섯 번째 광선의 속성은 이러한 뱀의 논리를 간파할 수 있게 해 줍니다. 또한, 물질세계의 모든 현상이 단지 일시적임을 깨닫고, 사람이나 상황은 변형될 수 있다는 무결한 비전을 유지할 수 있게 해 줍니다.

다섯 번째 광선의 왜곡

다섯 번째 광선의 왜곡은 비전의 결핍이며, 하나의 비이원적인 진리와 수많은 이원적인 "진리 주장들" 간의 차이를 분별하는 능력의 결핍입니다. 이로 인해 절망감이나 진리가 없다는 느낌과 의심을 하게 됩니다. 또 다른 왜곡은, 오직 하나의 진리만 존재하며, 그 진리가 바로 자신들이 아는 진리라는 믿음입니다. 또한, 자신들의 진리가 유일한 진리이므로 다른 사고체계를 추구하는 자들과 싸워야 하며, 그들의 체계를 비판하고 파괴하더라도 그것이 필요한 일이고 정당화된다는 감각입니다. 다른 사람이나 다른 신념을 비판하는 사람들은 다섯 번째 광선의 특성을 왜곡한 것입니다. 또 다른 왜곡은, 사람들이 어떤 일을 하거나 믿으면 나쁜 사람들이라고 말하는 경향인데, 이는 일시적인 현상 너머를 보지 못하는 것입니다.

여섯 번째 광선 소개

색상: 자주색과 황금색

해당 차크라: 태양신경총 차크라

엘로힘: 피이스(Peace)와 알로하(Aloha)

대천사: 우리엘(Uriel)과 오로라(Aurora)

초한: 레이디 나다(Lady Master Nada)

여섯 번째 광선의 순수한 특성

전통적으로 여섯 번째 광선의 기본 특성은 평화로 알려져 있지만, 그것은 "이해를 초월한 평화"입니다. 따라서 그것은 모든 방향에서 끌어당기는 이원적 모습에 흔들리지 않는 내적인 감각입니다. 그것은 격렬한 갈등 한가운데 서서 내면의 고요함을 느낄 수 있는 능력입니다. 그것은 분노라는 불균형한 표현으로 끌고 가는 힘을 인지하는 능력이지만, 여러분은 마음 중심에 머물며 그 상태에 빠지고 싶지 않다고 결정할 수 있습니다.

여러분에게 이런 평화가 있을 때, 직관적으로 모든 상황에서 조화를 이루기 위해 노력할 것이므로 진정으로 이타적인 봉사를 할 수 있습니다. 당연히, 조화는 사람들이 이원적 투쟁을 넘어 공통 기반을 찾게 해주는 열쇠입니다. 여섯 번째 광선의 특성을 발달시킨 사람은 항상 공통 기반을 찾으려 하며, (특히 상위 차크라도 역시 순수할 때) 공통 기반으로 사람들을 이끄는 능력이 있습니다.

여섯 번째 광선의 왜곡

여섯 번째 광선의 특성에 대한 즉각적인 왜곡은 분노와 불안이며, 강제로 다른 사람들을 바꾸려 하고 저항하는 자들을 처벌하려는 매우 공격적인 충동으로 표현됩니다. 이것은 이해심이 결핍된 비-평화입니다. 왜냐하면, 여섯 번째 광선의 특성을 왜곡한 사람을 논리적으로 설득할 방법은 없기 때문입니다. 그들은 맹목적으로 분노의 감정에 따라 행동하며, 반복해서 나중에 후회할 말이나 행동을 합니다. 이러한 사람들은 모든 사람이 옳지 않다고 알고 있는 행위를 하면서도, 그 순간에는 까맣게 모르고 있습니다.

또 다른 왜곡은, 일부 사람은 평화라고 여기지만 정말 어떤 것에도 태도를 밝히기 꺼리는 소극성입니다. 따라서 이런 왜곡을 가진 사람들은 외부 힘에 대해 반응하기만 할 뿐 자신의 삶을 책임지기를 거부하는 희생자처럼 행동하는 경향이 있습니다. 또한, 개체성을 잃고 "군중 심리"의 일부가 되어 맹목적으로 행동하거나, 강한 지도자를 맹목적으로 따르는 사람들도 있습니다. 또 다른 왜곡은, 폭력과 전쟁이 성공적인 해결책을 제공할 수 있다거나, 어떤 상황에서는 폭력과 전쟁으로 대응하는 것이 유일한 방법이며, 심지어 정당한 방법이라는 맹목적인 감각입니다.

일곱 번째 광선 소개

색상: 보라색

해당 차크라: 영혼(soul)의 자리 또는 천진함의 차크라

엘로힘: 악튜러스(Arcturus)와 빅토리아(Victoria)

대천사: 자드키엘(Zadkiel)과 애머시스트(Amethyst)

초한: 성 저메인(Saint Germain)과 관음(Kuan Yin)

일곱 번째 광선의 순수한 특성

전통적으로, 일곱 번째 광선의 특성은 자유, 용서, 그리고 정의로 알려져 있습니다. 하지만 더 깊이 이해하면 일곱 번째 광선은 즐거움(playfulness)의 자리이며, "어린아이처럼 되지 않으면 하늘나라에 들어갈 수 없다."라는 예수의 말씀처럼 삶에 접근하려는 의지의 자리입니다.

일곱 번째 광선의 순수한 특성을 구현하면, 여러분은 기본적으로 선한 세상에 살고 있고, 자신을 표현하고, 활용할 수 있는 모든 것

을 가지고 놀기 위해 여기에 있다고 느낍니다. 여러분은 인생과 미래에 대해 걱정하거나 불안해하지 않으며, 영(Spirit)이 자신을 보호해 주고 신성한 어머니가 양육해 줄 것이라고 믿습니다. 따라서 솟아나는 자유를 느끼며 세상이 제공하는 것을 경험하고 자신의 창조력을 통해 세상에 보탬이 되고 싶은 열망을 느낍니다. 여러분은 신성한 천진난만함을 느낍니다.

일곱 번째 광선의 왜곡

일곱 번째 광선의 특성에 대한 주된 왜곡은 삶을 심각하게 받아들이는 경향입니다. 이것은 자유와 정의 모두에 대한 왜곡으로 표현될 수 있으며, 이것은 투쟁이 전부인 세상, 어쩌면 심지어 여러분의 자유를 부당하게 빼앗으려는 힘에 맞서는 투쟁이 전부인 세상에서 살고 있다는 느낌과 결합됩니다.

"악마를 비웃으면 악마는 멀리 달아난다."라는 속담이 있습니다. 무언가를 너무 심각하게 받아들이면 그것이 자신을 지배하게 된다는 의미에서 그 말 안에는 진리가 담겨 있습니다. 물론 세상에는 부당하고 여러분의 자유를 제한하려는 것들이 많이 있다고 말할 수 있습니다. 그렇다면 이 말은 그것들을 심각하게 받아들이지 말아야 한다는 뜻일까요? "뱀처럼 지혜롭고 비둘기처럼 순결하라."라는 예수의 또 다른 말씀 속에 그 진실을 깨달을 수 있는 균형이 있습니다. 세상의 일시적인 조건을 순진하게 대하는 것과 그 조건을 심각하게 받아들이면서 그것이 변하기 전에는 자유를 느낄 수 없다고 생각하는 것 사이에 정묘한 균형이 존재합니다.

일곱 번째 광선의 극단적인 왜곡은 서사적 사고방식으로, 세상이 선과 악의 서사적 투쟁에 휘말려 있고, 악을 파괴하기 위한 투쟁은 언제든 정당화될 수 있다는 생각입니다. 이것은 생명에 대한 완선한 무감각으로 이어지며, 인간의 잔인함을 보여주는 최악의 사례들로 나타났습니다. 그러나 다른 모든 것과 마찬가지로, 다른 존재들에 대한 무감각은 자신에 대한 무감각에서 비롯됩니다.

일곱 번째 광선의 특성을 왜곡할 때 여러분은, 다른 사람들이 여러분처럼 그 문제를 심각하게 여기지 않기 때문에 세상에 문제가 존재한다고 생각하는 경향을 가집니다. 여러분이 이 불균형을 극복하면, 사람들이 물질세계의 조건들을 너무 심각하게 받아들이고 그것들이 자신의 정신을 지배할 힘을 갖고 있다고 생각하기 때문에, 여전히 이곳에 조건들이 있다는 사실을 깨닫게 됩니다. 사실, 우리는 모두 영적인 존재이며, 지구에서 우리의 궁극적인 임무 중 하나는 물질적인 조건이 세상에서 우리 영의 표현을 제한하도록 허락하지 않겠다는 것을 보여주는 일입니다. 우리의 상위자아가 우리를 통해 표현하도록 허용하는 것이 자유에 이르는 열쇠입니다. 그것은 신성한 아버지와 하나임을 알고, 신과 함께하면 모든 것이 가능함을 아는 신성한 어린아이의 즐거움이기도 합니다.

역자(譯者) 후기

역자(譯者) 후기

이 책은 영성과 관련하여 대단히 중요한 의미가 있는 책입니다. 개인적으로 1980년대 출간된, 마하리쉬의 "나는 누구인가?"라는 책의 답에 해당하는 책이라고 여기고 있습니다.

본인은 어린 시절부터 불교에 입문하여, 송담 스님으로부터 "시심마"라는 화두를 받고 용맹정진하기도 했습니다. 그 후 마하리쉬의 "나는 누구인가?"와 오쇼의 "탄트라 비전"에 빠져 끝없는 정신세계를 헤매기도 했습니다.

2000년도 들어오면서, 전 세계적으로 좋은 채널러들이 많이 나왔으며, 이들을 통해 영성에 대한 깊은 진실들을 쉽고, 논리적으로 이해할 수 있는 계기가 되었습니다.

특히, 이 책은 특히 "나는 누구인가?"라는 의문을 해소할 수 있도록 체계적으로 자세하게 설명해주고 있습니다.

부디 이 책을 통해, 인연 있는 많은 사람이 영적인 진보의 길에 확고하게 뿌리를 내릴 수 있게 되기를 기원합니다.

목현: 1954년도 경북 김천 출생. 한국 외국어 대학 및 연세대 경영대학원 수료. 한국가스공사 근무. 지금은 번역을 통해, 영성을 알리는 데 전념하고 있음
번역한 서적: 초인 대사들이 답해주는 삶의 의문에 관한 100문 100답, 델로스(2), 마이트레야 붓다의 메시지, 성모의 메시지-너희의 행성을 구하라

▶ 아이앰 출판사 연락처
• 이 책의 오류 및 아래 내용과 관련된 문의 사항은 메일로 해 주세요.
• biosoft@naver.com (리얼셀프)

▶ 전체 용어집
cafe.naver.com/christhood/2411 (그리스도 의식을 추구하며 카페)
이 책에 나오지 않는 용어는 카페의 용어집을 참조하거나 카페에서 검색 및 질문을 할 수 있습니다.

▶ 온라인, 오프라인 모임 및 행사 안내
• **공부 모임**: 서울, 대전, 대구, 부산 지역별 매달 1~2회 주말 모임
  (공부를 하기 위한 진지한 목적으로는 누구나 참여 가능함)
• **온라인 기원문 낭송**: 카페에서 매주 1~2회 저녁에 공동 기원문 낭송
• **성모 마리아 500 세계 기원**: 매월 마지막 일요일 개최
  (오후 3시~7시 또는 8시~12시. 전 세계적으로 같은 시간에 진행)
• **상승 마스터 국제 컨퍼런스**: 한국에서 매년 또는 정기적으로 개최
  (한국, 유럽, 러시아, 미국 등에서 개최함)
• 더 상세한 내용은 네이버 카페 공지사항을 참조하시기 바랍니다.
  (cafe.naver.com/christhood)

▶ 번역/교정 봉사자 모집
킴 마이클즈가 출판한 많은 책을 한국어로 번역하고 교정을 봐줄 사람이 필요합니다. 전문적인 출판 지식이 없더라도 같이 일을 할 수 있습니다. 편집팀에서 다음과 같은 분야에서 봉사하실 분은 아이앰 출판사로 연락 바랍니다.

• 상승 마스터 가르침이 나온 영어책을 한국어로 번역하는 작업
• 번역된 내용에 대해서 영-한 대조를 하면서 교정하는 작업
• 번역된 한글 문장을 읽으면서 다듬는 작업 (교정/교열)

▶자아 통달 과정 모집 (일곱 광선의 여정)

　상승 마스터들은 2012년부터 매년 한 광선에 해당하는 자아 통달 시리즈의 책을 킴 마이클즈를 통해서 전해 주고 있습니다. 이 과정은 책만 구매하면 별도의 비용이 들지 않고 개인적으로 누구나 수행할 수 있습니다. 처음 수행하는 분은 비영리 단체인 '그리스도 의식을 추구하며' 카페(cafe.naver.com/christhood)에서 도움을 받을 수 있습니다.

- 단계별로 아래의 책을 구매 후 개인적으로 수행을 해도 됩니다.
　(카페에서 번역서 구매 가능. 일부 책은 www.yes24.com에서 구매 가능)
- 초기에는 오프라인 모임, '자아 통달' 메뉴에서 도움을 받을 수 있습니다.
- 책을 읽고 기원문을 낭송하는 방식으로 진행됩니다.
- 수행 시간은 매일 약 20분~40분 내외입니다.

자아 통달 시리즈 책 (킴 마이클즈 저)
(2017~2019 한글판 서적 출시 예정)

한글 서적명	시리즈 (출판일)
'영원한 나'를 찾아가는 여정	1 (출판)
내면의 창조적인 권능 (1광선)	3 (출판)
지혜 광선의 신비 입문 (2광선)	4 (출판)
사랑 광선의 신비 입문 (3광선)	5 (출판)
순수 광선의 신비 입문 (4광선)	6 (출판)
비전 광선의 신비 입문 (5광선)	7 (출판)
평화 광선의 신비 입문 (6광선)	8 (출판)
자유 광선의 신비 입문 (7광선)	9 (2019)
생명의 강과 함께 흐르기 (8광선) 생명의 강과 함께 흐르기-실습교재	2 (출판)

- 상승 마스터 가르침을 처음 접하면, 몇 권의 책을 읽고, 기원문을 일정 기간 낭송하면서 자신에게 적합한지 살펴본 후에 이 과정을 시작하세요. 전체 과정은 약 2년 걸립니다.

▶그리스도 신성의 마스터 키 과정

이 과정은 그리스도 신성의 마스터 키(Master Keys to Personal Christhood)책으로 진행하며, 2008년도에 예수께서 준 메시지를 킴 마이클즈가 책으로 출판했습니다.

이 과정은 예수와 스승-제자 관계가 되어 그리스도 의식으로 올라가는 과정입니다. 2,000년 전에 예수께서 제자들에게 모든 것을 말해 주셨다는 얘기를 읽었으리라 봅니다. 이 시대에 다시 예수께서 직접 그리스도가 되는 길을 갈 제자를 모집하고 있습니다.

예수께서도 육화 중에 이 과정을 동일하게 밟았다고 합니다. 특히 다른 메시지에 언급되듯이, 예수께서 이 과정을 시작할 당시에 이미 높은 의식 수준을 달성해 있었지만, 처음부터 단계를 밟아서 올라갔다고 합니다. 마찬가지로, 여기 온 모든 분도 자신의 의식 수준을 내세우지 말고 바닥부터 차근차근 올라가시기 바랍니다.

모두 17개의 열쇠가 있으며 열쇠마다 기원문과 메시지의 일부를 읽는 과정을 33일간 실천하라고 제안하고 있습니다. 각 열쇠에 메시지가 있습니다. 메시지 전체를 읽고 나서 기원문을 하시면 됩니다. 그리고 33일간 기원문을 하기 전에 메시지 중의 일부를 읽고 생활하면서 숙고하는 과정으로 진행됩니다. 예수께서 마음속으로 어떤 아이디어와 가르침을 주십니다.

· 책이 나오기 전까지 카페의 '그리스도 과정' 메뉴에서 진행합니다.
· 초기에는 오프라인 모임이나 상기 메뉴에서 도움을 받을 수 있습니다.
· 로자리 또는 기원문을 매일 약 40분 내외, 각 단계별 33일간 합니다.
· 총 17단계이며, 예수의 가르침에 따라서 진행합니다.
· 책이 나오면 개인적으로 책의 안내에 따라서 진행하면 됩니다.

· 상승 마스터 가르침을 처음 접하면, 몇 권의 책을 읽고, 기원문을 일정 기간 낭송하면서 자신에게 적합한지 살펴본 후에 이 과정을 시작하세요. 전체 과정은 약 2년 걸립니다.